ビジュアル版

ドラマ・文学・K-POPが
もっとわかる

今さら聞けない
現代韓国の超基本

朝日新聞出版　編著

朝日新聞出版

はじめに

「韓国」と聞いて、最初に何を思い浮かべるでしょうか。

ＫｰＰＯＰ、ドラマや映画、小説、韓国料理、あるいはコスメやファッションかもしれません。最近ではカフェやスイーツも注目されています。どのジャンルでも、〝韓国発〟というだけで瞬く間に人気が広がる現象が続いています。いまや日本では空前の韓国ブームが起きていると言っても過言ではありません。

本書『今さら聞けない　現代韓国の超基本』は、ますます身近になっていく韓国について、文化、社会、歴史を多角的に知るためのガイドブックです。

ｃｈａｐｔｅｒ１では現代韓国の日常に焦点を当てます。韓国の主要産業、ソウルの各エリアの特徴、チムチルパン（韓国式の大型入浴施設）の楽しみ方、日本の風呂敷に似たポジャギの用途、プロ野球（ＫＢＯ）についてなど、市井の人々の日常生活を具体的に紹介しています。また、厳しい受験や就職競争や不動産バブルといった、現代韓国が直面する社会問題にも触れています。

ｃｈａｐｔｅｒ２では韓国カルチャーの最前線を徹底解説。芸能事務所の基礎知識から始まり、ＢＴＳやＢＬＡＣＫＰＩＮＫといったＫｰＰＯＰアーティストがなぜ世界を魅了しているのか、韓国映画やドラマが国際的に評価される理由を探ります。また「パラサイト　半地下の家族」が描き出した社会格差や、ノーベル文学賞を受賞したハン・ガンの『菜食主義者』、チョ・ナムジュの『82年生まれ、キム・ジヨン』が引き起こした家族やジェンダーをめぐる議論の背景についても解説しています。

chapter3・4では韓国の歴史を時系列で振り返ります。古代の三国時代から朝鮮王朝、日本統治時代を経て、戦後の分断に至るまで、韓国の歩みを振り返ります。また、朝鮮戦争や済州島四・三事件、光州事件、大韓航空機爆破事件、韓国の米軍基地問題といった現代史における重要な出来事を、年表や図解、イラストを用いてわかりやすく説明しています。12・12粛軍クーデターを描いた映画「ソウルの春」など、時代物の映画やドラマの理解度がぐっと増すことでしょう。

本書の制作には多くの専門家に協力をいただきました。現代社会に関する項目は、１９９０年代から日韓を往来し、韓国に関する著作も多い翻訳家兼編集者・伊東順子氏が担当。さらに、元新聞記者で現在はソウル在住のライター・成川彩氏が現地からリアルな情報を提供してくれました。そして、歴史パートは編集チーム・かみゆ歴史編集部が初心者にも親しみやすい構成に仕上げています。

韓国をもっともっと深く知りたい方へ。

本書が、新たな視点を得るきっかけとなれば幸いです。

２０２５年１月　朝日新聞出版

Index

chapter 2 現代韓国カルチャー

chapter 3 古代～近代史

chapter

4

現代史

＊記載がない場合、2024年10月時点の情報です。

ようこそ
Kワールドへ

身近になったKカルチャー

「冬のソナタ」に始まる韓流ブームから20年を経て、ぐっと身近になったKカルチャー。コロナパンデミックがK-POPの「推し活」やドラマの「沼落ち」の大きなきっかけに。

新型コロナウイルスのパンデミックの中、多くの人に癒しを与えたBTSをはじめK-POPアイドルの推し活が日常生活の一部となり、動画配信サービスを通して「愛の不時着」など韓国ドラマの沼に落ちる人が続出しました。世界の頂点に輝いた「パラサイト 半地下の家族」が韓国映画への関心を高め、フェミニズム文学は多くの女性の共感を呼びました。漫画やグルメ、コスメに至るまで、Kカルチャーはもはやブームを越えて定着したと言えます。

K-POP LIVE!!!
K-POP
紅白歌合戦など日本の音楽番組やオリコンチャートでも常連に
GOODS SHOP
推し活
CDやグッズの購入、ファン投票やストリーミングで推しを応援

GOODS
GOODS

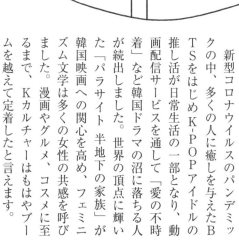

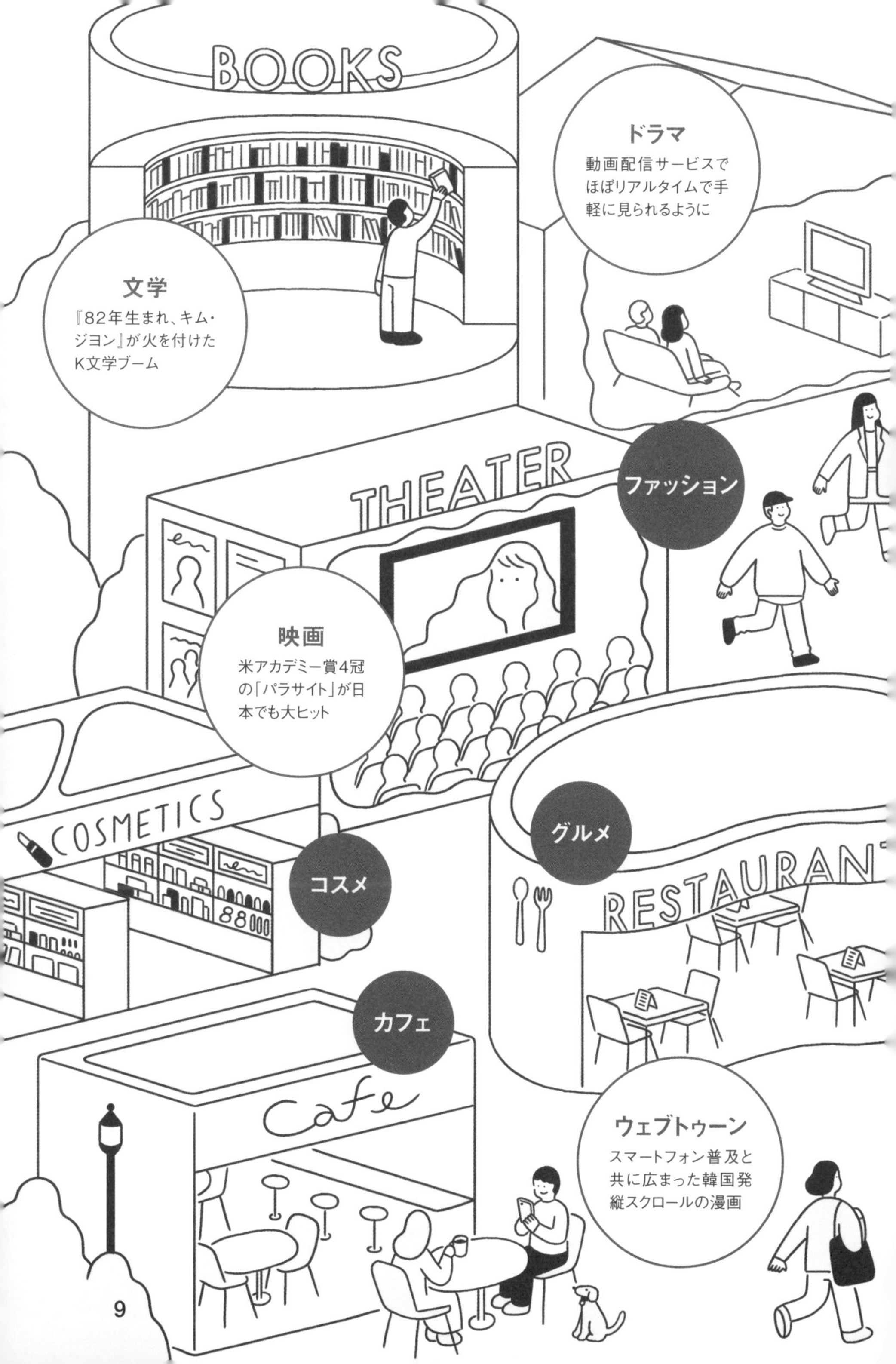
BOOKS
文学
『82年生まれ、キム・ジヨン』が火を付けたK文学ブーム
ドラマ
動画配信サービスでほぼリアルタイムで手軽に見られるように
THEATER
ファッション
映画
米アカデミー賞4冠の「パラサイト」が日本でも大ヒット
COSMETICS
コスメ
グルメ
RESTAURAN
カフェ
Cafe
ウェブトゥーン
スマートフォン普及と共に広まった韓国発縦スクロールの漫画

どれだけ知ってる?

韓国の現在

人口が日本の半分に満たない韓国は、国内のマーケットが小さい分、世界進出に積極的です。映画やドラマでよく社会問題が描かれますが、韓国の現在をデータで見てみると?

国土

面積　約10万㎢　日本の約4分の1

人口　約5175万人（2024年統計庁）
国内マーケットが小さく、世界進出に積極的

国家予算　656兆6千億ウォン（2024年企画財政部）
コンテンツ輸出支援予算を大幅に増額

名目GDP　1兆7128億ドル（2023年OECD基準）
1人当たりのGDPが日本を上回った

社会

合計特殊出生率

OECD加盟国で最下位

0.72（2023年統計庁）
※日本は1.20

高齢化率

「超高齢社会」が目前に迫る

19.2%（2024年統計庁）
※日本は29.3%

自殺死亡率

OECD加盟国で最多

10万人当たり25.2人
（2022年保健福祉部）
※日本は17.4人

ジェンダーギャップ指数

フェミニズム文学が盛ん

146カ国中94位
（2024年世界経済フォーラム）
※日本は118位

教育

大学進学率

OECD
加盟国中1位

70%（2024年OECD）

経済

富豪

財閥を描いた
ドラマが人気

❶ イ・ジェヨン（サムスン電子）　**115億ドル**
❷ マイケル・キム（MBKパートナーズ）　**97億ドル**
❸ ソ・ジョンジン（セルトリオン）　**75億ドル**

出典:フォーブス2024

エンタメ

歴代映画観客動員数

コロナ以前の2019年の
1人当たり映画館観覧回数
（年4.4回）は世界1位

❶ バトル・オーシャン 海上決戦（2014）
1761万人
❷ エクストリーム・ジョブ（2019）
1626万人
❸ 神と共に 第一章:罪と罰（2017）
1441万人

出典:映画振興委員会

コンテンツ輸出額

政府が力を入れ、
歴代最高額を記録

132億4千万ドル
（2022年文化体育観光部）

言語

世界で学習者の多い言語ランキング

Kカルチャー人気で
学習者が増加

韓国語6位
※日本語は5位

出典:Duolingo Language Report 2023

在外韓国人

在米コリアン

全世界に
750万人

261万人
（2023年在外同胞庁）

知って
おきたい

韓国が来た道

植民地支配から解放されて間もなく朝鮮半島は南北に分断、１９５０年には朝鮮戦争が勃発しました。波乱に満ちた韓国現代史は多くの映画やドラマで描かれてきました。

1948年　1950年

南北分断と朝鮮戦争

(156～161ページ)

日本の植民地支配からの解放を喜んだのもつかの間、1948年には南に大韓民国、北に朝鮮民主主義人民共和国が樹立し、50年には朝鮮戦争が勃発しました。

▶兵役制度（84ページ）

映画・ドラマ　映画「ブラザーフッド」(2004年)

チャン・ドンゴンとウォンビンが主演、朝鮮戦争の戦場へ送り込まれた兄弟の悲劇を描いた。

朝鮮戦争は今も休戦状態で、終戦には至っていません。クーデターで権力を掌握した朴正熙《パクチョンヒ》大統領は長期にわたって軍事政権を維持する一方で、「漢江《ハンガン》の奇跡」と呼ばれる経済発展を成し遂げます。１９８７年には民主化運動によって大統領直接選挙制を実現させ、翌年のソウル五輪は世界に韓国の経済発展と民主化をアピールする場となりました。民主化を勝ち取った経験は、30年後、大規模デモで大統領を弾劾に追い込む原動力となりました。

朴正熙大統領は79年にKCIA部長に暗殺されたんだ。

1961年

軍事政権の樹立

（164ページ）

1961年、朴正熙を中心とした軍事クーデターによって権力を掌握し、軍事政権を樹立。朴正熙は63年に大統領に就任し、独裁体制を敷きました。

1964年

ベトナム派兵と特需

（166ページ）

朴正熙政権下、米国の要求に応じて韓国軍がベトナム戦争に派兵され、その見返りとして米国からのベトナム特需を確保しました。

▶漢江の奇跡（169ページ）

映画・ドラマ 映画「ホワイト・バッジ」（1992年）

アン・ソンギが主演、ベトナム戦争に参戦した韓国兵のトラウマが描かれた。東京国際映画祭グランプリ受賞作。

1980年

光州民主化運動

（178ページ）

1980年、光州で民主化を求めるデモが軍によって暴力的に鎮圧され、多くの市民が犠牲になりました。

映画・ドラマ 映画「タクシー運転手 約束は海を越えて」（2017年）

ソン・ガンホが演じるタクシー運転手が、ドイツ人記者を乗せて光州民主化運動の現場へ。

1987年

6月民主抗争

(182ページ)

1987年の6月民主抗争によって全斗煥《チョンドゥファン》政権から大統領直接選挙制実現の約束を引き出し、民主化を勝ち取ります。

映画・ドラマ 映画「1987、ある闘いの真実」(2017年)

大学生の拷問死を隠蔽する警察と、真実を明らかにしようと奔走する人々を通し、6月民主抗争が広がっていく様子を描いた。

1988年

ソウル五輪

(184ページ)

1988年のソウル五輪は、東西陣営が揃って参加し、史上最大の大会として成功を収めました。

経済成長を遂げた韓国を世界にアピールできた。

1997年

アジア通貨危機

(188ページ)

1997年、ウォンの価値が急落し、国家破綻の危機に瀕して国際通貨基金(IMF)に緊急支援を要請。企業の倒産や労働者の解雇が相次ぎました。

映画・ドラマ ドラマ「二十五、二十一」(2022年、tvN)

父の会社が潰れて家族がばらばらになったり、所属していた高校のフェンシング部がなくなったり、通貨危機の影響を受けた若者たちが主人公。

日韓関係のこれから

関係の悪化と改善を繰り返してきた日本と韓国ですが、近年は若い世代を中心に互いの文化への関心が高まり、外交が文化交流に及ぼす影響は徐々に小さくなってきているようです。

2017年

大統領の弾劾

(198ページ)

朴槿恵《パククネ》政権の数々の不正に国民が怒り、大統領の退陣を求める大規模なデモが繰り返された結果、2017年3月に憲法裁判所が弾劾を決定しました。

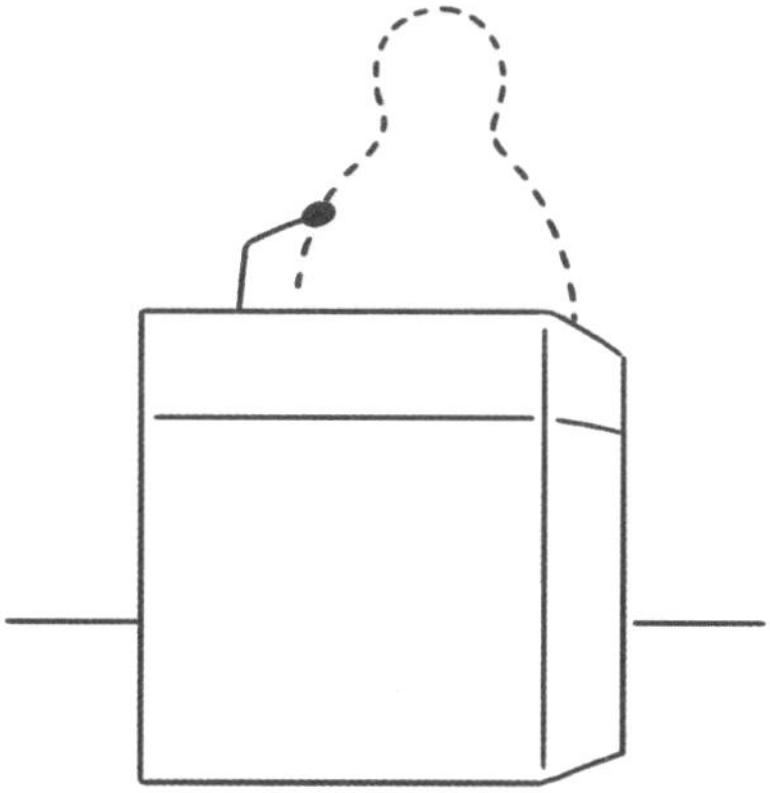

2000年

南北和解ムード

(192ページ)

2000年には初の南北首脳会談が実現し、「太陽政策」を進めた金大中大統領はノーベル平和賞を受賞しました。

1998年

日本の大衆文化開放

(190ページ)

1998年の小渕《おぶち》恵三首相と金大中《キムデジュン》大統領による日韓共同宣言を機に、それまで韓国で制限されていた日本の大衆文化が段階的に開放されました。

COMIC
MIC

通貨危機脱却

国の外貨返済のため、国民が金《きん》集め運動を行った。

渡韓の基本情報

**日本から韓国へは地方都市も含め、直行便がたくさん飛んでいます。
それぞれの首都から最も近いのは羽田⇔金浦ですが、
航空券は成田⇔仁川に比べると割高です。**

▶ **韓国国内の交通事情**
p. 40～43

▶ **地方都市情報**
p. 44～45

chapter

1

現代韓国の日常

政治や経済、産業、教育、地理などから文化、社会問題まで
現代の韓国社会について解説していきます。

大統領制で三権分立

外交でイニシアチブを発揮 内政では議会との調整が難

韓国は大統領制です。**国民の投票による直接選挙で選ばれる大統領は国家元首であり、また行政のトップとして強い権限をもっています。**ただし外交面でのイニシアチブが発揮しやすいのに比べ、内政面では国会の同意を必要とする事案も多く、常に議会との力関係が重要となっています。

また日本と同じく三権分立を採用していますが、1987年の**民主化後には、ドイツなど欧州諸国のように憲法裁判所が設置されました。**最高裁判所とは別の独立した機関であり、憲法解釈のほか大統領に弾劾を下すなど、**ある意味で大統領に勝る権限をもっている**ともいえます。

大統領は行政府のトップ

大統領は行政府のトップであり、国会への予算案提出や、閣僚・官僚を任命する権限をもちます。ただ予算はもちろんのこと、国務総理（首相）や最高裁判所の長官、憲法裁判所長などの重要人事も国会の同意を必要としており、すべて自分の意のままにできるわけではありません。

任期 ▶ 5年（1期のみ）

選出 ▶ 直接選挙

選挙権 ▶ 18歳以上（被選挙権は満40歳以上）

権限 ▶ 国軍の統帥権、国会への予算案提出権、政府官僚や最高裁長官などの任命権、条約の批准や戒厳令発布、恩赦（大統領特赦）など

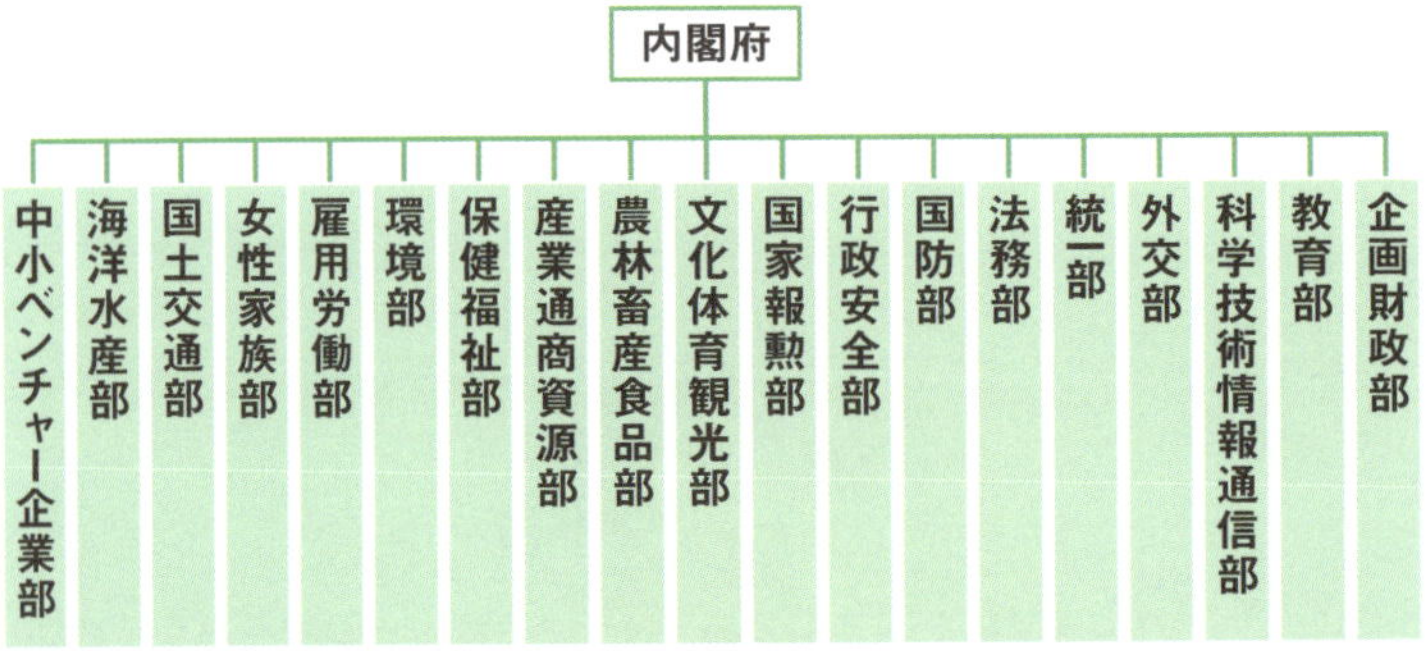

もっと知りたい +α

大統領の逮捕と恩赦

退任後に逮捕された大統領経験者は全斗煥（チョン・ドゥファン）、盧泰愚（ノ・テウ）、李明博（イ・ミョンバク）、朴槿恵（パク・クネ）の4人です。軍事クーデターと光州事件の罪を問われた前の2人と、民主化後に汚職等で逮捕された2人では時代背景が異なります。ただし、後に恩赦で釈放されたという点は4人とも共通しています。

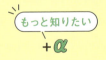

国会は一院制で300議席からなる

韓国の国会は一院制で、定数は300となっています。国会議員選挙は4年に一度行われ、地方区と比例代表区で争われます。近年は保守と進歩（革新）の二大政党が議席を二分する状態が続いており、どちらが勝利するかは大統領選挙と同じく注目されます。

- **任期** ▶ 4年
- **選出** ▶ 直接選挙
- **選挙権** ▶ 18歳以上（被選挙権も満18歳以上）
- **権限** ▶ 立法、予算案を審議して確定する

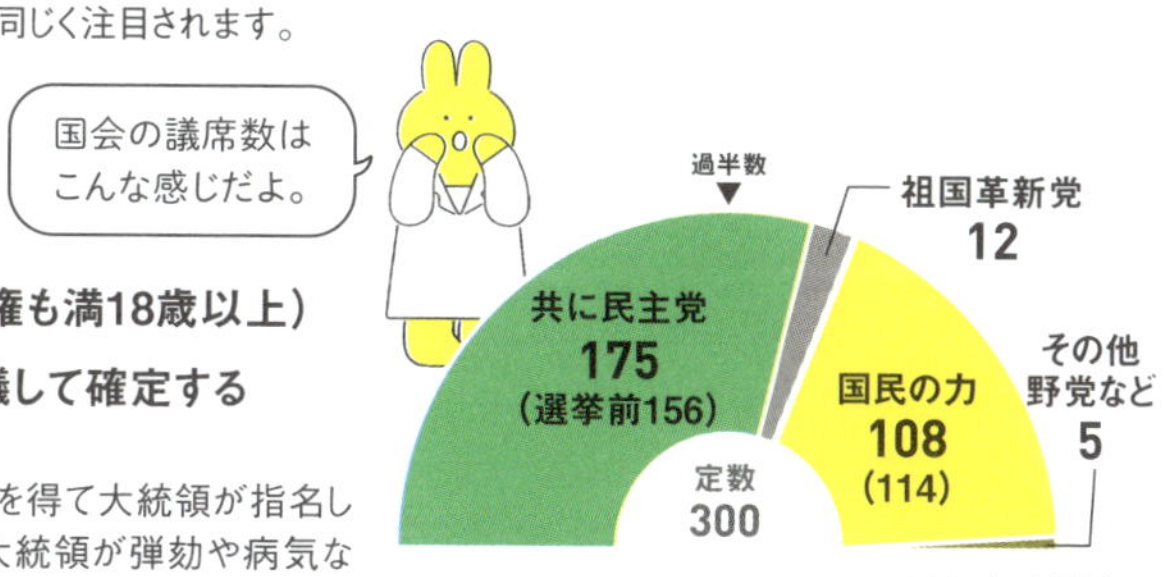
国会の議席数は
こんな感じだよ。
過半数
共に民主党
175
（選挙前156）
祖国革新党
12
国民の力
108
（114）
その他
野党など
5
定数
300

2024年4月現在

国務総理（首相）は国会の同意を得て大統領が指名します。大統領の補佐役であり、大統領が弾劾や病気などで職務遂行不能に陥ったときは、大統領の任務を代行します。

二大政党の違い

国民の力	保守政党。米韓同盟を基軸に北朝鮮と対峙する。
共に民主党	進歩政党。太陽政策で南北融和を目指す。

主な違いはここ。

三審制と憲法裁判所

韓国では裁判所のことを「法院」と呼びます。日本の最高裁にあたる「大法院」と「高等法院」「地方法院」などの三審制がとられていますが、民主化後の1988年に、アジアで初めて憲法裁判所も設置されました。これは大統領の独裁を抑制する目的でした。

（三審制）

大法院（最高裁判所）
↑
高等法院
↑
地方法院

憲法裁判所

- 法律に違憲性がないかはかる
- 国民の基本的人権を守る
- 大統領弾劾の是非をはかる

憲法裁判所と「慰安婦問題」

憲法裁判所の判断には大統領も逆らえません。2011年に慰安婦問題についての判決が出たのを受けて、李明博大統領（当時）は日本政府との交渉を開始しました。

朴槿恵大統領（当時）の弾劾などは憲法裁判所の決定だよ。

もっと知りたい +α

2021年発足「高捜庁」

正式名称は「高位公職者犯罪捜査処」。その名の通り、大統領、政府高官、大法院長、軍部高官、警察、地方首長などの高位公職者とその家族が在職中に犯した公務に関する罪に対する捜査機関として、文在寅（ムン・ジェイン）政権下の2021年に発足しました。捜査自体は7000人を超えるともされる高位公職者に行えますが、起訴の可否は、大法院長や検察総長に対しては可能な一方、大統領等に対してはその権限がないなど、対象によって異なります。高捜庁が起訴できない場合は、高捜庁の捜査をもとに、検察が起訴の判断をします。

2

経済

財閥が力をもつ

名目GDPは12位でも1人当たりGDPは日本より上

「漢江の奇跡」といわれた**韓国経済の発展は、IMF危機から立ち直るとIT分野などを中心に右肩上がりの成長**を続けました。人々の生活も大変豊かになり、1人当たりのGDPも購買力ベースでは2018年に日本を上回りました。

韓国経済の発展を牽引してきたのは**財閥と呼ばれる企業グループ**です。創業者一族のファミリー経営が基本であり、親族でさまざまな業種を分け合います。そのため**異業種間の連携もスムーズになり、さらなる発展**につなげることができます。国民はそんな財閥に強い憧れをもつ一方で、**経済を独占的に支配する彼らのやり方に反発心**ももっています。

韓国経済を牽引する財閥企業

韓国には「財閥」と呼ばれる大企業グループがあります。有名なのはサムスンですが、その業種は電子機器や家電、半導体、建設や不動産など幅広い分野を網羅しています。財閥の創業者ファミリーは超富裕層であり、国民はそれに対して憧憬と反感が入り交じった複雑な感情を抱いています。

順位	グループ名	創業年	主な業種
1	サムスン	1938	家電、半導体
2	SK	1953	通信、半導体
3	現代自動車	1967	自動車
4	LG	1947	家電、化学
5	ポスコ	1968	製鉄
6	ロッテ	1948	食品、流通
7	ハンファ	1952	レジャー、防衛産業
8	GS	2005	石油、建設
9	現代重工業	1972	重工業
10	新世界	1963	流通、ホテル
10	CJ	1953	食品、エンタメ

LGとGSはもともと「金星」という1つのグループだった。

サムスンから枝分かれした。

出典:韓国公正取引委員会(2023年基準)

身近にある財閥企業に、ロッテグループ(ロッテホテル、ロッテ百貨店、ロッテ免税店)、新世界グループ(新世界百貨店、Eマート)、サムスングループ(ギャラクシー)、CJグループ(CJ ENM)などがあります。

世界の注目を浴びたナッツ姫

2014年12月、大韓航空のファーストクラスに乗っていた同社の副社長が、激昂して飛行機を搭乗ゲートまで戻させた事件。怒りの原因が客室乗務員のナッツのサービスの仕方にあったため、事件はナッツ・リターン事件、副社長はナッツ姫と呼ばれました。大韓航空は物流に強い韓進グループの企業。

ナッツのサービスの仕方が悪いと激怒した副社長が、CAに飛行機を降りるよう指示

↓

マニュアルに沿ったサービスだと説明したチーフ・パーサーにも降りるよう指示

↓

飛行機は搭乗口に引き返し、チーフ・パーサーを降ろして出発

KOREANAIR

こういうことが起きる背景にある「カプチル」とは?

韓国では昔から「カプチル」と呼ばれる伝統的パワハラがあった。カプとは漢字で書くと甲乙丙(こうおつへい)の甲であり、「上位」という意味だ。カプチルは韓国社会のあらゆる場面で問題になっている。

会社 **14億4000万ウォンの課徴金が発生**

本人 **逮捕され、懲役10カ月、執行猶予2年**

このあと2018年、経営陣に復帰しましたが、翌月に退任しています。

いわば特権階級だね。

ドラマなどで描かれる財閥

韓国のドラマや映画は格差をテーマにしたものが多く、そこには贅沢な暮らしをする富裕層が登場します。韓国ではそのような一般富裕層と本物の財閥ファミリーは明確に区別されます。財閥は特権階層であり、その中だけの世界があるのです。

ドラマに盛り込まれる定番の要素

- お家騒動
- 格差婚
- 最後に愛が勝つ

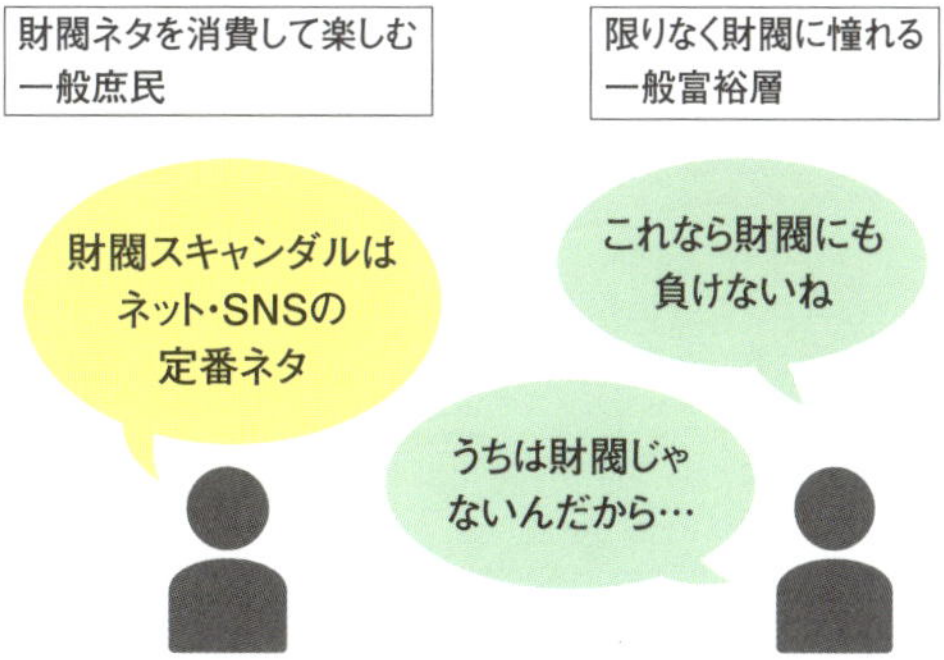
財閥ネタを消費して楽しむ一般庶民
限りなく財閥に憧れる一般富裕層
財閥スキャンダルはネット・SNSの定番ネタ
これなら財閥にも負けないね
うちは財閥じゃないんだから…

ドラマからも韓国社会を見られそうだね。

映画・ドラマ 「Mine(マイン)」(2021年、tvN)は財閥ファミリーを巡るサスペンスドラマ。フィクションながら登場するエピソードには多くの実話が織り込まれていた。

3

日常生活

デジタル化が進んだ暮らし

国連の電子政府ランキング アジアで1位、世界で3位

韓国が**デジタル先進国**であることは広く知られており、世界ランキングでも常に上位圏にいます。**商業施設ではキャッシュレス**が進んでいて、日々の暮らしで現金を使うことはほぼありません。また公的機関でも**婚姻届（195ページ）や住民票の申請などもオンラインで行う**ことができます。

韓国でデジタル化が進んだ最大の理由は、国を挙げて推進体制を進めたからです。全斗煥時代にインフラ整備をし、金《キム》大《デ》中《ジュン》大統領は、**「電子政府法」を制定**して盧《ノ》武《ム》鉉《ヒョン》大統領はその立ち上げに尽力しました。歴代大統領の決断が奏功しました。

ポータルサイト「政府24」ですべての行政手続き

以前は役所に出かける必要があった手続きが、今は「政府24」というポータルサイトでできるようになっています。例えば住民票や納税証明の申請と交付、また移転や婚姻の届けなどもオンラインでできてしまいます。

「政府24」でできること

- 転出入・結婚・出生などの各種届け
- 児童手当や行政サービスなどの申請
- 政府や自治体からの支援金などの申請

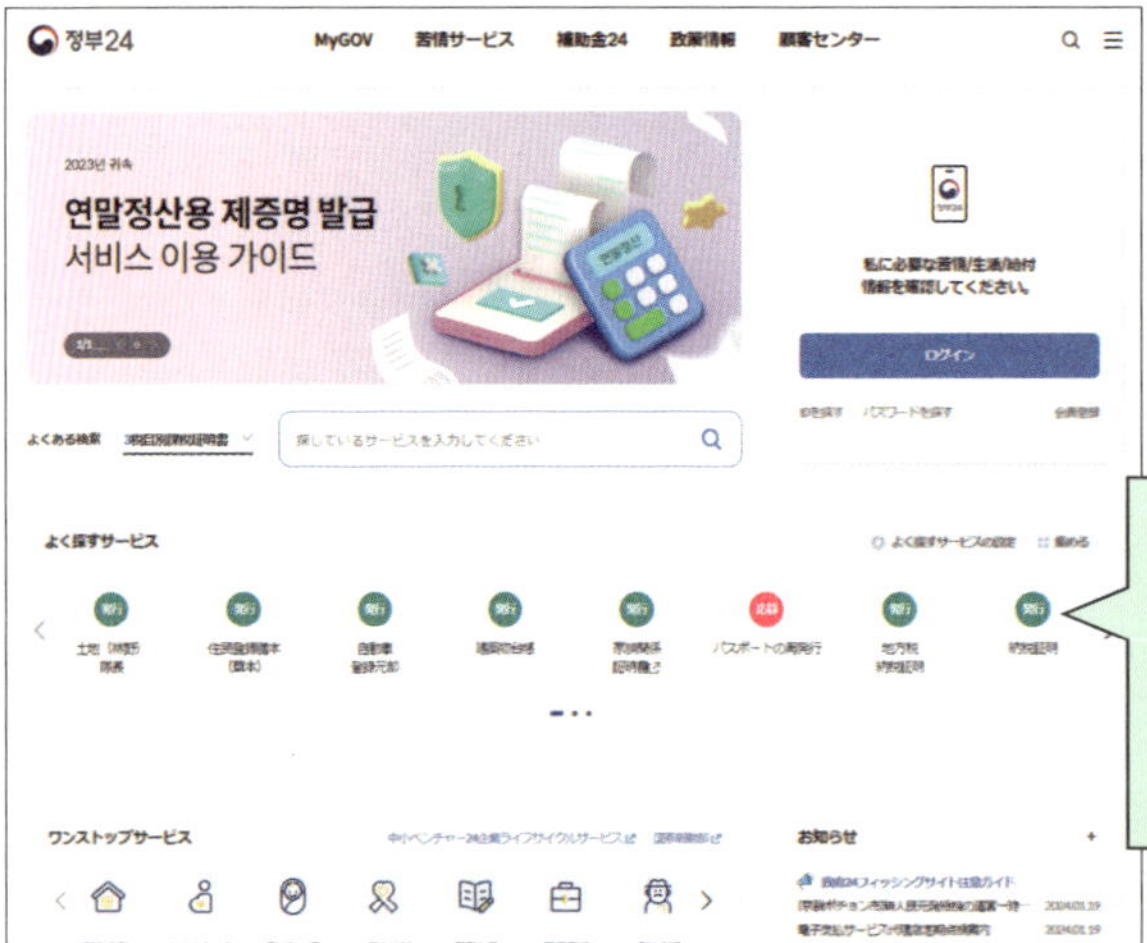

2019年末からはモバイル証明書の発行も開始された。これも「政府24」のアプリから取得できる。

出典：「政府24」ウェブサイト

さまざまなワンストップサービスが用意されており、例えば出産の項目をクリックすれば、児童手当や低所得者へのオムツやミルク支援など、関連するサービスがその場で一度に申請できるようになっている。

デジタル化を迅速にした住民登録番号（マイナンバー）

韓国で行政システムなどのデジタル化を迅速にしたのは、13桁の住民登録番号（マイナンバー）が早くから普及していたためです。この固有番号は保険証や銀行口座などに紐づけされており、多くの事務手続きが番号によって処理されます。

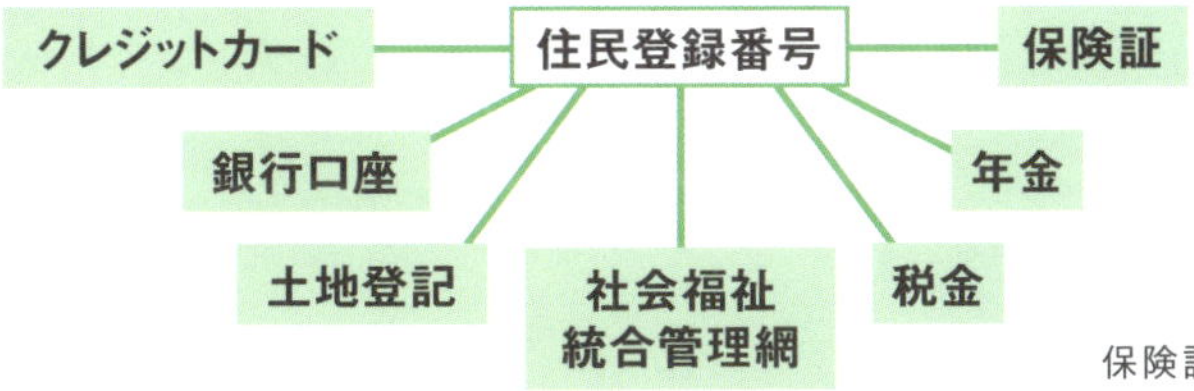

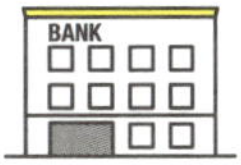

身分証（住民登録証）があれば、うっかり通帳を忘れても銀行での各種手続きが可能。

保険証がなくても病院で保険適用。また、診察券も必要なし。ワクチン接種などもすべて記録されているので、いつ接種したか忘れてしまっても困らない。

もっと知りたい ＋α

50年以上前からの住民登録制

韓国では、1970年から住民登録証が義務化されています。半世紀以上慣れ親しんだ制度であり、しかもデジタル化で便利になったことから、韓国ではこれがない生活など考えられないでしょう。ただセキュリティ対策は重要なので、ネット上のクレジットカード決済などは日本よりも厳しい認証制度が導入されています。

モバイル優遇措置と無人化する施設

デジタル化は人件費の節約につながるため、利用者には特典があります。たとえば韓国ではほとんどの人がネットバンキングを利用していますが、銀行利子なども窓口よりもネットやモバイルのほうが有利に設定されています。また商業施設などもどんどん無人化が進んでいます。

KTX（韓国の新幹線）の駅には改札がない。
©Korea Tourism Organization

無人のコンビニや両替所などもある。
©Korea Tourism Organization

無人アイスクリーム店など奇抜な店舗も存在する。

もっと知りたい ＋α

クレジットカード決済が普及した理由

そもそも韓国でクレジットカードが普及したのは、税をきっちり徴収するためでした。現金に比べてクレジットカードは売上高が明確です。当初、小さな商店や食堂などはかなり抵抗したのですが、今ではほぼどの店もクレジットカードが使用できるようになっています。

4

教育

学校は日本と同じ6・3・3・4制

小中学校が義務教育 部活行事よりも勉強中心

韓国は**小中学校が義務教育**です。**高校は義務ではありませんが、進学率がほぼ100%**のため、韓国政府は2021年から無償化の対象としました。またソウル市は小中高のすべてで給食の無償化を実施するなど、自治体も恵まれた教育環境づくりには力を入れています。

ただ学校はあくまでも勉強をするところであり、**部活動には熱心ではありません。**スポーツや音楽もエリート育成が目的であり、野球やサッカーなども大会に参加するのは一部の特別な高校だけです。**教育にお金を集中させたいという家庭が多く、放課後は学校に残って勉強するか、塾に通う**のが普通です。

学校は3月に始まり、冬休みが長い

韓国の新学期は日本よりも1カ月早く始まります。小中学校が義務教育ですが、高校進学率はほぼ100%、さらに大学進学率も70%を超えるなど教育熱心なお国柄です。日本と同じく遠足や修学旅行などはありますが、部活動はほとんどないのが特徴です。

3月	進級・入学
4月	
5月	15日:先生の日
6月	
7月	(7月下旬～8月末)夏休み
8月	
9月	
10月	
11月	大学受験
12月	(12月上旬～2月末)冬休み
1月	
2月	修了・卒業

3歳	幼稚園 ＜ 保育園は0歳から
4歳	
5歳	
6歳	小学校　義務教育
7歳	
8歳	3年生から英語の授業が始まる(1997年から)
9歳	
10歳	
11歳	
12歳	中学校　義務教育
13歳	
14歳	
15歳	高等学校　入試はない
16歳	
17歳	
18歳	大学
19歳	
20歳	男性は途中で兵役も
21歳	
22歳	大学院
23歳	

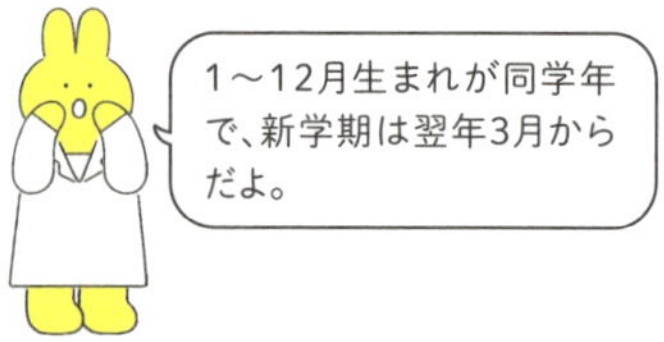
1～12月生まれが同学年で、新学期は翌年3月からだよ。

韓国は高校入試がない？

韓国の大学受験が熾烈なのは、それまでのふるい分けがないからだともいわれます。高校入試はなく、超エリート進学校以外は、居住地域ごとに本人の希望と成績によって自動的に決まります。

高等学校

- 大多数（95%）は入学試験はなく、本人の希望と内申書で地域の学校に割り振られる
- ごく少数（5%）は英才学校、特殊目的高校（科学、外国語、芸術、体育等）、自律型私立高校（米国大学への進学を目指す全寮制の超エリート校など）を受験、入試は内申書と面接

中学校

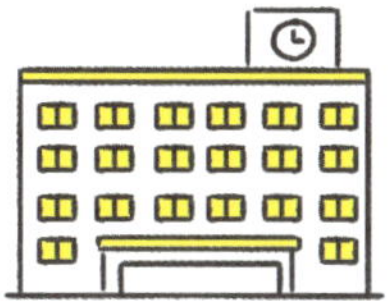

- 地域の学校へ進学する
- 教育レベルが高いエリアに引っ越す人もいる

小学校

- 公立校が圧倒的に多い
- 私立もあるが試験ではなく抽選で決まる

学費の無償化が進んでいる

韓国では教育格差を解消するために、国が公平な教育機会を保障する政策を行ってきました。その一つが無償教育の実施であり、2021年からは高校も無償化されました。無償化には私立高校も含まれますが、特殊目的高校など94校は対象外となります。

学校	学費	教材	給食（ソウル市）
小学校（公立）	無償	無償	無償
中学校（公立）	無償	無償	無償
高校（普通校）	無償	無償	無償
自律型私立高校	460万～2650万w／年間	有償	有償
インターナショナルスクール	2000万～3000万w／年間	有償	対象外

＊wはウォン
＊1ウォン＝約0.1円
（2024年12月現在）

給食の無償化は2000年代初頭に一部自治体からはじまり、現在では全国のほとんどの自治体に拡大しているんだ。また、地域の有機野菜を積極的に使うなど、栄養とともに食品の安全性への配慮もされているよ。

もっと知りたい ＋α

制服はあるの？　校則は？

韓国も中学や高校には制服があります。以前は校則がとても厳しく、髪型やスカートの長さなどがチェックされましたが、2010年以降は多くの自治体で「学生人権条例」が制定されて、服装などにも自由の幅が広がりました。

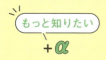

過酷とされている大学受験

試験による選考とそれ以外の選考

韓国は超学歴社会であり、**約８割が大学進学を目指して頑張ります。**大学には序列がありＳＫＹという略称で呼ばれる超難関校をはじめ、その多くはソウルに集中しています。「イン・ソウルに入るかどうか」はとても重要であり、ほとんどの受験生と親は、地元の国公立よりも、まずはソウル市内の大学を狙います。

大学受験は一般入試（定試）よりも**ＡＯ入試（随試）の比率が高くなっており、そこでは内申点以外の特技や経験なども重視されます。**小さいころから塾や習い事に行く子が多く、公教育は無償化が進む一方で塾などの出費が増えており、教育格差が広がることが心配されています。

韓国人憧れのSKY

SKYとはS（ソウル大学）、K（高麗〈コリョ〉大学）、Y（延世〈ヨンセ〉大学）の頭文字をとったもの。みんなが憧れる韓国の名門大学です。そのトップ3の下には西江（ソガン）大学や成均館（ソンギュンガン）大学など、いずれもソウル市内の大学が人気校として名を連ねます。それとは別にKAISTやPOSTECHといった、科学技術に特化した超難関校もあります。

順位	大学	学生数／年間学費平均	学生の男女比	特徴
1	ソウル大学 Seoul National University（ソウル市）	2万1671人／約6000万w	男 64.7% 女 35.3%	韓国一の名門大学。多くの高位高官がここの卒業生
2	韓国科学技術院 KAIST（大田市）	5001人／約6800万w	男 83.1% 女 16.9%	科学技術発展のために創設された大学
3	延世大学 Yonsei University（ソウル市）	2万7693人／約9200万w	男 55.4% 女 44.6%	私立の名門大学。富裕層の大学というイメージもあるが、過去に学生運動の拠点でもあった
4	高麗大学 Korea University（ソウル市）	2万7382人／約8300万w	男 56.6% 女 43.4%	私立の名門大学。自由な校風は日本の早稲田大学に例えられる
5	浦項工科大学 POSTECH（浦項市）	1805人／約5600万w	男 79.1% 女 20.9%	最先端技術の研究に特化した大学

*これらの大学は男女共学。女子大では梨花女子大学が有名。
出典:韓国教育部・韓国大学教育協議会 2024年
*1ウォン＝約0.1円（2024年12月現在）

ソウル大学の女子学生比率は全体の35%。他国に比べれば男女比が目立つけど、女子学生比率20%前後の日本の東京大学に比べると、まだ男女バランスがよいといえるよ。

映画・ドラマ　映画「SKYに届け!　韓国受験戦争」（2015年制作）、ドラマ「SKYキャッスル～上流階級の妻たち～」（2018～2019年、JTBC）、「ペントハウス」（2020～2021年、SBS）など。

大学受験までの険しい道のり

韓国は中学や高校入試がほとんどなく、また私立のエスカレーター校などもありません。したがって大半の学生が大学入試一本勝負となり、その闘いは熾烈なものとなります。闘いの準備は小学生の頃から始まり、中学、高校とどんどんエスカレートします。

私教育（塾や習い事、家庭教師）を利用する生徒の割合と、その1人当たりの平均支出

韓国統計庁2023年

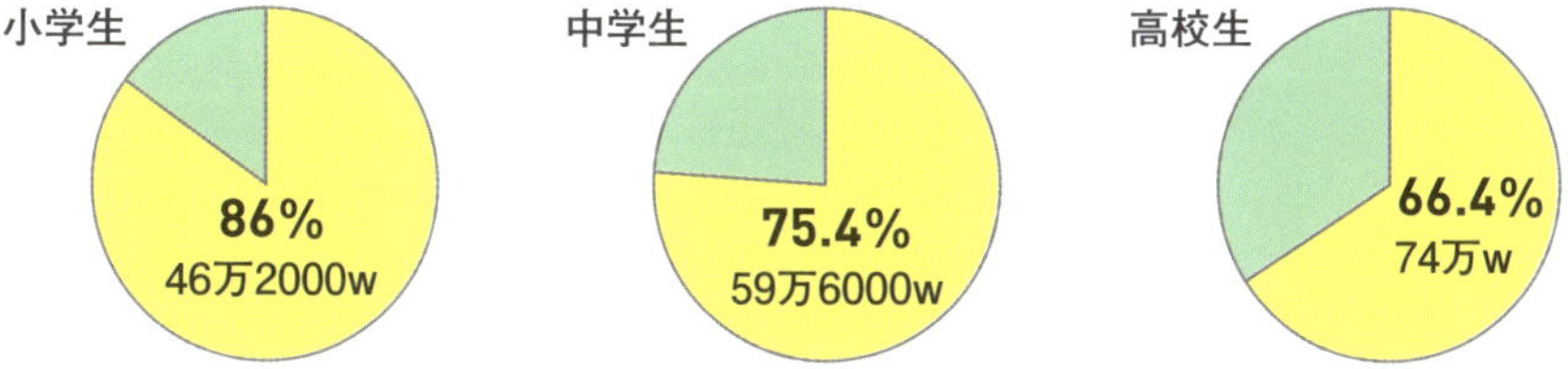
小学生
86%
46万2000w
中学生
75.4%
59万6000w
高校生
66.4%
74万w

小学生：学習塾は64.5%が通っている。テコンドーやピアノなどの習い事も67.8%

中学生：学習塾　67.9%　芸術系　28.4%

高校生：学習塾　55.4%　芸術系　16.1%

日本円に換算すると、小学生約5万円～高校生8万円超。日本は一番高い高校生でも平均2万5000円程度なので、韓国のほうがかなり高いようです。

中学生の学習塾では「先取り教育」が行われており、高校で習うことをすべて中学のうちに終えてしまう子たちもいます。

新型コロナが流行したときは、学校は長期にわたって休校やリモート授業になったけど、みんな一生懸命塾に通った。

教育格差、受験コーディネーターの活躍

韓国の教育格差は深刻であり、子どもの塾や習い事にかける金額はみごとに所得に比例しています。また、韓国の大学受験は一般入試（定試）よりもAO入試（随試）の比率が高くなっており、学力テスト以外の特技や経験なども重視されます。そのために一部では受験コーディネーターと契約して、早い時期から個別のAO対策を進めます。

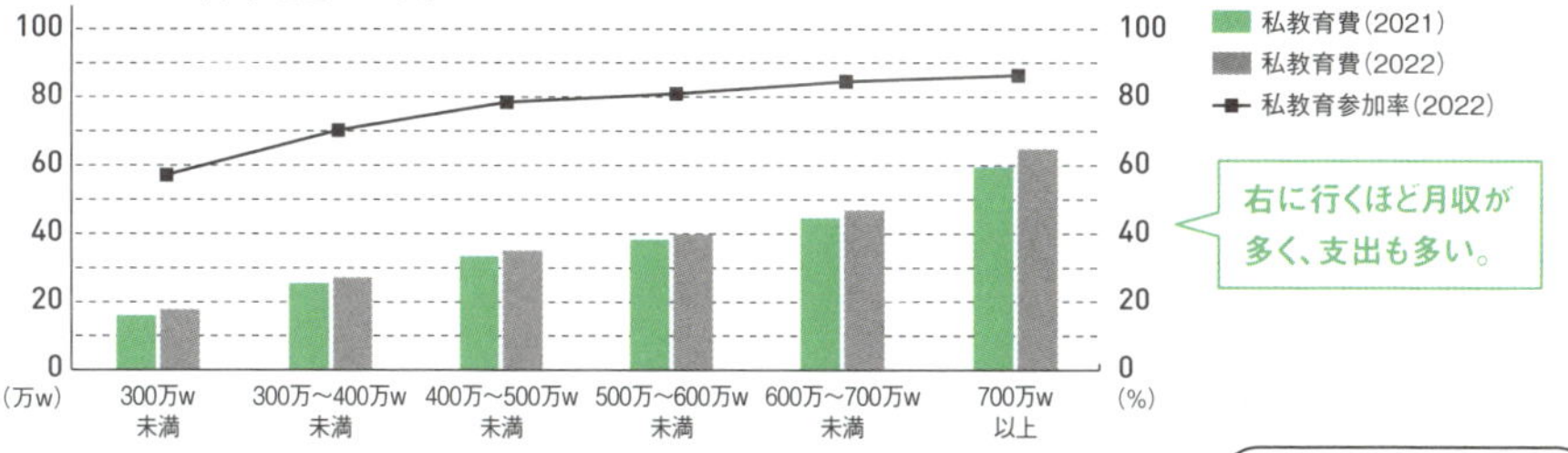
100
80
60
40
20
0
(万w)
300万w未満
300万～400万w未満
400万～500万w未満
500万～600万w未満
600万～700万w未満
700万w以上
(%)
私教育費(2021)
私教育費(2022)
私教育参加率(2022)
右に行くほど月収が多く、支出も多い。

出典：「世帯所得水準別一人当たり月平均私教育費及び参加率」(教育部)
*1ウォン＝約0.1円(2024年12月現在)

日本人よりも韓国人大学生のほうがグローバルなようだね。

韓国は海外の名門大学への進学も多く、かつては米国でも中国でも、外国人留学生の中で韓国人が占める割合が一番多かった時期もありました。コロナ前の2019年の時点で、海外への留学生送出率はOECD諸国の平均では1.9%でしたが韓国は3.3%と高く、逆に日本は0.9%と低くなっています。

過酷な教育環境から逃れるために、小中学生のうちに海外に「初期留学」する子どもたちもいます。母親が付き添って行くことが多いため、一人残される父親（キロギアッパ）が社会問題となったこともありました。

6

宗教

信仰をもつ人が半数近くいる

実は宗教大国である韓国大統領も宗教行事に参加

韓国は人口の約半数が信仰を持ち、**多くはクリスチャンと仏教徒**です。そのためにクリスマスと釈迦の誕生日が国民の祝日に指定されています。また**歴代大統領や政治家なども信仰を明らかにしている人が多く、宗教行事は積極的に参加**しています。

これほどキリスト教徒が多いのは、抗日運動の指導者に信者が多かったことや、民主化運動の際に駆け込み寺としても機能するなど、民族的苦難の救いになったからではないかといわれています。

また土着信仰であるシャーマニズムは韓国社会に深く根を下ろしており、人々の暮らしや宗教活動にもその影響が垣間見られます。

クリスチャンと仏教徒が多い

韓国の宗教人口のうちで信者数がもっとも多いのはプロテスタントです。カトリックを合わせると63%となるため、「韓国はクリスチャンが多い」という印象を受けます。それよりは少ないものの熱心な仏教信者も多く、ビルの一角で小さな寺院や庵寺を開く僧侶や尼僧もいます。

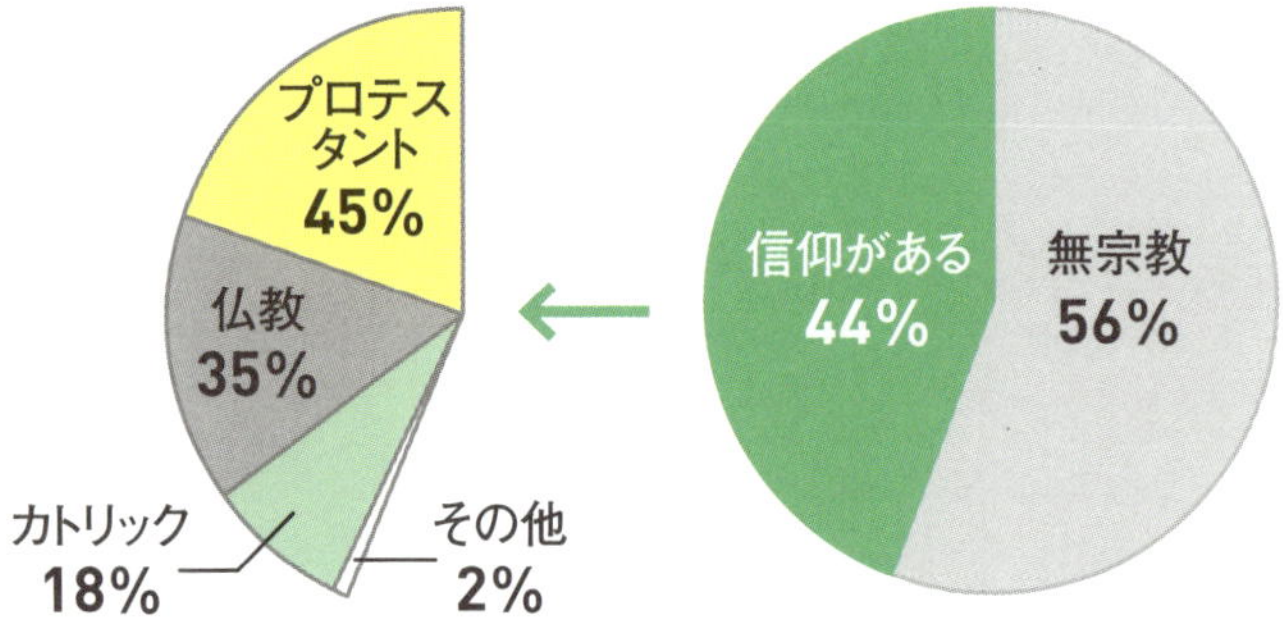

プロテスタント
45%
仏教
35%
カトリック
18%
その他
2%
信仰がある
44%
無宗教
56%

出典:韓国統計庁

人口比では韓国の教会数は世界一といわれている

- 日曜日には礼拝に行く
- 献金に熱心
- 互助会的に助け合い活動を行っている

もっと知りたい +α

お寺も献金が基本

韓国では寺院も信者の献金が収入源となっています。拝観料をとったり、賽銭箱を置くこともほとんどありません。大学受験の頃には「合格祈願の100日参り」などのイベントを行い、そのときには献金も大掛かりなものになります。

映画・ドラマ　映画「シークレット・サンシャイン」(2007年)や「三姉妹」(2020年)など、宗教活動の矛盾をとりあげた映画もある。

各宗教の伝来と発展

韓国では古代から儒教や仏教を、近代に入ってからはキリスト教など多様な外来宗教を受容してきました。現在は仏教・カトリック・プロテスタントが三大宗教とされています。また宗教には分類されませんが、土着のシャーマニズムもさまざまな場面で人々の精神的な支えとなっています。

仏教

4世紀後半に高句麗・百済・新羅に伝播した。朝鮮時代に弾圧され、多くの寺院が都を離れた。

儒教

高麗時代から朝廷に重んじられ、朝鮮時代には国教となる。現在は宗教というより、道徳規範として韓国社会に深く浸透している。

カトリック

18世紀に伝えられたが、初期には激しい弾圧があり、多くの殉教者を出した。

プロテスタント

19世紀後半に米国人宣教師らが布教。教会や学校が建てられて、日本の植民地支配に対する抵抗勢力として存在感を示した。

韓国ではカトリック教会を「聖堂」、プロテスタント教会を「教会」と明確に区別して表現します。「私は聖堂に通っています」と言われたら、それは「カトリック信者です」という意味です。

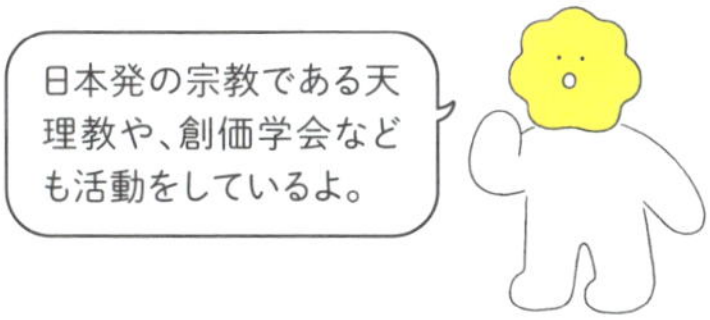
日本発の宗教である天理教や、創価学会なども活動をしているよ。

土着信仰としてのシャーマニズム

韓国は土着信仰としてのシャーマニズムがあり、「巫堂(ムダン)」と呼ばれるシャーマンは、今も人々にとって身近な存在です。ソウル市内でも随所に赤い卍の旗がたつ巫堂の家があります。

巫堂(ムダン)とは?

家業としての世襲巫と霊的な体験から巫堂になる降神巫に分かれる。日本の巫女は女性だが、韓国の巫堂は男女を問わない。

口寄せ

日本の恐山のイタコと同じく、亡くなった人が憑依して語る。親の霊を呼んでもらって不徳を詫びる人もいる。

お祓い

不運なことが続くと、巫堂を呼んで「クッ」というお祓いの儀式をしてもらう。地域や団体のイベントで行われることもある。

占い

四柱推命などの占いなどもしてもらえる。悩みなどを聞いてもらうために、訪ねる人も少なくない。

「四柱推命」は韓国の代表的な占いで、「巫堂」とは別に「占い師」を職業にする人はたくさんいます。

映画・ドラマ 「巫堂」が登場する映画は多く、新興宗教の謎を解明する「サバハ」(2019年)や2024年最大のヒット作となった「破墓」などがよく知られている。

もっと知りたい +α

韓国で旧統一教会の立ち位置は?

旧統一教会(世界平和統一家庭連合)は1954年に韓国人の文鮮明が創設した新興宗教で、韓国では「統一教」と呼ばれています。かつては旺盛な布教活動をしていましたが、現在は企業グループとしての印象が強くなっています。

7

結婚

晩婚化・非婚化が進んでいる

晩婚化・非婚化が進む韓国の結婚事情

２０２２年の韓国人の**平均初婚年齢は女性が31・３歳、男性は33・７歳**でした。これは日本より高い数字であり、韓国社会の変化を象徴しています。また**非婚化も問題となっており、30代男性では50・８％**と遂に半数を超えました。

韓国人が結婚しなくなったのにはさまざまな理由がありますが、その一つは**結婚にお金がかかる**ということです。韓国では伝統的に新郎側が新居を用意する習慣があり、近年の住宅価格の高騰は大きな負担となっています。また女性たちの意識も変化し、かつてのように**「結婚・出産が当たり前」という考え方は消滅**しつつあります。

データで見る婚姻事情

韓国は最近になって晩婚化が大きく進んでいます。1970年には男性が27.1歳、女性が23.3歳だった平均初婚年齢が、2022年には男性33.7歳、女性が31.3歳と大幅に上がっています。晩婚化は女性の意識変化も理由の一つですが、最近は結婚にかかる費用負担の増大も問題視されています。

結婚費用

新居	2億7977万w
結婚式場	1057万w
新婚旅行	485万w
衣装や写真等のパッケージ	333万w
総費用	3億3050万w

出典:結婚情報会社デュオ調査（2021～2022年）
＊1ウォン＝約0.1円（2024年12月現在）

初婚の平均年齢

1970年	男性27.1歳 女性23.3歳
1990年	男性27.8歳 女性24.8歳
2022年	男性33.7歳 女性31.3歳

出典:韓国統計庁データ

婚姻数

1970年	29万5000組
2012年	32万7000組
2022年	19万2000組

出典:韓国統計庁データ

生涯未婚率（2020年）

男性	16.8%
女性	7.6%

30代未婚率（2020年）

男性	50.8%
女性	33.6%

出典:韓国統計庁データ

韓国の30代未婚率

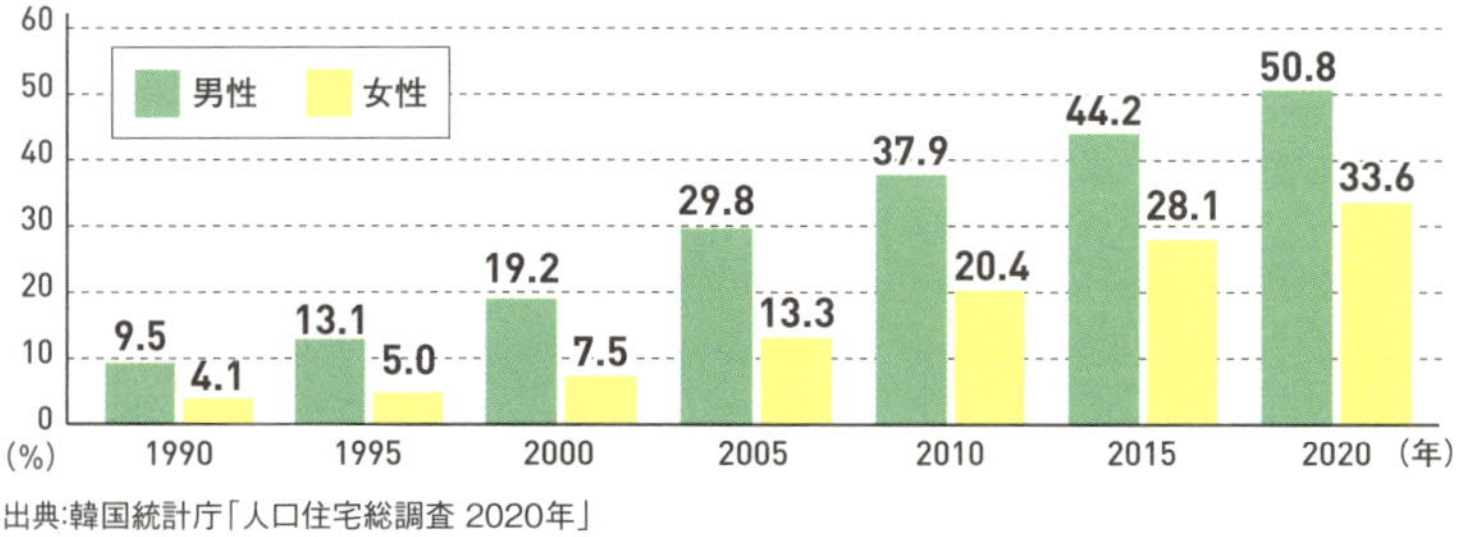
60
50
40
30
20
10
0
(%)
男性
女性
9.5
4.1
13.1
5.0
19.2
7.5
29.8
13.3
37.9
20.4
44.2
28.1
50.8
33.6
1990
1995
2000
2005
2010
2015
2020
（年）

出典:韓国統計庁「人口住宅総調査 2020年」

伝統が残る結婚式

何もかもが現代的になった韓国ですが、結婚には伝統的な習慣が残っています。結婚を決めるのは新郎新婦の2人ですが、実際には両家の意向が大きく反映されます。また結婚は、本人よりも両家に結婚費用などの経済的な負担を強いるのが現実です。韓国には「イェダン」という風習があり、女性側から男性側に贈り物をします。

男性側

**家を用意する
（せめて頭金だけでも）**

イェダンのお返し（半額）

住宅費の高騰で新郎が住居を準備できない場合は、両家で出し合ったり、裕福な側が出すこともある。

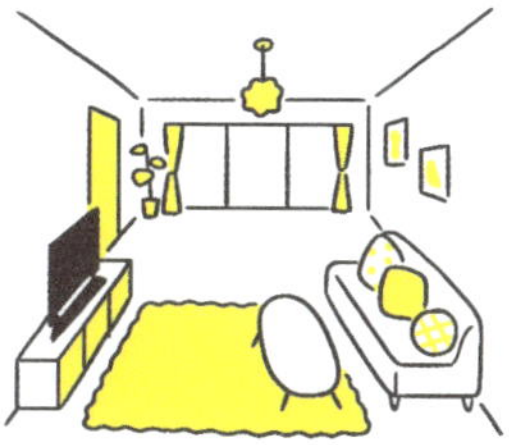

女性側

イェダン

- 男性側が準備する新居費用の10%に相当する現金など
- 姑には高級ブランドバッグなど
- 舅には仕立てたスーツや高級腕時計など

初め、伝統儀式はやめようといいながら、土壇場で「やはりやろう」となるケースが多発しているよ。

さらなる伝統儀式

「ハム（函）の儀式」

日本の結納にあたります。ハムとは新郎の家から新婦の家族への贈り物を入れる箱のことです。

ハムは新郎の友人たちが担いでいきます。スルメのお面をかぶった担ぎ手が、玄関で「ハムを買ってください」と大声で知らせます。新婦の友人たちがハムを家の中に入れて、ハムの箱を開けるように新婦に促します。

韓国ドラマなどにはよく出てきますが、最近はやる人は少なくなっています。

「ペベク」

結婚式はホテルや結婚式場、あるいは教会などで、ウェディングドレスとタキシードで行われますが、その後に韓国伝統衣装に着替えて両家の家族だけでペベクという儀式が行われます。

韓国の結婚式はオープンであり、友達なら誰でも出席できる形式のものが多く、招待状をもらった人が友達を連れていくこともあります。日本のように人数を事前にきちんと決め込むことはしない場合も多いようです。


韓国の結婚式はかなり自由だね。

もっと知りたい ＋α

韓国もおひとりさまが増えている

韓国でも結婚しない人が増えています。女性たちが以前のように結婚を望まなくなったこともありますが、男性側の経済的な負担（特に住居を用意すること）が大きすぎる問題もあります。逆にいうと、結婚できるのは「経済的にも自信がある男性」（実家が太く、本人も高スペック）ということもいえます。

8

祝日

韓国の祝日は全部で11日

伝統的な名節と近現代の記念日

韓国の祝日は暦の上での**伝統的な名節《ミョンジョル》と近現代の記念日からなります**。名節の旧正月と秋夕《チュソク》（中秋）は最も重要な国民の祝日です。旧正月と秋夕は前後の2日を合わせて3連休となり、多くの人々が故郷で先祖供養をします。

近現代の記念日には、日本の植民地支配に抗して立ち上がった三・一独立運動を記念する「三一節」や、独立そのものを記念する「光復節」などがあります。「顕忠日」は朝鮮戦争など国のために亡くなった兵士たちを追悼する日です。クリスチャンだった初代大統領李承晩《イスンマン》はクリスマスを祝日にし、のちに釈迦の誕生日も同様に扱われることになりました。

祝日には旧暦と新暦のものがある

韓国で祝日に指定されている日は全部で11日です。そのうち旧正月・釈迦誕生日・秋夕は旧暦で行われるために、毎年日にちが変わります。旧正月と秋夕は「名節」と呼ばれる暦の上の重要な日であり、当日と前後2日間が休みとなります。

1月1日	旧暦1月1日	3月1日	5月5日
新正月	旧正月	三一節	こどもの日

旧暦4月8日	6月6日	8月15日	旧暦8月15日
釈迦誕生日	顕忠日	光復節	秋夕

10月3日	10月9日	12月25日
開天節	ハングルの日	クリスマス

祝日ではありませんが、5月1日の労働者の日や、先生の日、父母の日などがあり、それにちなんだ行事などがあります。バレンタインデー、イースター、ハロウィンなどにイベントをする人々もいます。

もっと知りたい ＋α

欧米のようなバケーション文化は?

韓国も日本と同じで欧米のような長期休暇が取りにくい職場環境があります。そのために旧正月や秋夕の連休を土日や有休と合わせて長めに取る人もいます。夏休みは職場ごとに異なりますが、7月末から8月初旬に1週間ほど与えられるのが一般的です。

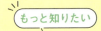

旧正月、秋夕の過ごし方

旧正月と秋夕は韓国の人々にとって二大イベントです。最近は簡素化されていますが、親族が集まって祖先の供養をする習慣は今も大切にされています。

	特別な食べ物	特別な行事
旧正月	トッククと茶礼(チャレ)の料理	・茶礼で先祖の霊を迎え入れる ・お墓の草刈りやお参りをする ・お年玉をあげる ・凧あげ・ユンノリ(双六のような遊び)・ノルティギ(板跳び)など伝統的な遊びをする
秋夕	ソンピョンと茶礼(チャレ)の料理	・茶礼で先祖の霊を迎え入れる ・お墓の草刈りやお参りをする ・凧あげ・ユンノリ・ノルティギなど伝統的な遊びをする ・地方によってお月見イベントもある

秋夕は中秋であり、一年で最も月が明るく輝く日です。名月を拝む習慣は今も東アジア全域に残っていますが、韓国では新羅時代(356〜935年)に始まったと見られています。

日本と同じように帰省ラッシュ、親族への土産物の購入などで大賑わいとなるよ。

外国人も一緒に楽しめる、祝日のイベント

旧正月や秋夕は先祖供養の日であり、家族や親族内での行事が中心でした。そのため1990年代初頭まではデパートやレストランなどもすべて休みになりましたが、現在ではみんなで楽しむ日という方向に変化しており、イベントなども行われるようになりました。

旧正月や秋夕

景福宮や南山韓屋マウルなど各所で韓国の伝統行事を見たり、昔の子どもの遊びなどを体験できる。

釈迦の誕生日

韓国全土の寺院でお祭りがあり、華やかな仏教徒たちのパレードが市内を練り歩く。ランタンフェスティバルも開かれる。

©韓国観光公社Lee Beomsu

ハングルの日

国立ハングル博物館でイベントがあり、外国人も参加できる。

小正月も大切な日なんだ。

日本では小正月と呼ばれる旧暦の1月15日は祝日ではありませんが、韓国の人々にとっては大切な日です。五穀米を炊いて、落花生や栗などのナッツを食べます。済州島では野火祭りが行われ、島民たちは無病息災と豊作などを祈願します。

9

気候・風土

美しい四季の変化が楽しめる

日本よりも乾燥していてソウルは寒暖差が激しい

韓国は**四季の変化がはっきりした国で、夏は暑くて湿度が高く、冬は寒くて乾燥**しています。北海道から沖縄まで南北に長い日本に比べれば地域差は少ないといえますが、真冬に氷点下10度以下にもなる首都ソウルと、南部にある釜山などを比べるとかなりの違いがあります。

韓国は三面を海に囲まれ、また**国土の70％が山地**となっています。ただし**低い山が多いことから、春にはツツジ（チンダルレ）やレンギョウ（ケナリ）が、秋には紅葉が楽しめる絶好の行楽地**となっています。自然環境に恵まれた韓国ですが、農林水産業はあまり人気がなく、食料自給率の低さが問題となっています。

四季の変化を楽しむ

韓国も日本と同じく四季の変化が楽しめる国です。ただし首都ソウルは東京に比べて寒暖差が激しく、特に冬の最低気温は氷点下10度以下になることもあるので要注意です。夏の初めには長雨（チャンマ）と呼ばれる梅雨がありますが、一年を通して日本よりは空気が乾燥しています。

ソウルの平均気温

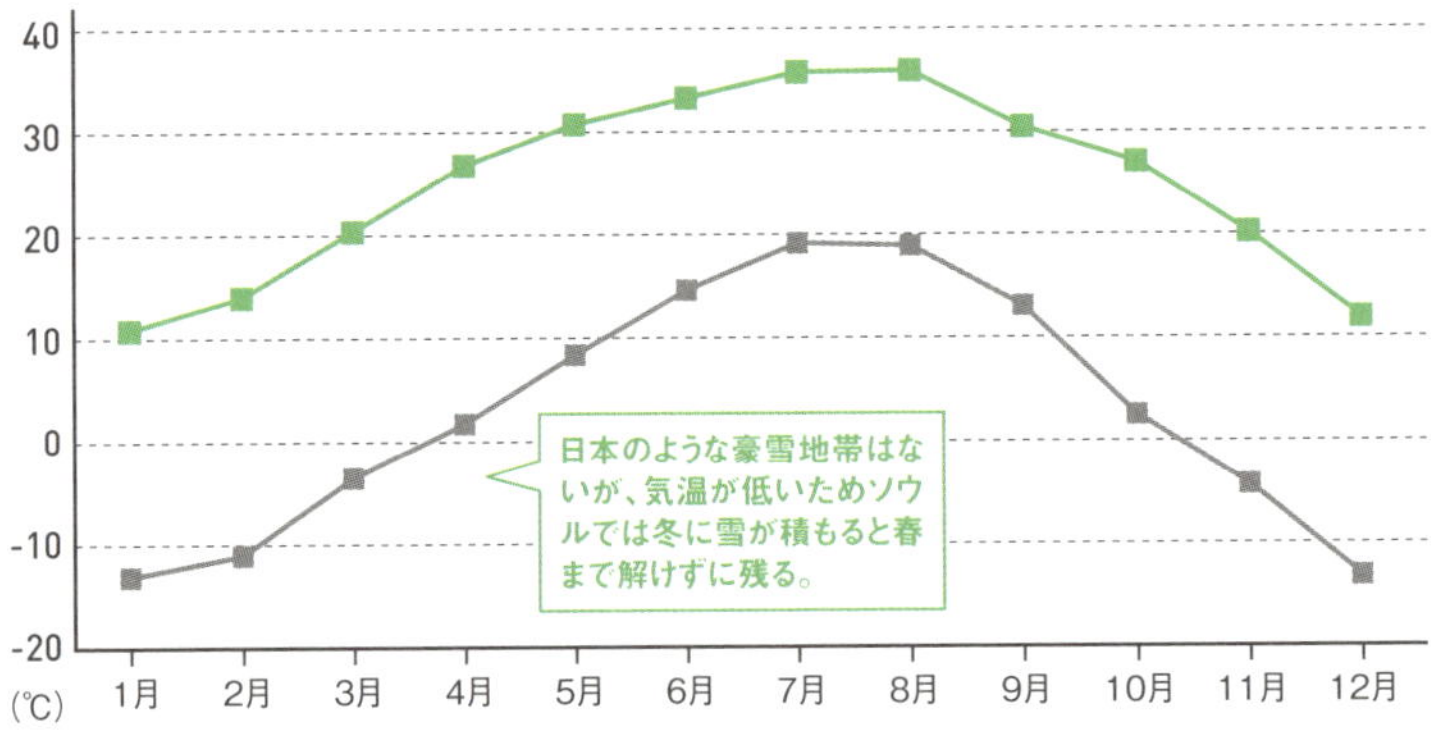

最高気温
最低気温
40
30
20
10
0
-10
-20
(℃)
1月
2月
3月
4月
5月
6月
7月
8月
9月
10月
11月
12月
日本のような豪雪地帯はないが、気温が低いためソウルでは冬に雪が積もると春まで解けずに残る。

出典:韓国気象庁

韓国の春はケナリ、チンダルレから始まる

3月中旬～末

ケナリ

©Korea Tourism Organization-Shidong

チンダルレ

©Korea Tourism Organization-KENPEI

登山してチンダルレを楽しむ。
栗拾いなども楽しい。

10月下旬からは紅葉

洪川銀杏の森

©Korea Tourism Organization-Kim Jiho

国土の7割以上が山地

韓国は大陸に隣接した北側を除く三面が海に囲まれており、平地が30%、山地が70%を占めています。東海岸近くに南北に連なる太白山脈があり、そこを源とする大小の川が西海岸と南海岸に流れ込み、穀倉地帯である平野を形成しています。

臨津江
雪岳山
北漢山
漢江
ソウル
太白山脈
俗離山
錦江
智異山
金井山
洛東江
光州
無等山
釜山
漢拏山

山地は多く、ソウルや釜山などの大都市にも山がある。ただし標高の高い山は少ない

1位 漢拏山(1947m)
2位 智異山(1915m)
3位 雪岳山(1708m)

ソウルの人が好きな山
→北漢山(836m)

釜山の人が好きな山
→金井山(802m)

光州の人が好きな山
→無等山(1187m)

ソウルの漢江や釜山の洛東江、また百済の歴史を今に伝える錦江など有名な河川は多い。北朝鮮との軍事境界線沿いには東から西に臨津(イムジン)江が流れている。

農業・漁業・林業の特徴

韓国は三面を海に囲まれ、また気候も比較的温暖、さらに山地にも恵まれており、農林水産業に適した環境といえます。ただし日本と同じく食料自給率が低いことから、韓国政府はさまざまな対策を練っています。

●穀物自給率の推移

(単位=%)

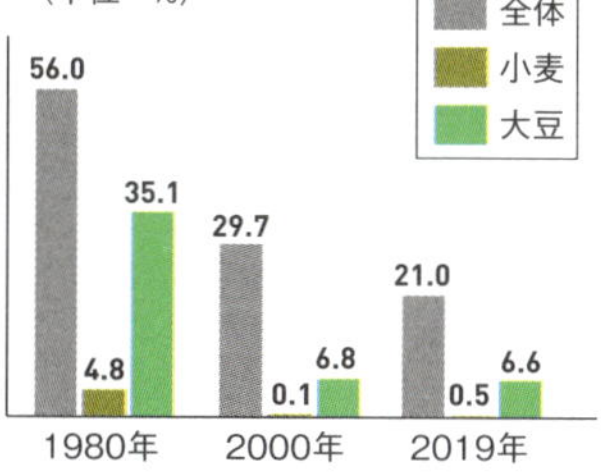
全体
小麦
大豆
56.0
4.8
35.1
29.7
0.1
6.8
21.0
0.5
6.6
1980年
2000年
2019年

出典:韓国農林畜産部

●漁業生産量は世界13位

1位	中国
2位	インドネシア
3位	インド
⋮	
11位	日本
⋮	
13位	韓国

●林業

木材自給率は15%程度

韓国の木材産業は成長しているが、国産木材利用の拡大政策が必要な段階となっている。

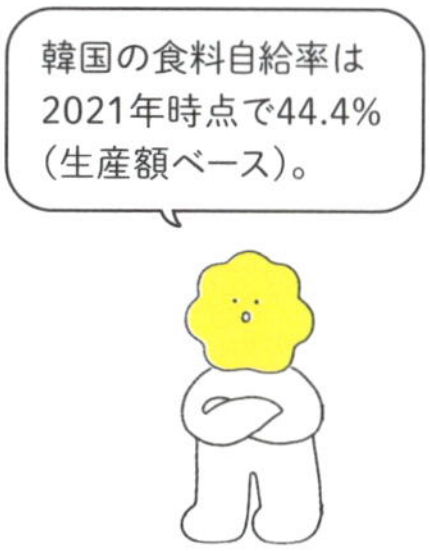
韓国の食料自給率は
2021年時点で44.4%
(生産額ベース)。

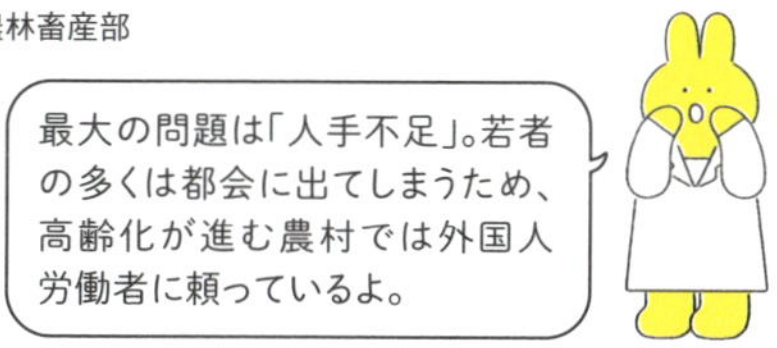
最大の問題は「人手不足」。若者の多くは都会に出てしまうため、高齢化が進む農村では外国人労働者に頼っているよ。

10

都市・地域

17の行政区域からなる

面積は日本の4分の1でも豊かな地方色

韓国の**面積は日本の約4分の1ほど**です。全国は17の行政区に分かれており、ソウル特別市と世宗特別自治市と釜山など**6つの広域市**、その他に日本の県に相当する**9つの「道《どう》」**があります。以前はソウルや6つの広域市もすべて道に含まれていましたが、現在は全く別の行政組織となっています。

現在の行政区は朝鮮時代の「八道」に由来しており、それぞれの地域文化には長い歴史があります。地方の方言や豊かな食文化などは韓国の大きな財産といえるでしょう。地域感情が政治利用された時期もありましたが、解消のための努力がされています。

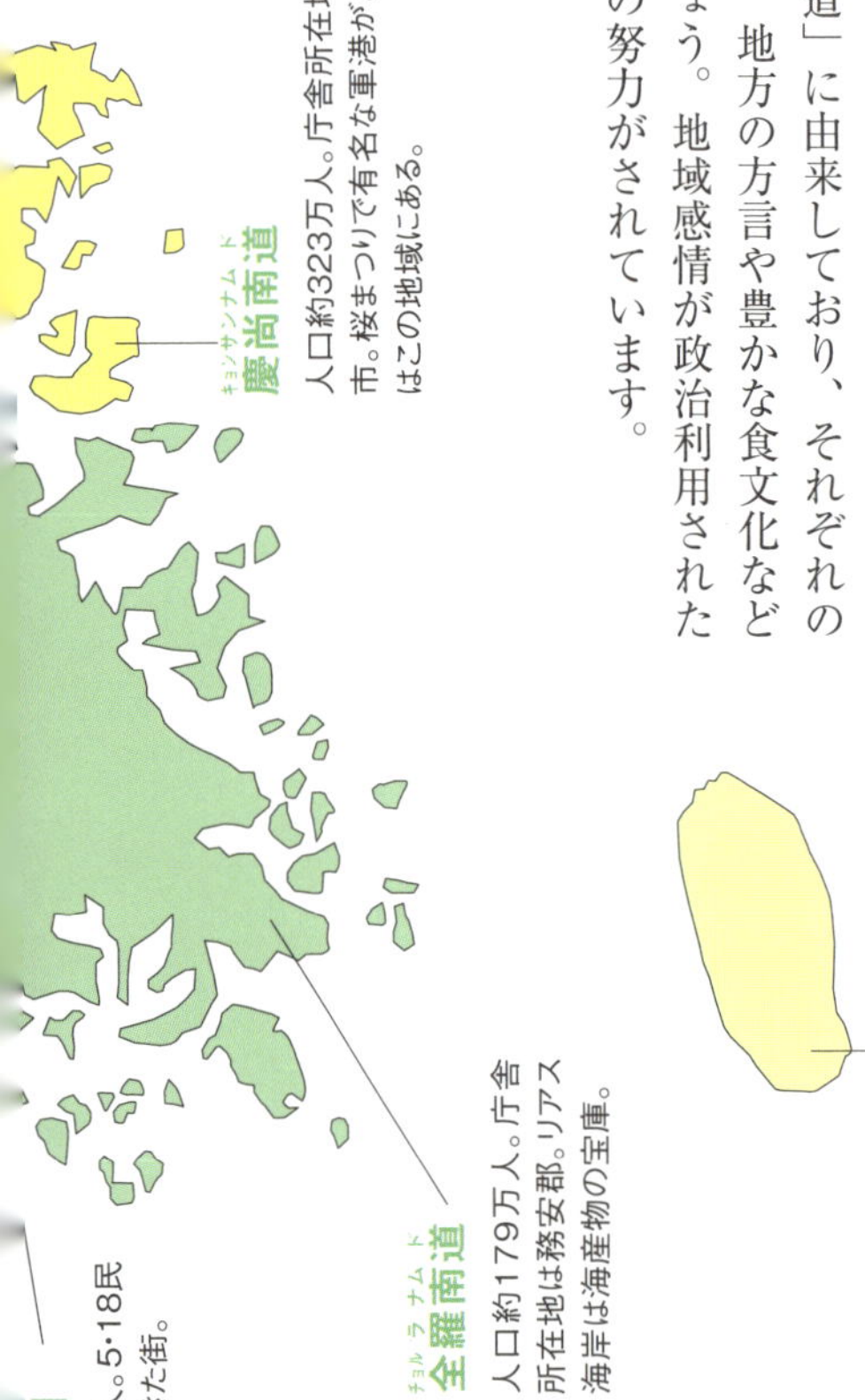

済州《チェジュ》特別自治道

人口約67万人。庁舎所在地は済州市。韓国の南にある島。リゾート地としても人気がある。

全羅南道《チョルラナムド》

人口約179万人。庁舎所在地は務安郡。リアス海岸は海産物の宝庫。

慶尚南道《キョンサンナムド》

人口約323万人。庁舎所在地は昌原市。桜まつりで有名な軍港がある鎮海はこの地域にある。

広域市 釜山《プサン》

韓国第2の都市。人口は約327万人。港町として発達した。

広域市 光州

人口約141万人。5·18民主化運動が起きた街。

※人口は2024年10月現在

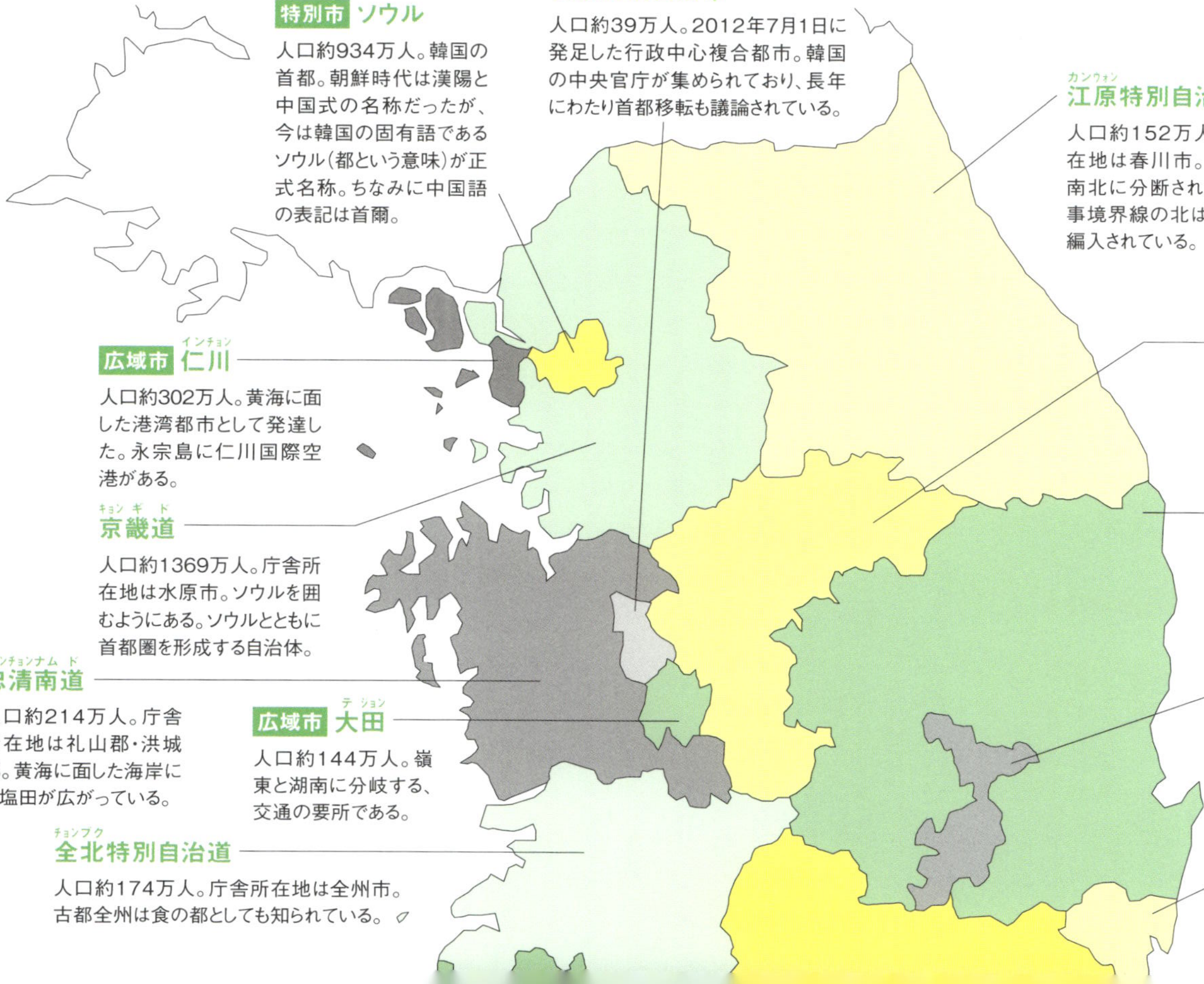

特別市 ソウル

人口約934万人。韓国の首都。朝鮮時代は漢陽と中国式の名称だったが、今は韓国の固有語であるソウル(都という意味)が正式名称。ちなみに中国語の表記は首爾。

世宗《セジョン》特別自治市

人口約39万人。2012年7月1日に発足した行政中心複合都市。韓国の中央官庁が集められており、長年にわたり首都移転も議論されている。

江原《カンウォン》特別自治道

人口約152万人。庁舎所在地は春川市。江原道は南北に分断されており、軍事境界線の北は北朝鮮に編入されている。

広域市 仁川《インチョン》

人口約302万人。黄海に面した港湾都市として発達した。永宗島に仁川国際空港がある。

京畿道《キョンギド》

人口約1369万人。庁舎所在地は水原市。ソウルを囲むようにある。ソウルとともに首都圏を形成する自治体。

忠清北道《チュンチョンブクト》

人口約159万人。庁舎所在地は清州市。韓国のほぼ中央に位置する。風光明媚な観光地が多い。

慶尚北道《キョンサンブクト》

人口約254万人。庁舎所在地は安東市・醴泉郡。新羅の都、慶州はここにある。

忠清南道《チュンチョンナムド》

人口約214万人。庁舎所在地は礼山郡・洪城郡。黄海に面した海岸には塩田が広がっている。

広域市 大田《テジョン》

人口約144万人。嶺東と湖南に分岐する、交通の要所である。

広域市 大邱《テグ》

人口約236万人。大統領を多く輩出している。

全北《チョンブク》特別自治道

人口約174万人。庁舎所在地は全州市。古都全州は食の都としても知られている。

広域市 蔚山《ウルサン》

人口約110万人。南部の工業都市。現代自動車の本拠地である。

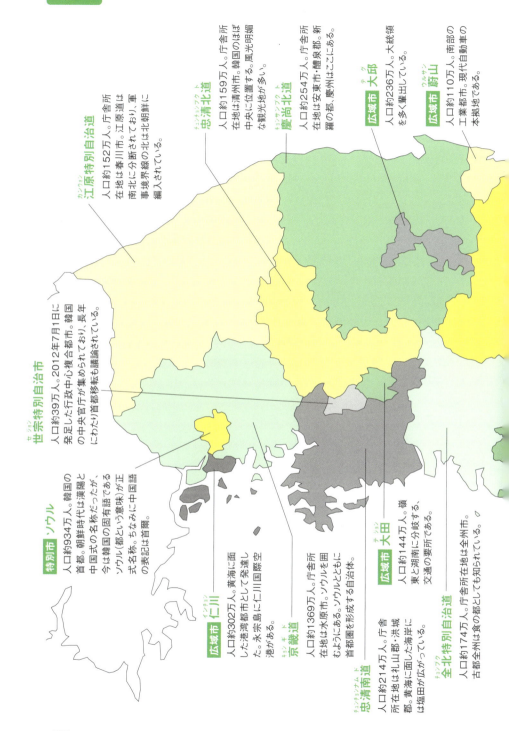

過密都市ソウル

韓国の総人口の過半数が首都圏に集中

超過密都市ソウルといわれるものの、ここ数年間はわずかながら人口減少が見られます。その原因は周辺都市の大規模開発により人口が分散したからです。仁川《インチョン》や京畿道《キョンギド》を合わせた**「首都圏人口」は依然として増加傾向**にあり、その総数は約2600万人。これは**韓国全人口の過半数**を占めています。

人口集中の理由は**朝鮮戦争時の北からの避難民**に始まります。そののちには地方の農村から**働き口を求めてソウルに移動する人々が急増**しました。さらに近年では**子どもの教育**のために首都圏に移り住む人々もいます。

ソウルの各エリアの特徴

ソウル市は中心を流れる漢江の北が江北（カンブク）、南が江南（カンナム）と大きく二つに分かれています。江北は旧市街を中心に広がっており、景福宮や昌徳宮といった朝鮮王朝の宮殿やソウル市庁、各国大使館などがあります。江南は1970年代以降に開発されたビジネスの中心地であり、富裕層が暮らすエリアとしても知られています。

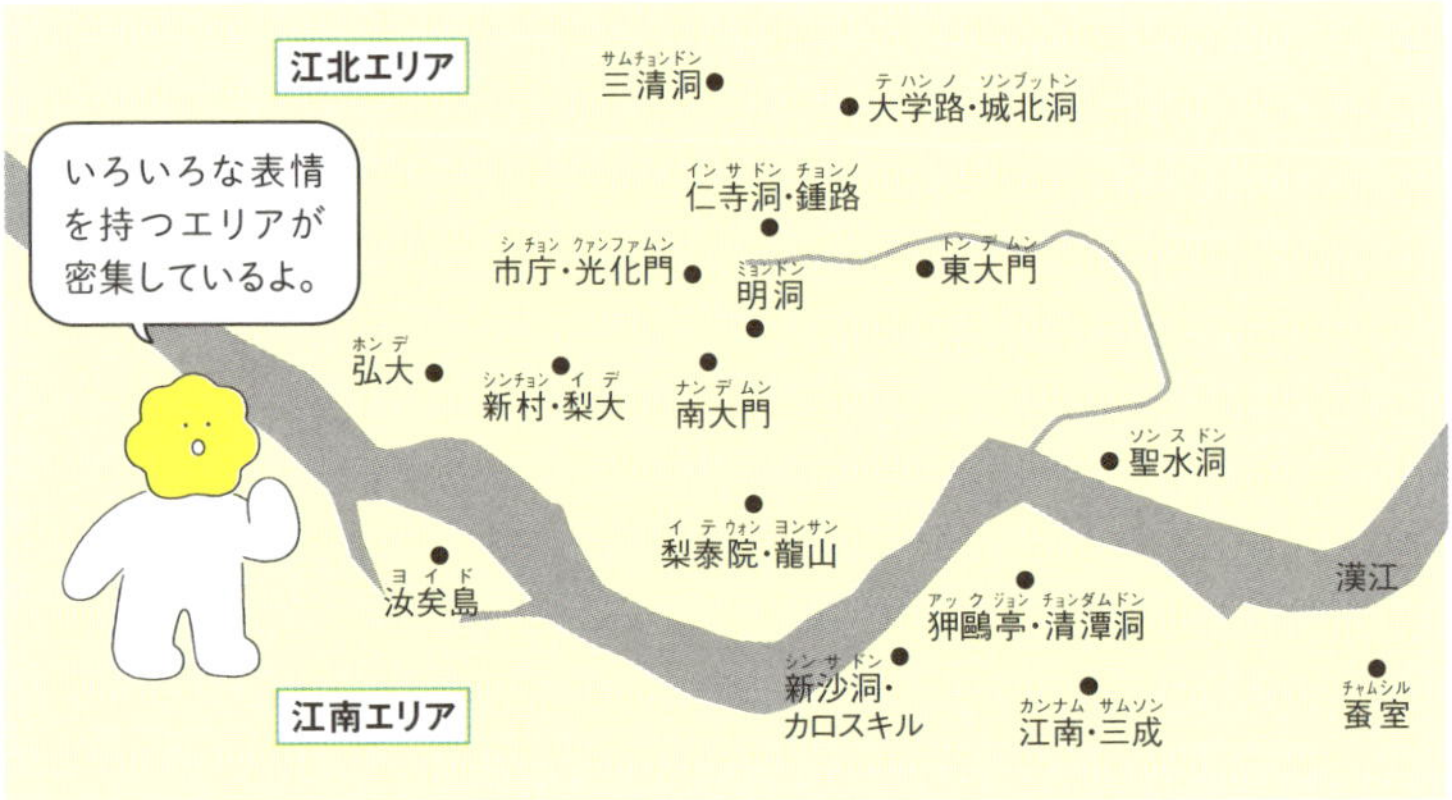
江北エリア
三清洞《サムチョンドン》
大学路《テハンノ》・城北洞《ソンブットン》
いろいろな表情を持つエリアが密集しているよ。
仁寺洞《インサドン》・鍾路《チョンノ》
市庁《シチョン》・光化門《クァンファムン》
明洞《ミョンドン》
東大門《トンデムン》
弘大《ホンデ》
新村《シンチョン》・梨大《イデ》
南大門《ナンデムン》
聖水洞《ソンスドン》
梨泰院《イテウォン》・龍山《ヨンサン》
漢江
汝矣島《ヨイド》
狎鷗亭《アックジョン》・清潭洞《チョンダムドン》
新沙洞《シンサドン》・カロスキル
江南《カンナム》・三成《サムソン》
蚕室《チャムシル》
江南エリア

江北エリア

三清洞　李朝時代の建物が並ぶ
大学路・城北洞　小劇場が集まる演劇の街
仁寺洞・鍾路　伝統工芸や伝統家屋が見られる
東大門　ファッションビル、問屋が立ち並ぶ
明洞　ソウル一の繁華街
市庁・光化門　行政府や宮殿が見られる
南大門　ソウル最大の市場街
新村・梨大　延世大学、西江大学、梨花女子大学がある学生街
弘大　芸術大学がある若者の街。クラブなども多い
聖水洞　工場を改築したおしゃれなカフェの街
梨泰院・龍山　外国人が多く集まるかつての米軍基地の街

江南エリア

狎鷗亭・清潭洞
ハイブランドの街。大手芸能事務所もある
江南・三成
ビジネス街、ショッピングモールでにぎわう
新沙洞・カロスキル
街路樹があり落ち着いたおしゃれな街
汝矣島
国会議事堂や放送局がある
蚕室
ロッテワールドのほか免税店、デパートなどがある

ソウル首都圏への人口集中

韓国の総人口における首都圏人口の割合は1970年に28.7%だったのが、1990年には42.8%、2020年には50%超と倍増しました。その中心にソウルがあります。大企業の本社やランキング上位の大学などはほとんどがソウルにあり、首都圏と地方の格差は日本以上です。

ソウルの人口推移(1945～2020年)

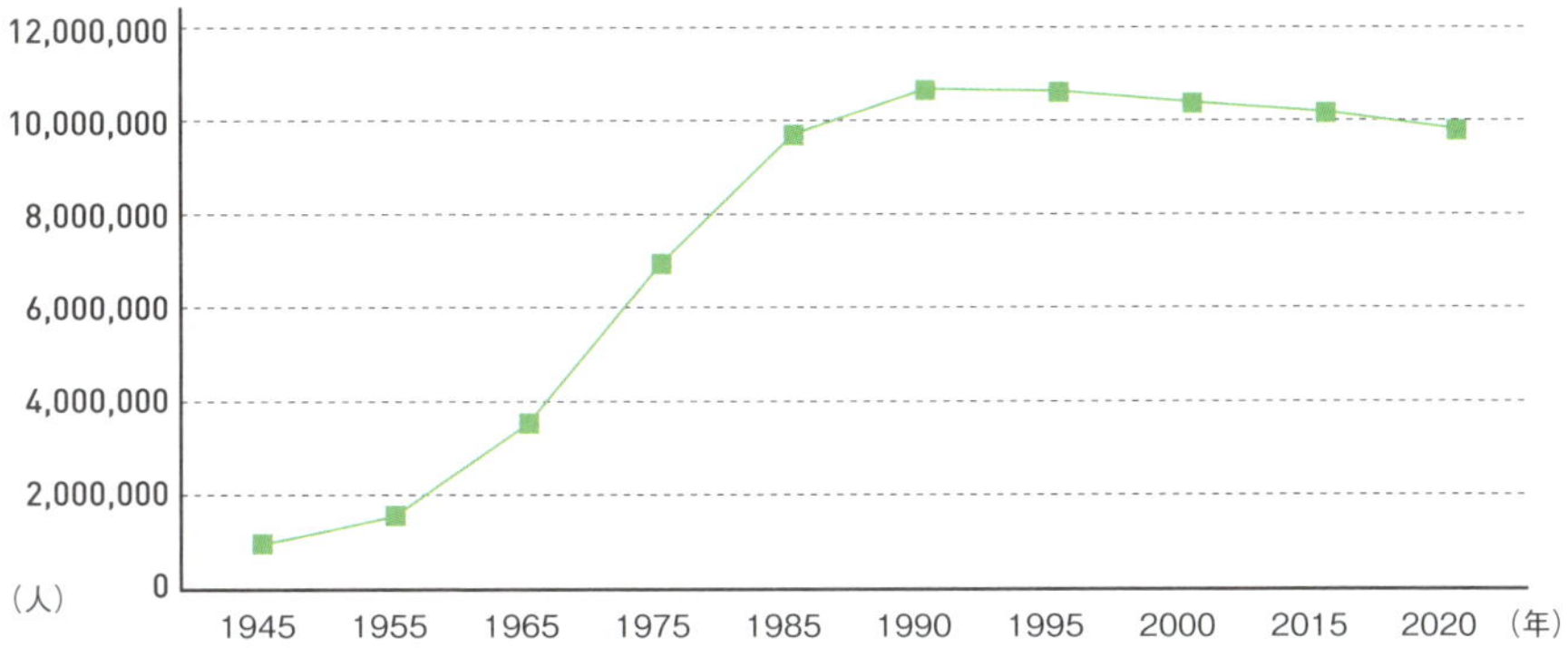

地方に拠点のある自動車や造船企業なども、本社のほとんどが首都圏にありますが、ポスコは最近になって本社を浦項に戻して話題になりました(p.55)。

ソウルだけが過密になっている?

ソウル特別市は25区からなり総面積は605.2km²と、東京23区の約628km²とよく似ています。人口密度は1万5560人/km²であり、こちらも東京23区の1万5606人/km²とほぼ同じなのですが、韓国の他の都市に比べると過密具合は飛び抜けています。

韓国の大都市の人口密度

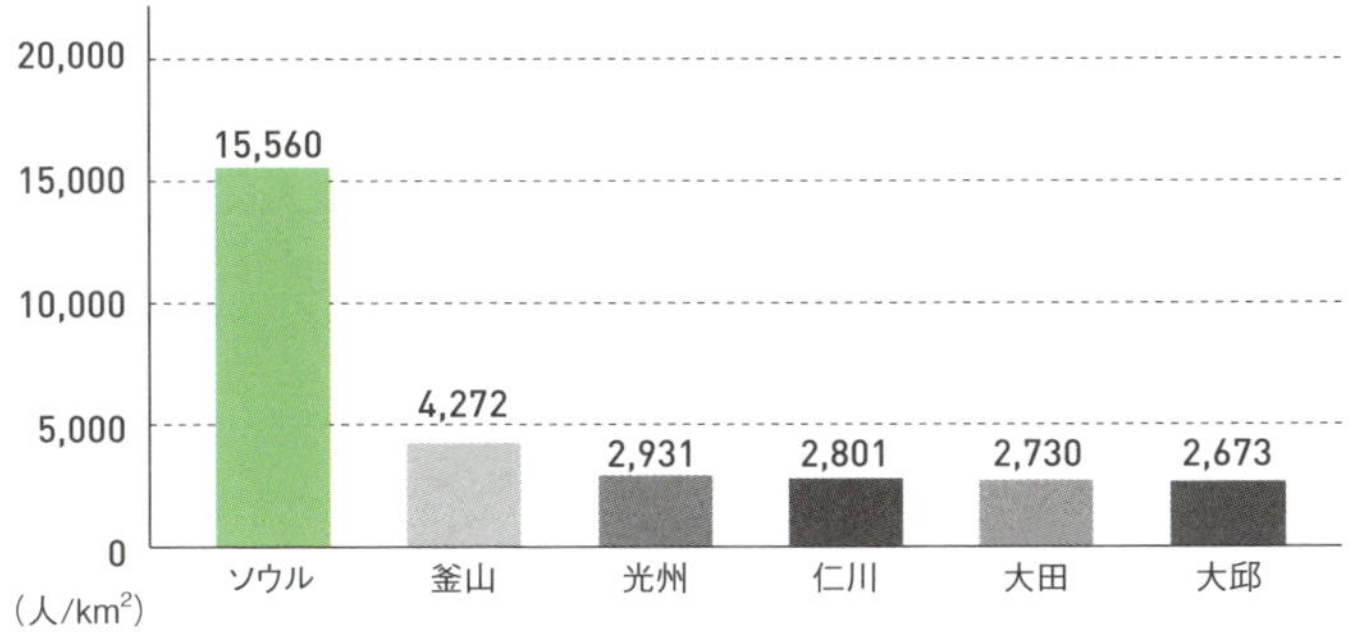

出典:いずれも韓国統計庁(2022年)

通勤ラッシュはソウルも東京も大問題です。ソウルでは地下鉄の一部車両から座席を取り外すなどの、応急措置も導入しています。

12

交通

各地を結ぶ空港・高速鉄道・高速道路

仁川国際空港は年間7000万人が利用

韓国の空の玄関口、**仁川国際空港は2001年の開港以来、大きく利用客数を増やしています。**新型コロナウイルスのパンデミック前の2019年の年間利用者は約7000万人。シンガポールのチャンギ国際空港、香港国際空港とともに**アジア三大ハブ空港**の一角を占めています。

国内移動は航空機とともに、鉄道や高速バスなどがあります。日本の新幹線にあたる**高速鉄道（KTX）**があり、ソウルを起点に全国の主要都市につながっています。また**地方都市間の移動には高速バスが便利**です。高速道路を利用した長距離バス路線は全国各地を、まさに網の目のように結んでいます。

4つの主要国際空港

韓国には全部で15の空港があり、そのうちの8つが国際空港です。主要な国際空港は仁川、金浦（キンポ）、金海（キメ）、済州にあり、いずれも日本との間に定期便は就航しています。仁川国際空港は2001年3月に開港して以来、東アジアのハブ空港として重要な役割を担ってきました。

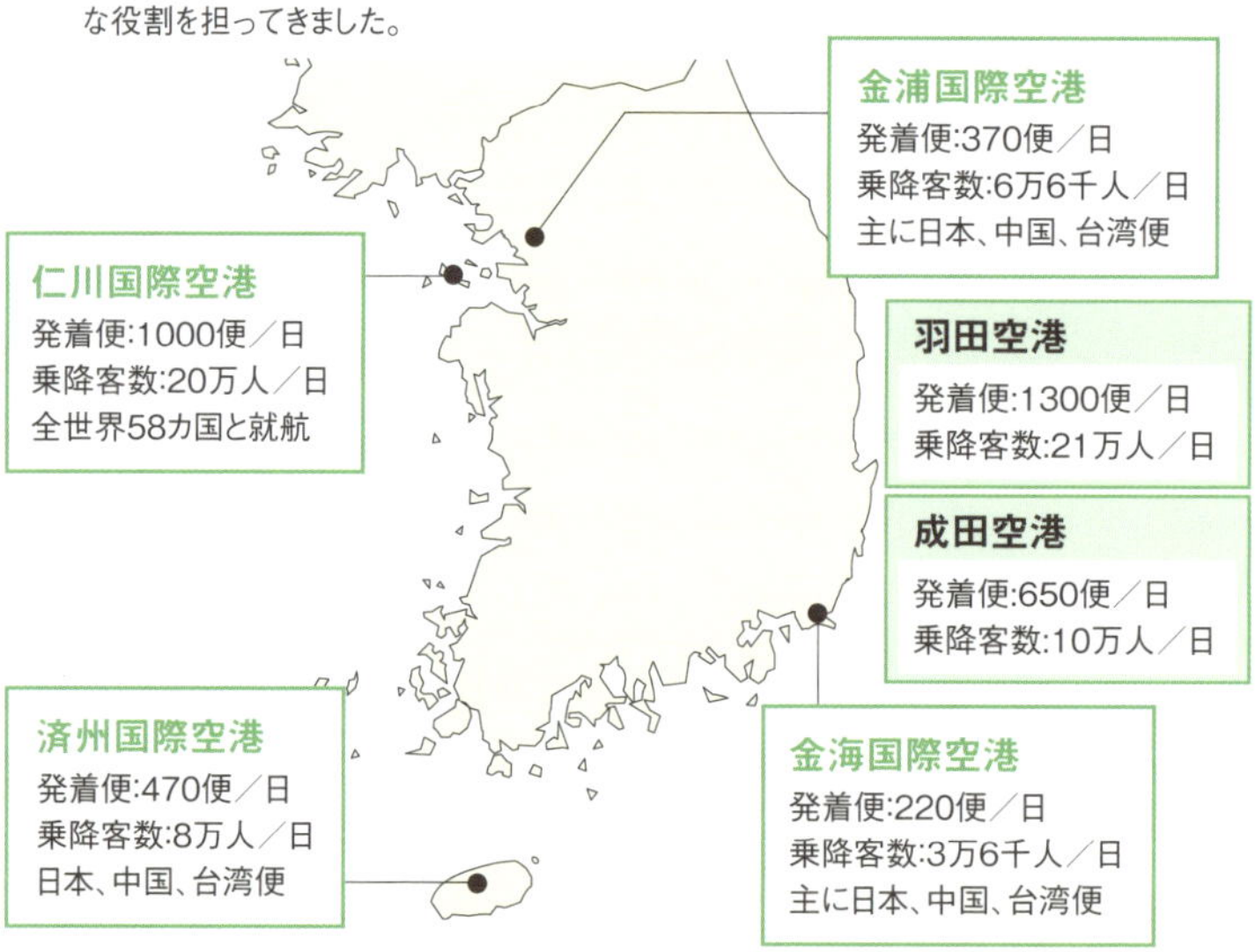

金浦国際空港
発着便:370便／日
乗降客数:6万6千人／日
主に日本、中国、台湾便
仁川国際空港
発着便:1000便／日
乗降客数:20万人／日
全世界58カ国と就航
羽田空港
発着便:1300便／日
乗降客数:21万人／日
成田空港
発着便:650便／日
乗降客数:10万人／日
済州国際空港
発着便:470便／日
乗降客数:8万人／日
日本、中国、台湾便
金海国際空港
発着便:220便／日
乗降客数:3万6千人／日
主に日本、中国、台湾便

もっと知りたい ＋α

韓国には空港も航空会社も多い

韓国は日本の4分の1の面積に15の空港があり、さらに航空会社も大韓航空とアシアナ航空、LCCを合わせると14社にも上ります（日本は24社）。韓国人は旅行が大好きで、若者も高齢者もどんどん海外へ出かけていきます。日韓便の利用者も近年は韓国人観光客が圧倒的に多いようです。

ソウルから釜山まで2時間半、高速鉄道KTX

韓国の高速鉄道KTXは2004年に開通しました。ソウルと釜山を最短2時間30分で結んでおり、日本の新幹線のような役割を担っています。その他にも光州や木浦(モッポ)など全羅南道(チョルラナムド)方面に行く路線や、平昌(ピョンチャン)や江陵(カンヌン)など江原道(カンウォンド)方面に行く路線があります。

清涼里
ソウル
龍山
西原州
原州
珍富
江陵
正東津
平昌
東海
安東
五松
大田
公州
金泉亀尾
浦項
東大邱
益山
全州
新慶州
蔚山
密陽
南原
昌原
谷城
晋州
光州松汀
求礼口
釜山
順天
麗川
木浦
麗水エキスポ

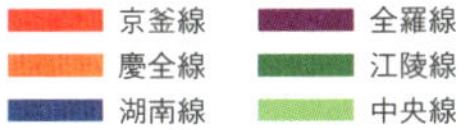
京釜線
慶全線
湖南線
全羅線
江陵線
中央線

- 車内販売もありますが、お弁当はソウル駅で購入するのがおすすめです。
- ほぼ全席指定ですが、列車によって立ち席券も発売されます。
- ソウルの江南からは別会社の運営するSRTという高速鉄道も出ています。

韓国語、英語、中国語、日本語で車内放送が流れるよ。

韓国の隅々まで行ける高速バス

鉄道網はソウル発着が中心ですが、高速道路は地方都市間も結んでいます。たとえば釜山から光州に行く場合、鉄道路線はありませんが、高速バスは毎日運行しています。高速バスを使うと韓国の地方を効率的に回ることができます。

主要都市間の移動にかかる時間

ソウルー釜山	約4時間
ソウルー光州	約3時間30分
ソウルー大邱	約3時間30分
ソウルー大田	約2時間
ソウルー江陵	約2時間20分
釜山ー光州	約3時間30分
釜山ー大邱	約45分
釜山ー大田	約3時間10分
釜山ー江陵	約5時間

- 地方では鉄道駅よりも、高速バスターミナルが街の中心になっていることもあります。
- 「一般高速バス」と座席のゆったりした「優等高速バス」があります。
- 旧正月や秋夕のような連休には高速道路が大渋滞する場合がありますが、高速バスは専用レーンがあるため、渋滞を回避できます。

韓国は左ハンドルで右側通行だよ。

13

交通

近距離移動なら地下鉄や市内バス、タクシー

韓国は交通費が安い便利な地下鉄と市内バス

ソウル、仁川、釜山、大邱、光州などの**大都市には地下鉄があります。**ソウルの地下鉄は1~9号線があり、さらに韓国鉄道の路線なども相互乗り入れをし、ソウル市内と近郊都市を結んでいます。**路線は色と番号で区別されており外国人観光客にも利用しやすくなっています。**

韓国は日本の大都市圏のような私鉄はありませんが、代わりに**バスがとても発達**しています。韓国の公共交通は地下鉄もバスも料金が安く設定されており、また交通カードを利用すれば、**乗り換えの際にも割引料金が適用**されます。タクシーも日本に比べると安く、市民にとって日常的な移動手段となっています。

ソウル近郊なら地下鉄

ソウル市内はもちろん、仁川や京畿道方面にも地下鉄を利用して行くことができます。また仁川国際空港や金浦国際空港とソウル中心部をつなぐ空港鉄道も、地下鉄に乗り入れており、途中の駅で乗り換えて目的地に向かうことができます。

ソウルを走る地下鉄の主な駅

1号線	ソウル駅　市庁　鍾閣《チョンガク》　鍾路3街　東大門　清凉里《チョンニャンニ》　仁川
2号線	弘大入口　新村　梨大　市庁　乙支路入口　東大門歴史文化公園　蚕室　江南
3号線	景福宮　安国《アングク》　鍾路3街　狎鷗亭　新沙　高速ターミナル
4号線	恵化《ヘファ》　明洞　東大門　忠武路《チュンムロ》　ソウル駅　三角地《サムガッチ》　新龍山

5号線	金浦空港　汝矣島　麻浦　孔徳《コンドク》　光化門　鍾路3街
6号線	ワールドカップ競技場　合井《ハプチョン》　孔徳　三角地　梨泰院　薬水《ヤクス》
7号線	高速ターミナル　盤浦《パンポ》　江南区庁　清潭　建大入口　オリニ大公園
8号線	夢村土城《モンチョントソン》　蚕室　可楽市場《カラクシジャン》　南漢山城入口　牡丹《モラン》
9号線	金浦空港　汝矣島　鷺梁津《ノリャンジン》　高速ターミナル　オリンピック公園

地下鉄に乗るなら持っていたいT-moneyカード

韓国の交通系ICカードは日本の交通カードとほぼ同じ機能があり、乗車券以外に普通のお店やレストランでも使用できます。

ソウルの地下鉄にはシルバーシートの他に妊婦用の優先席があります。

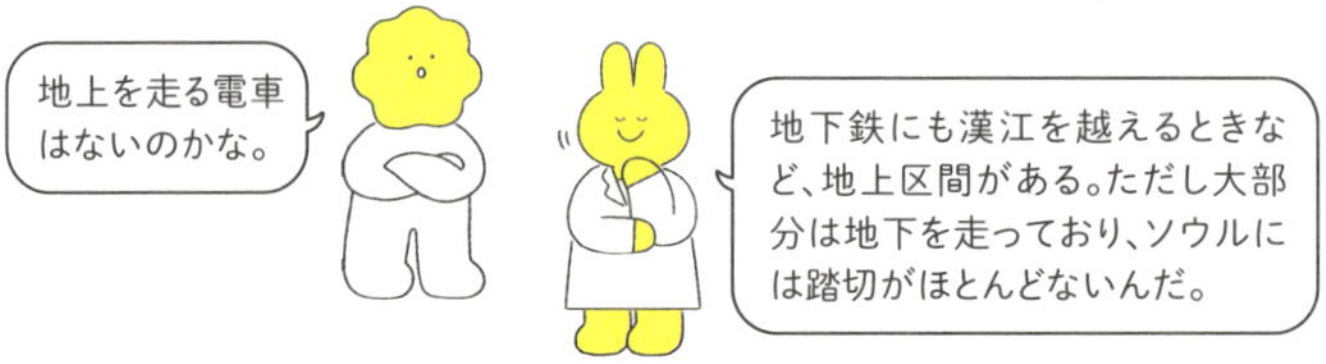
地上を走る電車はないのかな。
地下鉄にも漢江を越えるときなど、地上区間がある。ただし大部分は地下を走っており、ソウルには踏切がほとんどないんだ。

大都会も地方も市内バスが人々の足

韓国は市内バスがとても発達しています。ソウルや釜山などの大都会では、バスは道路の中央に専用レーンがあり、路線は市内の隅々まで張り巡らされています。番号は多くて覚えきれないので、韓国の人々もスマホで目的地行きのバスを検索します。

©Korea Tourism Organization-Kim Jiho

ソウルを走るバス

緑（支線バス）
比較的狭いエリアを回る

青（幹線バス）
ソウル市内の広いエリアを回る

赤（広域バス）
京畿道などの近郊都市まで行く

緑と青は市内バスなので、どこまで乗っても一律1500ウォン。

交通カードを使えば乗り換え割引もあります。バス会社が違っても大丈夫です。

ほかにもこんなバスが

循環バス（黄緑）
市中心部の人気スポットを回る

マウルバス
町内を回る小型のバス

韓国ではタクシーも市民の日常交通

韓国の物価は日本よりも高いことがあるのですが、交通費はかなり安く抑えられています。ソウルのタクシーは初乗りが4800ウォンと他の交通機関よりは高めですが、忙しい韓国の人々は近場の移動に頻繁に利用します。

タクシーは3種類

一般タクシー	急ぎのときには便利なタクシー。初乗りは1.6kmまでが4800ウォン。その後、131mで100ウォン上がるので、2kmだと5200ウォンぐらい。ちなみに東京では初乗りが1kmで500円。2kmだと900円ぐらいなので、ソウルのほうが割安。
模範タクシー	少しゴージャスな黒塗りタクシー。サービスはよいが、初乗りは3kmまで7000ウォン。東京だと3kmは1300円くらいなので、その距離だとお得感がある。
インターナショナルタクシー	仁川国際空港からソウル市内に向かう外国人のためのタクシー。料金は定額制でソウル市内の中心部まで日本円で1万2000円ぐらいから。英語や日本語が通じるため、初めて韓国を訪れる外国人には安心。

*1ウォン＝約0.1円（2024年12月現在）

韓国ではカカオタクシーのアプリが主流です。

午後10時から午前4時までは、深夜割増となるよ。

荷物が多いときや、地下鉄の利用が不安なときなどに使ってみてもいいかな。

14

文化

行ってみたい地方都市

おいしいご当地グルメや映画やドラマの「聖地」へ

韓国は交通の便がよいため、地方都市にも手軽に足がのばせます。地方旅行の楽しみは、なんといってもご当地グルメ。春川タッカルビや安東チムタッなどは、すでに全国でチェーン展開していますが、その地方に行かなければ食べられないご当地グルメもあります。地方には有名リゾート地も多く、**夏は済州や釜山などのビーチ、冬は平昌などのスキーリゾート**が人気となります。

また、韓国にはドラマや映画の撮影が行われた「聖地」が各地にあり、世界中からファンが訪れています。その中には映画「ＪＳＡ」に登場する板門店《パンムンジョム》のように、現代史の勉強ができる場所もあります。

韓国人がイチオシ、地域の王道グルメを知る

日本にいても韓国グルメを楽しむことはできますが、本場でしか味わえないものを食べるのは旅行の醍醐味です。

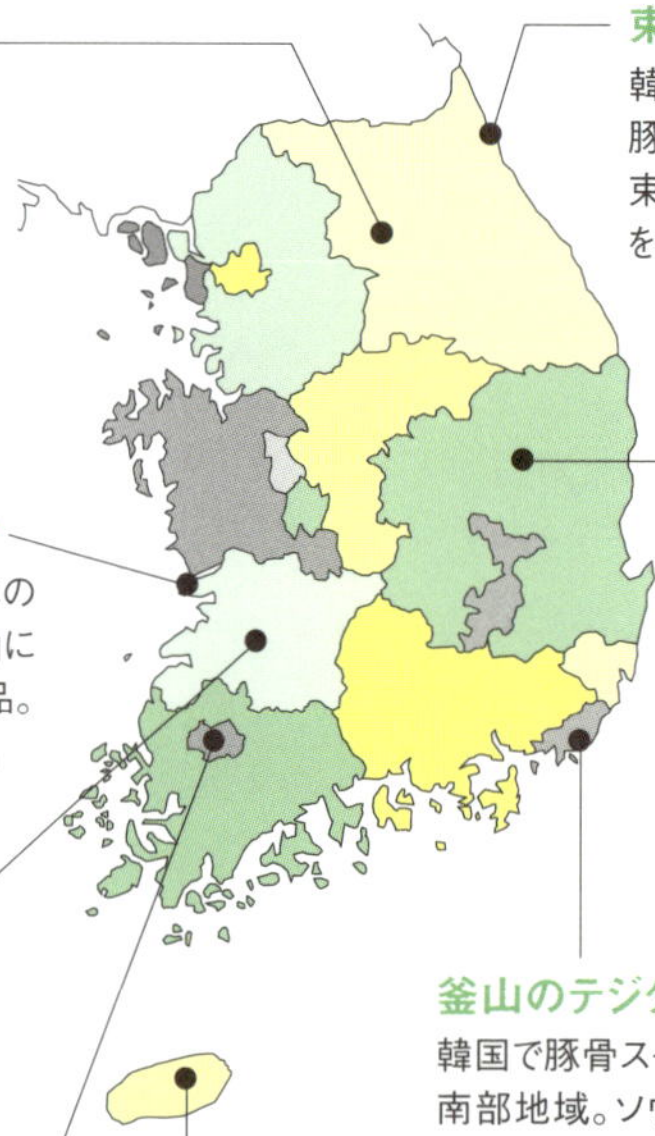

春川のタッカルビ
鶏肉を甘辛ソースに絡めたタッカルビは春川の名物料理で、ソウルに進出したのは1980年代のこと。近年はチーズを加えたチーズタッカルビも人気。本場に行けば炭火焼きの元祖タッカルビもある。

束草のイカのスンデ
韓国でスンデといえば豚の腸詰めが多いが、束草では特産物のイカを使ったスンデが有名。

安東のチムタッ
チムタッは鶏肉を醤油ベースで煮付けた安東の郷土料理。全国チェーンがあるが、旅行の際は本場の味を楽しみたい。

群山のカンジャンケジャン
群山がある西海岸はワタリガニの産地。新鮮なワタリガニを醤油につけたカンジャンケジャンは絶品。ソウルよりも手軽に食べられる。

全州のビビンバ
ビビンバというのは混ぜ合わせたご飯という意味。本来は残り物をご飯に混ぜて食べていたもので、それを立派な名物料理にしたのは食の都・全州にある食堂だった。

釜山のテジクッパ
韓国で豚骨スープが好まれるのは南部地域。ソウルではめったにお目にかかれないテジクッパが、釜山をはじめとした慶尚南道を代表する庶民の味。

光州のオリタン
骨付きの鴨を辛めのスープで煮込んだ鍋。エゴマの風味が絶妙なおいしさを醸し出す。これは光州に行かなければ食べられない。

済州の黒豚
牛肉よりも高価といわれる済州の黒豚。分厚く切ったバラ肉を焼肉にして、アミの塩辛を熱々にしたタレにつけて食べるのが済州島風。

韓国人にも人気の旅行先

韓国のポータルサイトなどではシーズンごとの人気の旅行先ランキングが発表されます。夏なら済州島や釜山などのビーチのリゾート、冬には平昌などのスキーリゾートも人気です。

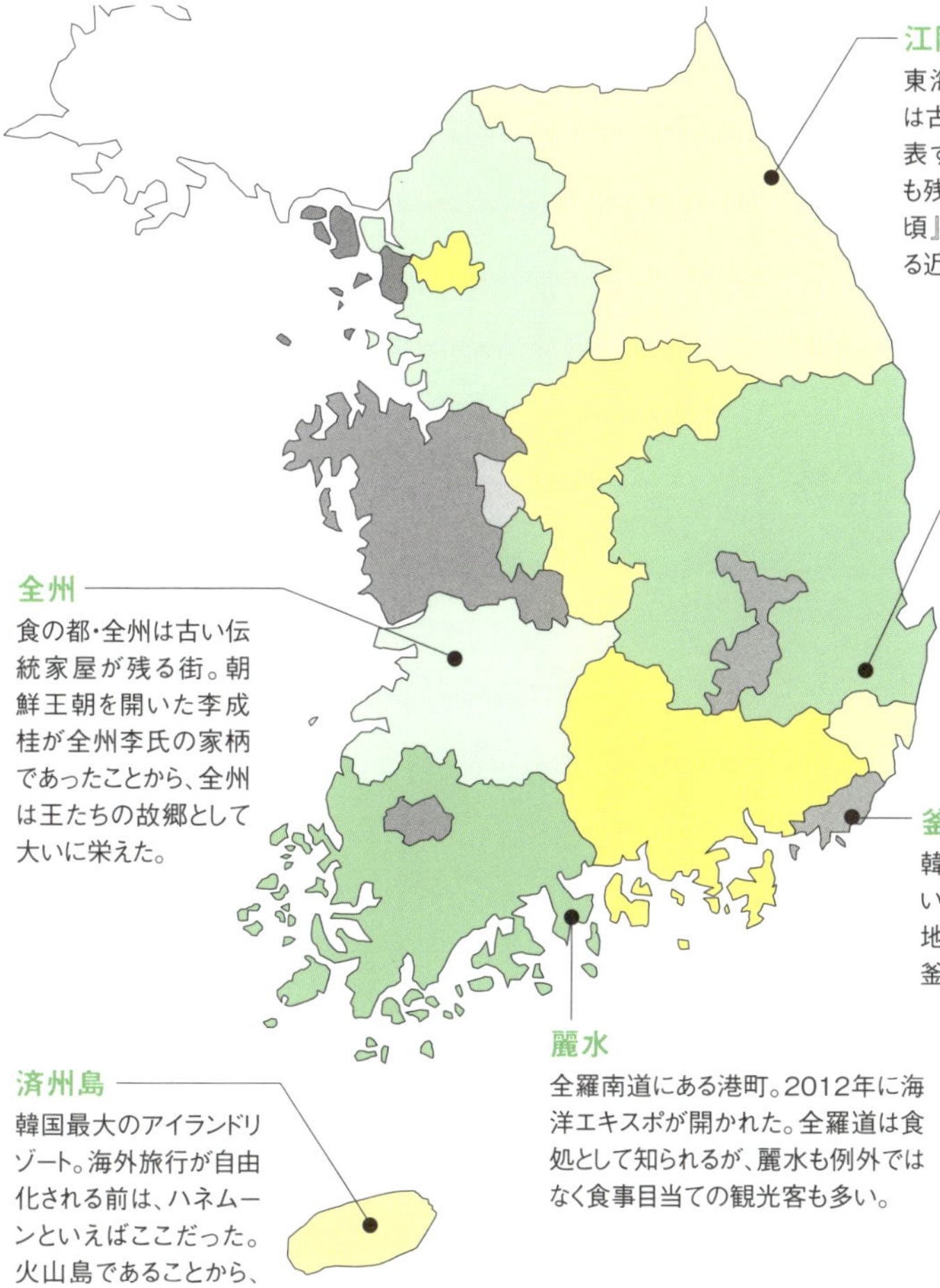

江陵

東海岸の人気リゾート地・江陵は古くから栄えた街で、韓国を代表する儒教学者の家などが今も残っている。『そばの花の咲く頃』という韓国人なら誰もが知る近代文学の舞台。

慶州

三国を統一した新羅の都。市内には大小の古墳や寺院や宮殿の跡があり、その栄華を振り返ることができる。

全州

食の都・全州は古い伝統家屋が残る街。朝鮮王朝を開いた李成桂が全州李氏の家柄であったことから、全州は王たちの故郷として大いに栄えた。

釜山

韓国第2の都市・釜山は美しい海岸線に恵まれたリゾート地でもある。新鮮な魚介類や釜山独特の料理なども人気。

麗水

全羅南道にある港町。2012年に海洋エキスポが開かれた。全羅道は食処として知られるが、麗水も例外ではなく食事目当ての観光客も多い。

済州島

韓国最大のアイランドリゾート。海外旅行が自由化される前は、ハネムーンといえばここだった。火山島であることから、独特の生態系をもつ。

もっと知りたい +α

現代史を知るなら

南北の軍事境界線にある板門店は、1953年に朝鮮戦争の休戦協定が結ばれた場所。韓国政府が認可したツアーが行われているときは当時の会議場などを見学できます。軍事境界線近くを流れる臨津江のほとりにある臨津閣（イムジンガク）にはかつて南北を走っていた鉄道模型が置かれています。施設内にある望遠鏡からは北朝鮮を見ることができます。

15

文化

食文化に表れる陰陽五行思想と儒教文化

薬食同源という考え方マナーには儒教の影響も

韓国の食文化は古代中国の哲学を元にした「陰陽五行思想」に大きな影響を受けています。陰陽のバランスを大切にしながら、献立には五味五色を取り入れること。その基本には**日々の食事で健康を守るという「薬食同源」の考え方**があります。

また年長者を敬う儒教道徳と男尊女卑の考え方が食事マナーにも反映され、昔は**祖父、父、長男は別に食卓につきました。**最近では家庭内の序列は解体され、皆が一緒に食卓を囲むようになりましたが、**食事のスタートはその場の上位者（年長者や職場の上司）から。**また上位者の前では横を向いてお酒を飲むなどの習慣は残っています。

陰陽五行思想と食

献立には意識的に「五味五色」が取り入れられます。「五味」は塩・酸・苦・甘・辛の味、「五色」は青・赤・黄・白・黒です。これら「五味五色」を備えた料理を食卓に並べることで、健康的な生活が送れると考えられてきました。

自然界を二分する陰陽

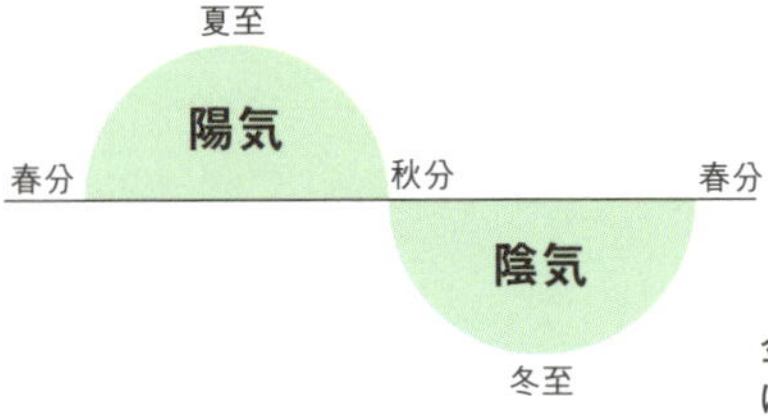
夏至
陽気
春分
秋分
春分
陰気
冬至

自然界の5つの要素

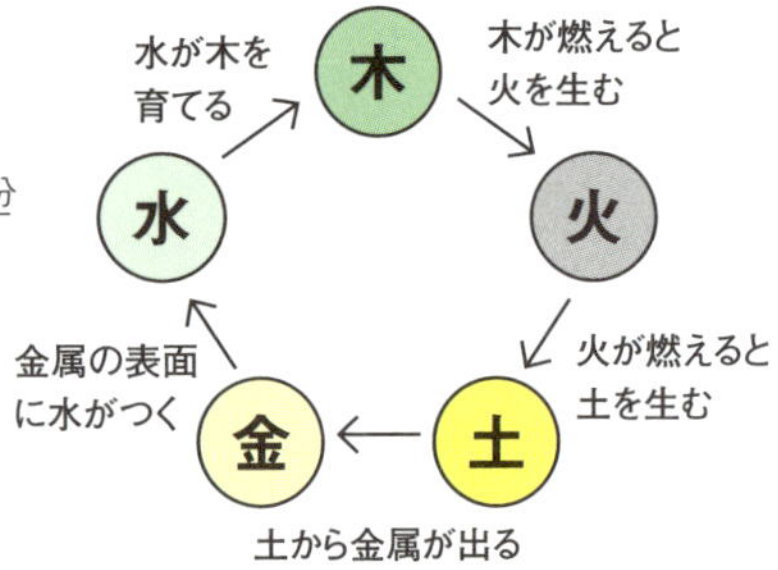
木
水が木を育てる
木が燃えると火を生む
火
水
火が燃えると土を生む
金属の表面に水がつく
金
土
土から金属が出る

木（青）	肝臓を助ける。緑茶、春菊、きゅうり　など
火（赤）	心臓・血液を助ける。唐辛子、クコの実、りんご、ナツメ　など
土（黄）	胃腸を助ける。ハチミツ、カボチャ、栗、松の実　など
金（白）	肺を助ける。高麗人参、ダイコン、梨、タマネギ　など
水（黒）	腎臓を助ける。黒豆、黒ゴマ、シイタケ、海苔　など

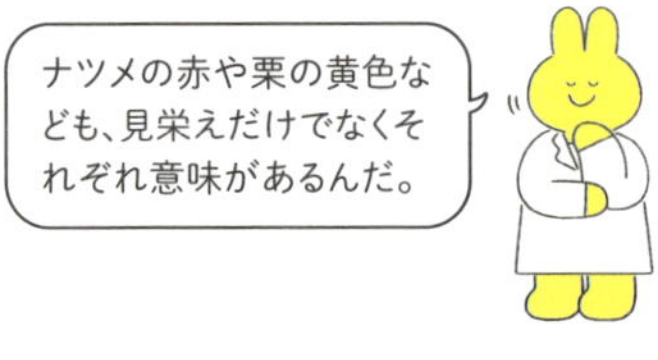
ナツメの赤や栗の黄色なども、見栄えだけでなくそれぞれ意味があるんだ。

一人一膳の伝統

伝統社会では各家庭で年長者には一人一膳が基本でした。最近は家族全員で食卓を囲むのが普通ですが、30年ぐらい前までは、おじいさんやお父さんだけ別室で三楪（サムチョプ）や五楪（オチョプ）の飯床（パンサン＝お膳）という家庭もありました。

楪（チョプ）は器という意味。今はお椀や茶碗などをクル、お皿をチョプシという。
キムチは常備菜で、11～12月に仕込む。

韓国の上座下座は日本と同じ！

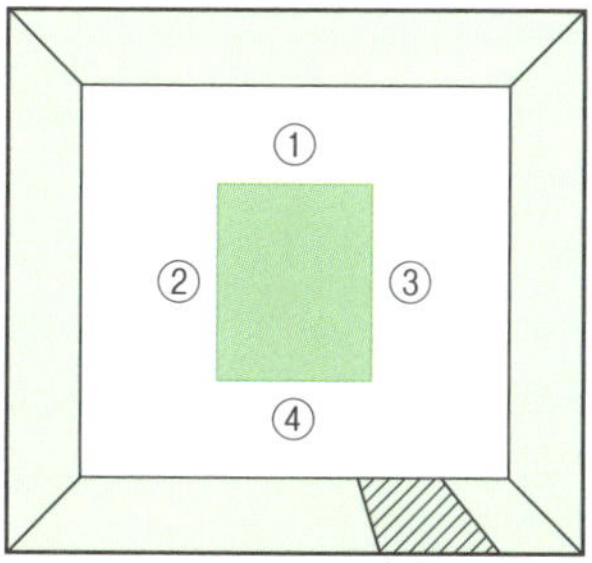
①
②
③
④
出入り口

宮廷料理は超豪華な十二楪飯床（シビチョプパンサン）。

知っておきたい食事の作法

食事作法は日本とは微妙に異なります。ご飯と汁ものはスプーンで、おかずは箸で食べます。器は持ち上げてはいけません。お酒も年長者からお酌をしてすすめるという形になります。宴席などでも女性がお酌をする文化はありません。

ご飯やスープは**スプーン**で、おかずは**箸**で食べる。

茶碗や**汁椀**などは持ち上げずに**置いたまま**食べる。

正座はしない。正座は罪人が悔い改めるときのスタイル。

食べ始めは**上席者**から。スプーンをスープに入れるのが合図。

お酌は上位者から。必ず両手で、顔を横に向けて**口元を隠しながら飲む。**

お酌を返すときは**必ず両手**で（片手を添える）。

無理に**完食しなくていい。**残すのは十分に食べたという満足の表明。

箸とスプーンは**縦向き**に置く。

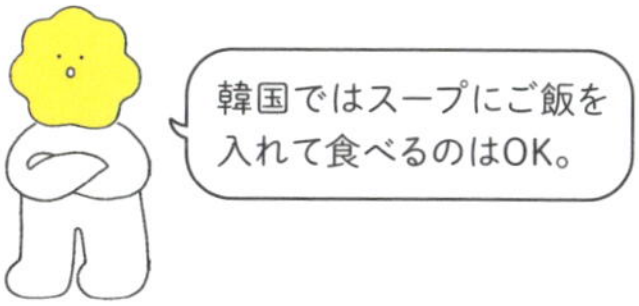
韓国ではスープにご飯を入れて食べるのはOK。

16

文化

食材のタブーがない韓国料理、その醍醐味

屋台から家庭料理まで身近な食材をフル活用

韓国料理は今や日本でも身近になりました。以前からの焼肉とキムチに加え、最近ではバラエティに富んだ韓国料理が食べられるようになりました。**トッポッキやキンパといった屋台料理**もあれば、**キムチチゲやテンジャンチゲのような家庭料理の定番**、さらには**たくさんの小皿が並ぶ韓定食**などもあります。

韓国の食文化は宗教的なタブーもなく、食材選びも自由です。主食は白米がメインですが、雑穀や豆類を一緒に炊くことが多く、麺類は小麦粉や蕎麦粉、じゃがいもなどで作られたものを使います。肉、魚、野菜などのおかずは、唐辛子をたっぷり使った辛いものが好まれます。

バラエティに富んだ韓国料理のメインディッシュ

韓国料理でメインとなる食材の主なものは次のとおりです。

牛肉

韓国焼肉の王道はなんといっても牛肉。カルビやロースなどの炭火焼肉のほか、プルコギという特製鍋を用いた味付け焼肉もある。

豚肉

サムギョプサルはバラ肉を使った焼肉。またポッサムというゆで豚料理も人気。いずれもキムチやサンチュなどの野菜類と一緒に食べる。

鶏肉

タッカルビは鶏肉を甘辛のタレで焼いたもの。参鶏湯、チムタク、韓国風フライドチキンも大人気。

蟹

カンジャンケジャンというワタリガニの醤油漬けが人気。風味ある卵や味噌は白いご飯との相性抜群。

タコ

ナクチポックンはタコの炒めもの。激辛なので要注意。生のタコをそのままぶつ切りにして食べるサンナクチも韓国ならでは。

鱈《たら》

プゴククは干し鱈のスープのこと。韓国は辛いスープが多いが、こちらはすっきりした味わい。

豆腐

スンドゥブチゲは定食屋の定番メニュー。豚肉やアサリなどを柔らかい豆腐と一緒に煮込んだもの。

牡蠣

クルクッパは牡蠣の雑炊のこと。韓国の冬は牡蠣のシーズンでもある。クルパプという牡蠣釜飯も美味。

季節や行事の料理など

韓国は四季の変化がはっきりしており、季節ごとに旬の食材を使った料理や、伝統的な節気メニューもあります。寒さの厳しい冬は温かい鍋物がおいしいのですが、夏に人気の冷麺も昔は冬のメニューでした。

春

山菜のポリパプ

セリ、ナズナ、ノビルなど何種類もの山菜で作ったナムルと麦飯のビビンバ。

夏

夏バテに参鶏湯

夏には初伏・中伏・末伏の3回、参鶏湯を食べる伏日（ポンナル）という日がある。

秋

栗や銀杏を入れたヨンヤンパプ

石鍋でお米と栗、ナツメ、銀杏などを入れて炊いたもの。あらかじめ味付けせず、炊き上がってから醤油ダレをかけて食べる。

冬

旬の真鱈を使った鍋、テグタン

韓国で真鱈はテグ（大口）という。さっぱり味と辛口の2種類がある。

旧正月

トックク

スープに餅を入れた、日本のお雑煮にあたる正月料理。

小正月

五穀米

もち米、粟、キビ、小豆、黒豆など雑穀や豆を一緒に炊いたご飯。

産後

わかめスープ

昔から出産後の滋養にわかめスープを食べる習慣がある。それにちなんで誕生日にもわかめスープを食べる。

雨の日

スジェビ

スジェビは日本のすいとんのこと。雨の日にはチヂミを食べる習慣もある。理由には諸説あり。

家庭でのおもてなし料理の三大基本メニュー

カルビチム

カルビを砂糖醤油の甘辛いたれで蒸し煮にした料理。大きめに切ったじゃがいもや栗、銀杏などと一緒に蒸す。

チャプチェ

細切りにした野菜やキノコ、お肉と春雨を炒めたもの。やさしい醤油味で美味。

チヂミ

ネギ、キムチ、海鮮などお好みの具材を小麦粉に混ぜ、薄く焼いたもの。味噌、コチュジャンなどであらかじめ味付けして焼く。

もっと知りたい +α

キムジャンとキムチ冷蔵庫の話

本格的な冬が来る前の11～12月にかけて、韓国では一斉にキムジャン（キムチ漬け）を行います。その冬に食べる分の白菜キムチを一度に漬ける大イベントで、今も街のあちこちでキムジャン風景が見られます。

漬けた大量のキムチをおいしく保存するため、韓国の人々が生み出したオリジナル家電が「キムチ冷蔵庫」。どこの家にもあります。保存に適切な0度から少し発酵を進められる微妙な温度に設定ができます。かつては冬の間、キムチを入れた壺を庭の土の中に埋めて保存していましたが、キムチ冷蔵庫のおかげで、都会のマンションでもそれと同じ状態を保てるようになったのです。

17

文化

今も着られている韓国の伝統衣装、韓服

直線と曲線の調和 今も愛される伝統韓服

直線と曲線が美しく調和した韓服は、韓国の伝統衣装です。長い歴史の中で変化してきましたが、**朝鮮時代後期のデザインが今に伝わっています**。伝統的な結婚式で新郎新婦が着る韓服も、朝鮮時代の王と妃が着たものをアレンジしています。

日常生活で韓服が着られることはあまりないのですが、**子どもの1歳の誕生日や旧正月や秋夕《チュソク》などの名節には家族全員で韓服を着て記念写真を撮る**ことがあります。**結婚式でも親族は韓服が一般的な儀礼服**となっています。また、改良韓服といって、素材やデザインを現代の暮らしに合うようにアレンジしたものもあります。

色鮮やかな伝統衣装

韓服はトップスとボトムから構成され、女性はチマ・チョゴリ、男性はパジ・チョゴリが基本です。チョゴリがトップスですが、時代によって長さの変化があります。かつては庶民の韓服は無色も多かったのですが、現在は晴れ着としての要素が強く色鮮やかになっています。

上衣＝チョゴリ
下衣（ズボン）＝パジ
下衣（スカート）＝チマ

特別な日には、多くの人が韓服を着て出かけるんだ。

韓服の三大美
白い半襟（トンジョン）
柔らかな曲線
重ね着で生まれるボリューム

子どもの幸せを祈る韓服

韓国の赤ちゃんは産湯を浴びた後にベネッチョゴリという産着を着ます。それが初めての韓服です。その後にペギルという100日目のお祝いや、1歳の誕生日であるトルにも韓服を着てお祝いの会に出席します。

ベネッチョゴリ

生まれたばかりの赤ちゃんに着せる産着。産着は何着も必要なので出産祝いの定番でもある。

セットンチョゴリ

子どもの祝い着。1歳の誕生日などに着る。色とりどりのチョゴリがかわいい。

赤ちゃんの韓服

ペギル（生まれ100日）やトル（満1歳の誕生日）などに着る。かわいい韓服姿に大人たちは大喜びなのだが、本人たちはまだ座っていることもできないほど小さくて大変。

セットンは5色のストライプという意味。

伝統形式の婚礼服

ウェディングドレスが主流ですが、なかには伝統結婚式を挙げるカップルもいます。伝統結婚式は野外で行われることが多く、朝鮮時代の王族や貴族の婚礼衣装を着た新郎新婦は、伝統形式に沿った式順で結婚の儀を進めます。

新郎の衣装

紗帽冠帯（サモクァンデ）

朝鮮時代の官吏の服装。タンリョン（團領）が着られることが多い。頭には紗帽（サモ）という装飾用の羽根が付いた伝統的な帽子をかぶる。

新婦の衣装

円衫（ウォンサム）と闊衣（ファルオ）

統一新羅時代のウォンサム（円衫）と朝鮮時代後期のファルオ（闊衣）が人気。手が袖ですっぽり覆われる衣装。富貴、長寿などを表す花の刺繍やセットンがあしらわれる。きっちりと結った髪には長かんざしと大きなリボン、頭には冠をつける。

もっと知りたい +α

喪服はどんなもの?

お葬式にも韓服は登場します。喪主は昔は麻布の韓服を着用してずきんをかぶったのですが、最近は黒いスーツが一般的になりました。女性親族は黒いチマ・チョゴリを着ます。亡くなった方には寿衣（スイ）という韓服を着せて棺に安置します。

18

文化

韓国の入浴文化

韓国の銭湯である沐浴湯と大型のチムチルバン

韓国の人はとてもきれい好きです。夜もシャワー、朝もシャワー、そして**週に一度はゆっくりサウナでアカスリとマッサージ**。美肌づくりにも余念がありません。

街には日本の銭湯にあたる「**沐浴《モギョッ》湯《タン》**」や、家族連れでゆっくりできる「**チムチルバン**」という温泉ランドのような大型施設もあります。施設内には何種類もの汗蒸幕《ハンジュンマク》があるなど、韓国の伝統的な入浴文化を垣間見ることができます。

また、地方には温泉を利用した観光地もあります。ただし日本のような食事付きの老舗旅館といったものはなく、大浴場や温水プール完備の大型ホテルが主流です。

韓国の銭湯には必ずサウナがある

韓国の街には「サウナ」もしくは「沐浴湯」と呼ばれる銭湯があります。日本の銭湯よりは少し広めで、普通の浴槽のほかにサウナと水風呂とアカスリのスペースがあり、料金を払えばアカスリやオイルマッサージが受けられます。

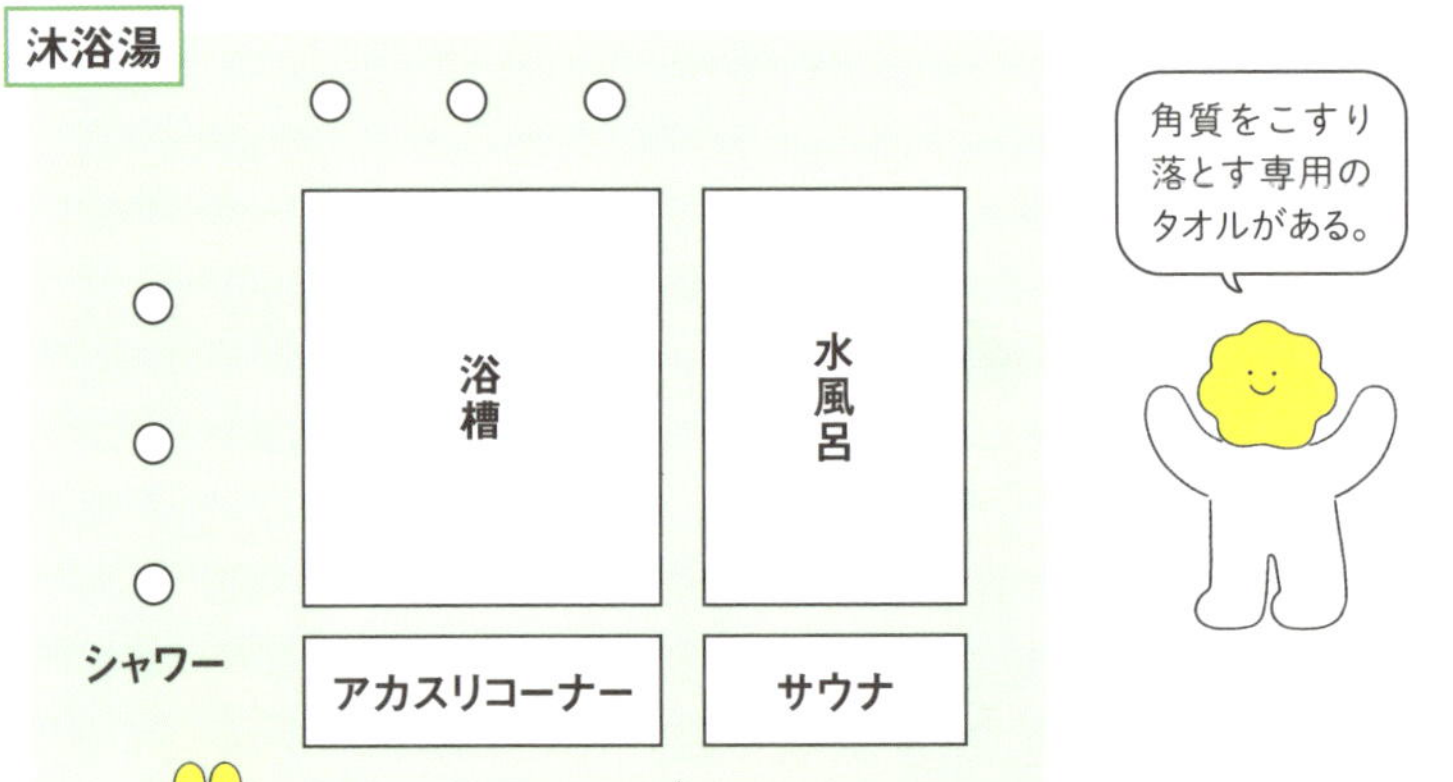
沐浴湯
浴槽
水風呂
シャワー
アカスリコーナー
サウナ
角質をこすり落とす専用のタオルがある。

自分でアカスリをする人もいるよ。

韓国の町の銭湯は日本とは違い、早朝5～6時から夕方6～7時までが営業時間となっています。

もっと知りたい +α

「汗蒸幕（ハンジュンマク）」は伝統サウナ

汗蒸幕とは韓国に古くからある伝統サウナです。15世紀の文献に登場しており、それ以前から韓国の人々にはサウナに入る習慣があったようです。現在も松の木をくべる伝統スタイルの汗蒸幕が韓国全土にあります。

チムチルパンでの過ごし方

チムチルパンは韓国の大型入浴施設です。日本のスーパー銭湯と同じく、施設内では入浴だけでなく、休息スペースがあり各種マッサージ、仮眠や食事もとれるようになっています。大型施設では数種類の薬草風呂やさまざまな温度の汗蒸幕を完備しています。

©Korea Tourism Organization

〈利用の流れ〉

1. チムチルパン用の服とタオル、ロッカーキーを受け取る。
利用料はだいたい2万ウォンが相場。
2. 脱衣室でチムチルパン用の服に着替えて、汗蒸幕などを楽しむ。
3. シャワーを浴び、入浴。
4. 食堂などの施設を利用する。
5. ロッカーキーを返し、食堂などの利用料金を精算する。

❷❸❹を繰り返しても
大丈夫。

韓国の温泉

『朝鮮王朝実録』には、朝鮮王朝の初代王である太祖が、皮膚病の治療のために湯治に通った記録があります。日本ほどではありませんが、韓国も各地に古くからの温泉地があります。

韓国の代表的な温泉地

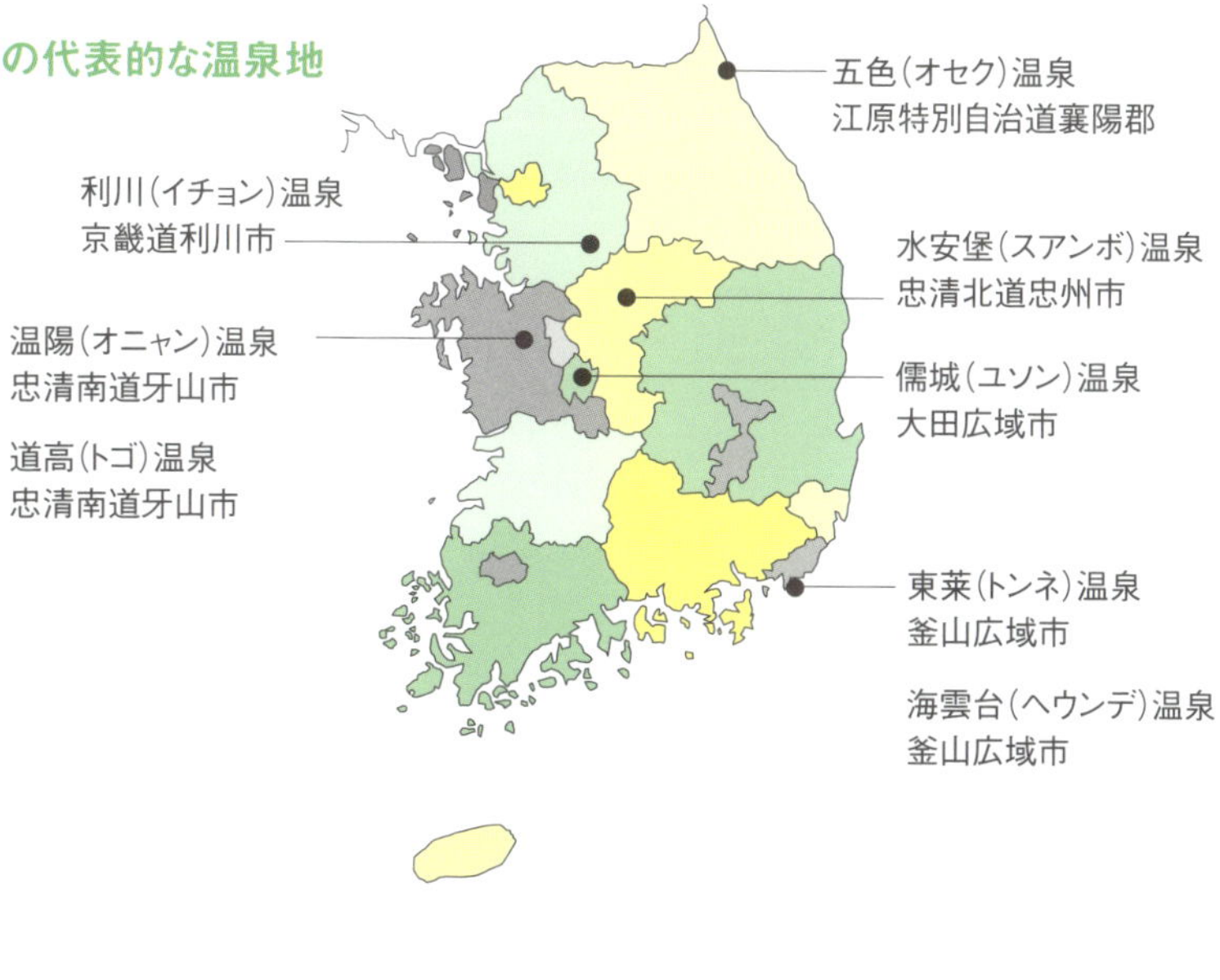
五色(オセク)温泉
江原特別自治道襄陽郡
利川(イチョン)温泉
京畿道利川市
水安堡(スアンボ)温泉
忠清北道忠州市
温陽(オニャン)温泉
忠清南道牙山市
儒城(ユソン)温泉
大田広域市
道高(トゴ)温泉
忠清南道牙山市
東莱(トンネ)温泉
釜山広域市
海雲台(ヘウンデ)温泉
釜山広域市

19

産業

主要産業となった造船と鉄鋼

「漢江の奇跡」といわれた重工業の発展

造船と鉄鋼は世界でトップシェアを誇る韓国の主要産業です。1970～1980年代の経済発展が「漢《ハン》江《ガン》の奇跡」と呼ばれたのは、重工業に不向きと考えられた韓国が、それをメインにした経済発展に成功したからでした。

朝鮮半島の北部は鉱物資源に恵まれており、日本の植民地時代から製鉄所もありました。ところが南部は資源もなく産業も農業ぐらい。そこで重工業を発展させるというのは韓国にとって大きな賭けだったのです。

技術協力をしたのは日本のメーカーでした。韓国人の情熱と努力に感心したと、当時の日本の技術者たちはのちにふりかえっています。

世界第2位の造船大国

英国や欧州諸国で発達した造船業ですが、第二次世界大戦後は日本の成長が著しく、1950年代半ばには英国を追い越しました。その日本のライバルとして浮上したのが韓国でした。その後に中国も参入し、現在は中国と韓国が世界シェアの1・2位を争っています。

韓国の造船ビッグ3

サムスン重工業

創業 1974年

造船所の場所
慶尚南道巨済市

売上高
2兆255億ウォン（2023年3分期）

ハンファオーシャン（旧大宇造船）

創業 1978年
（前身は1973年にできた玉浦造船所）

造船所の場所
慶尚南道巨済市

売上高 1兆9169億ウォン（2023年3分期）

※アジア金融危機で銀行管理下に。2023年5月にハンファグループによる買収が完了

HD韓国造船海洋（旧現代重工業）

創業 1973年

造船所の場所
蔚山広域市

売上高
5兆112億ウォン（2023年3分期）

韓国の造船業は長らく赤字が続いていましたが、2023年に黒字化に成功しています。付加価値の高い高性能船舶のなかでも環境に優しい船舶の需要が好調なことが、収益の後押しをしています。

もっと知りたい ＋α

造船の島・巨済島（コジェド）とは?

釜山沖にある巨済島は造船の島として知られています。韓国の造船業は1970年代に政府方針で本格化しますが、そのうちの大手2社の最初のドックは巨済島に造られました。造船所がない自然景観が広がるエリアは、観光地としても人気があります。現在では釜山からは陸路で行くことができます。

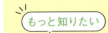

世界の鉄鋼王となったポスコ

韓国で鉄鋼業の本格的な発展が始まったのは1970年代からです。1968年に公営企業としてスタートした浦項総合製鉄（現ポスコ）は1970年代後半から急成長を遂げ、1998年には粗鋼生産量で日本の新日本製鐵（当時）を追い抜きました。

鉄鋼業とポスコにまつわる主なトピック

経済協力資金と技術支援

日韓基本条約で得た5億ドルの経済協力資金のうち、1億2000万ドルを製鉄所建設に充てた。日本企業と技術支援契約を結び、多い時には100人ほどの日本人技術者が浦項で技術指導にあたった。技術協力には韓国に対する贖罪の意識もあったという。

技術漏洩問題

2012年に新日鉄がポスコを技術漏洩問題で提訴。2015年に和解が成立している。漏洩に関与したのは、2002年にポスコに引き抜かれた元新日鉄社員だった。

元徴用工・基金への寄付

2023年3月、元徴用工への賠償金を韓国政府傘下の財団が支払うと表明した。その際、ポスコは真っ先に40億ウォン（約4億円）の寄付を表明した。

韓国の主な鉄鋼メーカー

ポスコ

創業 1968年

工場所在地
慶尚北道浦項市

韓国最大の鉄鋼メーカー。新日本製鐵や日本鋼管などから技術導入を受けた

現代スチール

創業 1953年

工場所在地
仁川広域市

2004年に韓宝鉄鋼を買収したことにより生産量を拡大、急成長。生産量は韓国2位

東国製鋼

創業 1954年

工場所在地
釜山広域市など

粗鋼の年間生産量は約300万トンで韓国3位。日本の大手鉄鋼メーカー・JFEスチールと関係が深い

セア製鋼

創業 1960年

工場所在地
慶尚南道昌原市など

創業者が釜山で始めた鉄管工業が大きく発展。韓国4位

もっと知りたい +α

日韓政財界の架け橋と呼ばれた、ポスコの朴《パク》泰《テ》俊《ジュン》

朴泰俊（1927～2011年）はポスコの創業者で韓国の鉄鋼王と呼ばれています。1927年、慶尚南道に生まれました。戦前に日本に渡り、早稲田大学で機械工学を学びました。早くから韓国の発展に必要なのは製鉄所だと考えた彼は朴正熙大統領を説得。日本との協力関係を取り付けて、1973年に高炉を完成させました。最大の理解者であり、協力者だった稲山嘉寛元新日鉄名誉会長（1904～1987年）を、生涯の恩人として慕っていました。

経済を牽引する情報産業

ICT（情報通信技術）普及度は世界トップクラス

韓国は、ICT産業のグローバルリーダーとして知られています。**ICT普及度は世界トップクラス**であり、**インターネットの世帯普及率やモバイル通信の利用率などはいずれも99％超で世界1位**、となっています。またハード部門でも、サムスン電子がスマートフォン分野で、長年にわたり世界シェアをアップルと分け合うなど、確固たる存在感を示しています。

韓国は国家主導でICT産業を発展させた歴史があり、また学校教育の現場でも早くからICT教育が行われてきました。現在もあらたなスタートアップ企業の育成に力が注がれています。

スマホ、半導体、ポータルサイトが強み

韓国のICT産業の強みは、スマホや半導体などで世界のトップシェアを占めるメーカーを有するとともに、ポータルサイトやSNSなど韓国発サービス分野の成功にもあります。

主な企業

サムスン電子

創業　1969年

時価総額
463兆2551億ウォン

主な事業内容
スマートフォン、半導体、家電など

SKハイニックス

創業　1983年

時価総額
126兆1628億ウォン

主な事業内容
半導体メモリ

ネイバー

創業　1999年

時価総額
29兆6233億ウォン

主な事業内容
ポータルサイト、検索エンジン、電子コミック、ネット通販など

カカオ

創業
1995年（ダウム）
2006年（カカオ）
2014年合併

時価総額
21兆6389億ウォン

主な事業内容
ポータルサイト、メッセンジャーアプリ

韓国発サービスの成功

韓国では、ネイバーとダウム（現カカオ）の2大ポータルサイトが競合しながら発展しました。

- トップシェアを保っていたヤフーコリアは2012年に撤退
- ネイバーの検索エンジンは国内シェアでグーグルを上回っている
- ネイバーが提供したメッセンジャーアプリ「LINE」はカカオに及ばなかったが、日本で大成功
- ネット通販は11番街、インターパークなどの古参に加え、クーパンが快進撃。アマゾンも進出できていない

映画・ドラマ
ドラマ「スタートアップ：夢の扉」（2020年、tvN）

半導体は韓国経済の屋台骨

半導体産業は生産・輸出・投資などで韓国経済を牽引してきました。なかでも輸出主導の韓国経済にあって、半導体がその総額に占める割合は19%にものぼり、世界半導体ICメーカーの国別シェアでも米国に次ぐ業績を上げています。

輸出額トップ3

1	半導体	1292億2900万ドル
2	石油製品	628億7500万ドル
3	自動車	540億6700万ドル

全体の約19%

出典:韓国貿易協会(2022)

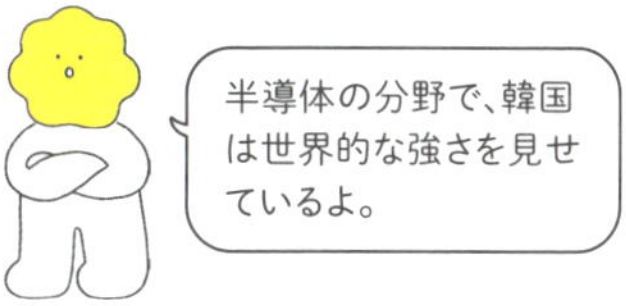
半導体の分野で、韓国は世界的な強さを見せているよ。

2023年の世界半導体売上高ランキングでは、サムスン電子(2位)とSKハイニックス(6位)が10位以内に入っています。

早くから政策化された韓国のICT教育

韓国政府は教育現場のICT化に早くから取り組んできました。その一つはデジタル教科書やタブレットの配布などのインフラ整備、もう一つはプログラミング教育の実施などのデジタル人材の育成です。

デジタル教科書

2015年から小中高校でデジタル教科書が導入。2025年から英語・数学・情報・国語の科目で人工知能(AI)技術を搭載したデジタル教科書の使用が始まる。

デジタル人材の育成

小学校	情報に関するモラルや倫理意識、プログラミング体験
中学校	簡単なアルゴリズムの開発を学習
高校	アルゴリズムやプログラムの設計

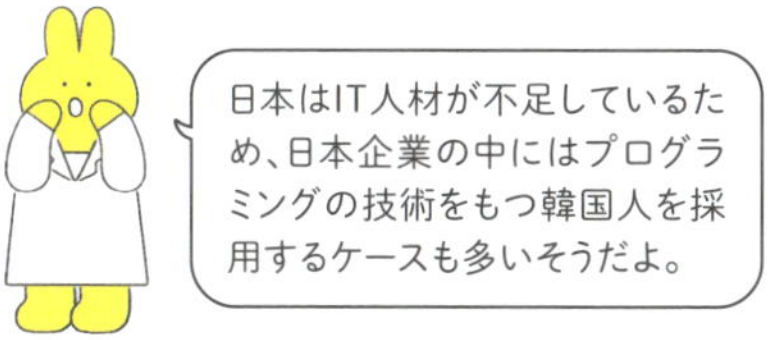
日本はIT人材が不足しているため、日本企業の中にはプログラミングの技術をもつ韓国人を採用するケースも多いそうだよ。

もっと知りたい +α

就職先としてもダントツ人気のICT企業

韓国の就職情報サイトによると、2022年人気企業の順位は、1位サムスン電子、2位カカオ、3位ネイバー、4位現代自動車、5位CJでした。1〜3位がICT関連企業となっています。

21

産業

進化する流通業界

財閥系主導の大型マートと追い上げるEコマース

韓国の人々はとても消費意欲が旺盛というイメージがあります。伝統的な市場でも、この20年来主流となった大型スーパーでも、人々は大量にものを購入していきます。

食料品でも生活用品でも、韓国は日本に比べたらすべてがビッグサイズです。**一度にたくさん買って、大型冷蔵庫で保管する**、日本よりも米国などに近い消費スタイルといえます。

流通大手としてはロッテと新世界グループが有名で、デパートやスーパーチェーンなどを展開しています。また新型コロナウイルスのパンデミックのさなかにはクーパンなどのEC業界が急成長しました。

ロッテ・新世界が流通2トップ

韓国の流通業界は「ロッテ」と「新世界」の2強です。デパート、スーパー、ネット通販、コンビニなど各部門でがっぷり四つに組んでいます。

ロッテ

創業 1967年

主な事業
食品、流通、ホテル、不動産

展開企業
ロッテ百貨店、ロッテマート、ロッテホテル、セブン-イレブン、免税店

日本の食品メーカー「ロッテ」の兄弟企業

新世界

創業 1997年

主な事業
流通、ホテル、不動産

展開企業
新世界百貨店、Eマート、スターバックス、免税店

サムスンから枝分かれした系列グループ

観光に行けば必ず目にするところだね。

もっと知りたい +α

大型店舗の進出で影響を受ける小売店

韓国には現在も伝統的な「定期市」や「在来市場」「商店街」などがあります。2000年代に入って全国に大型スーパーが進出した際、それら旧来の市場の顧客が取られてしまうと大問題になりました。それ以来、行政が予算を投じて市場の環境を整備したり、スーパー側に定休日の設定を要請するなど、市場を守るためのさまざまな取り組みが行われています。

三大デパートは新世界、ロッテ、現代

韓国の人はデパートが大好きです。人口約1000万人のソウルのデパートは30余り。これはほぼ同じ人口の東京を上回ります。デパートが特に賑わうのは5月の父母の日や9月の秋夕、クリスマスシーズンなどです。

韓国の三大百貨店

ロッテ百貨店

創業 1979年

店舗数
ソウル10店舗、釜山5店舗、全国33店舗

本店はロッテホテルと連結、蚕室店は123階建てのロッテワールドタワーを併設

新世界百貨店

創業 1955年

店舗数
ソウル3店舗、釜山1店舗、全国13店舗

旧東和百貨店。レトロな建物は1930年創業の三越百貨店京城店から引き継がれた

現代百貨店

創業 1985年

店舗数
ソウル8店舗、釜山1店舗、全国16店舗

1980年代に江南開発の中心となった現代グループのデパート。江南エリアが中心

韓国では「マート」と呼ばれる大型スーパー

韓国に大型スーパーが進出したのは1990年代末です。それまで市場中心だった韓国人の消費スタイルは劇的に変化しました。当初はカルフールなど外国企業が中心だったのですが、結果的には「試食」や「おまけ」などの韓国式のサービスを取り入れた韓国系スーパーの大勝利となりました。

韓国の三大マート

ロッテマート

創業 1998年

店舗数 全国117店舗

Eマート

創業 1993年

店舗数 全国129店舗

ホームプラス

創業 1997年

店舗数 全国135店舗

韓国式サービスとは?

①試食コーナー

牛肉や豚肉はその場で焼いて塩味で。プルコギや鴨肉などの味付けのもの、果物や豆腐、新発売のラーメンや冷凍餃子、ウインナーなども試食の定番。マートを1周回って、すべて試食する子どもたちもいる。

②1+1、2+1、韓国人は割引よりもおまけが好き

日本の大型スーパーは時間になると見切り品に割引のシールが貼られていくが、韓国のサービスはそれとは逆で「足し算」が多い。定番は1+1とか2+1という、1つ買ったら1つおまけ、2つ買ったら1つおまけといったもの。マートだけでなく、コンビニなどでもよく行われている。

もっと知りたい +α

韓国のコンビニはその場でインスタント麺

韓国にも街中にコンビニがあります。主にCU、セブン-イレブン、GS25、emart24など。基本的には日本のコンビニと同じような形式です。ただ韓国人観光客が日本のコンビニで感動するような「コンビニ弁当」や「コンビニスイーツ」のようなものは少々弱め。それよりも人気はカップラーメン。コンビニには必ずお湯とイートインのコーナーがあるので、その場で作って食べるのが韓国スタイルです。

22

産業

外食産業はカフェが好調

1990年代に急成長 IMF危機後に創業ブーム

韓国の外食業は1990年代初頭に、ハンバーガーやピザなどのファストフードから始まりました。**当初はマクドナルドなど外国ブランドが人気でしたが、2000年代に入ると韓国企業のフランチャイズ展開が本格化**します。それを後押ししたのはIMF危機下の大量リストラでした。**退職金を元手にフランチャイズで起業**した人はとても多かったのです。

カフェやベーカリーが強い韓国の外食業界ですが、きっかけとなったのは**1999年のスターバックス上陸**でした。新しいカフェ文化の到来は社会現象ともなり、その後にイディヤやカフェベネなどの韓国ブランドが続きました。

外食業は専門店が多い

日本の外食業とは違い、韓国ではファミレス系のフランチャイズはあまり目立ちません。それよりも専門店が多く、カフェやベーカリー以外では、チキン、キムパブ、チャンポンなどを看板料理にした小規模店が全国に広がっています。

韓国の大手外食企業とグループ

パリクラサン

- パリクラサン（ベーカリー）
- パリバゲット（ベーカリー）
- パスクッチ（カフェ）

CJフードビル

- トゥレジュール（ベーカリー）
- VIPS（ファミレス）
- 第一製麺所（麺類）

ザ・ボーン・コリア

- ペク茶房（カフェ）
- 香港飯店（チャンポン）
- セマウル食堂（韓国料理）
- ハンシンポチャ（居酒屋）

デリバリーが盛ん

韓国はデリバリーが以前から一般的だったうえに、新型コロナのパンデミックでさらに大きく発展しました。

チキン、ピザ、中華などはもちろん、和食や海鮮鍋などもすべてデリバリーを利用することができます。

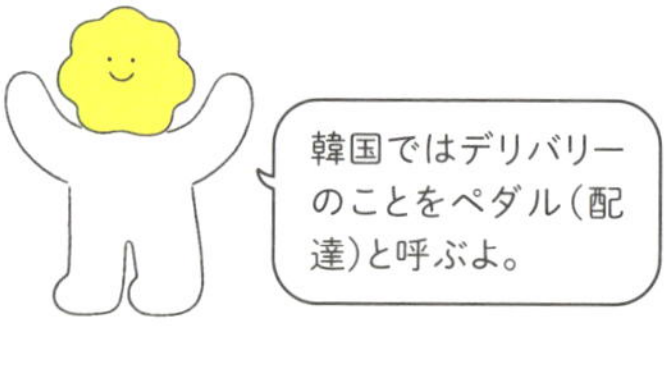
韓国ではデリバリーのことをペダル（配達）と呼ぶよ。

もっと知りたい +α

韓国最大の食品メーカー CJ

CJは韓国最大の総合食品メーカーです。もとはサムスン系列であり、1938年に三星商会として出発したサムスンは、当初は干物や麺類などの食料品を扱い、1953年に「第一製糖」を設立します。CJの名称は第一製糖の英語表記Cheil Jedangに由来したものです。CJフードのbibigoブランドは日本をはじめ、世界各国に市場を広げています。

カフェ王国といわれる韓国

日本でも大人気の韓国式カフェ。1990年代には喫茶店でもインスタントコーヒーが出されていた韓国に、本格的なカフェ文化をもたらしたのは、1999年に韓国上陸を果たしたスターバックスでした。

カフェの数

韓国 約10万店（9万9000店、2023年1月、韓国農水産食品流通公社） ＞ 日本 約7万店

スターバックスの数

ソウル 約590店 ＞ 東京 約400店

スターバックス上陸からわずか20年の間に、韓国はカフェ王国と呼ばれるほどになりました。ブームを牽引したのはフランチャイズですが、個人経営のカフェも全国各地にできています。

業績好調な韓国コーヒー・チェーン

A TWOSOME PLACE

創業 2002年

店舗数 1000

大型コーヒーショップでは最大の店舗数。早い時期から中国などへの海外進出も。

EDIYA

創業 2001年

店舗数 3018

コーヒー・チェーンの中で最大の店舗数。小型店舗が多く、メニューもシンプル。

デザート39

創業 2015年

店舗数 530

2023年各店舗の平均売り上げNo.1。インスタ映えするデザートなどで人気急上昇中。

総合的なブランド評価が高いのはスターバックス。韓国では圧倒的な人気で、店舗数も2023年末現在で米国、中国、日本についで世界第4位。人口は日本の半分以下でも、スタバの数はほぼ同じ（韓国1893店　日本1901店）。

新しい概念の韓国料理

大手フランチャイズは韓国料理にも新しい概念を持ち込みました。洗練された店舗デザイン、新しい韓国料理のアイデア、さらにウェルビーイングという健康志向のレストランなども人気となりました。

トレンド指数トップ5のブランドと代表メニュー（2023年末）

1位　本粥（お粥）
2位　明倫進士カルビ（豚カルビ）
3位　パルカクド（鶏カルビ）
4位　オボンチプ（ポッサム）
5位　奨忠洞王チョッパルポッサム（チョッパル）

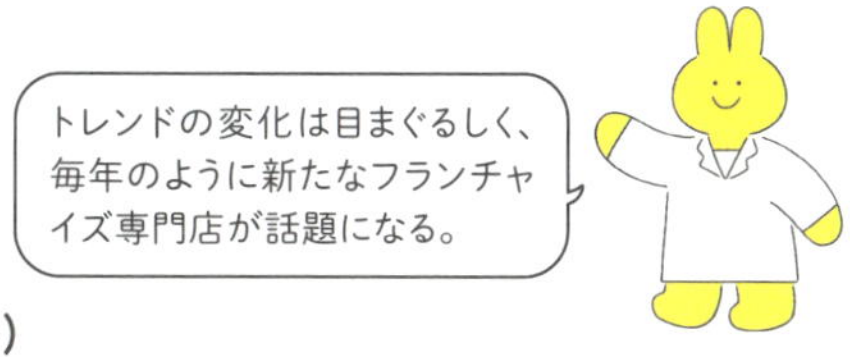
トレンドの変化は目まぐるしく、毎年のように新たなフランチャイズ専門店が話題になる。

もっと知りたい ＋α

「アア」とは何？　韓国の人が大好きなアイス・アメリカーノ

大都市でも地方都市でも、あたりを見回せば必ず目に入るカフェ。ゆっくりおしゃべりするのもよし、テイクアウトするのもよし。夏の韓国で人気なのは「アア（アイス・アメリカーノ）」。日本ではお茶のペットボトル、韓国では「アア」を片手に、人々は暑い夏を乗り切ります。

コンテンツ産業で世界トップ4入りを

韓流からウェブトゥーンへ拡大するコンテンツ市場

人口が比較的少なく輸出依存が高い韓国経済にあって、今や韓国ドラマやK-POPなどの「コンテンツ産業」はとても重要です。

韓国政府は金大中政権下の**1999年に「文化産業振興基本法」を制定し、コンテンツ産業の育成を開始**しました。当初は韓国が得意としていた**オンラインゲームの人材育成**、2000年代に入ってからは韓流ブームを背景に、**映像分野への支援も拡充**させてきました。

BTSの人気、ネットフリックスなどグローバルプラットフォームの拡充にも後押しされ、**韓国のコンテンツの世界的需要が広がり**、最近はウェブトゥーンの人気も高まっています。

Kコンテンツの成長を国策に

韓国政府はコンテンツ産業を国家戦略産業として位置づけています。2027年には米国、中国、日本に続く「コンテンツ大国トップ4入り」を目標に、これまで以上に国際的競争力を高めることに注力しています。

韓国のコンテンツ産業の輸出額

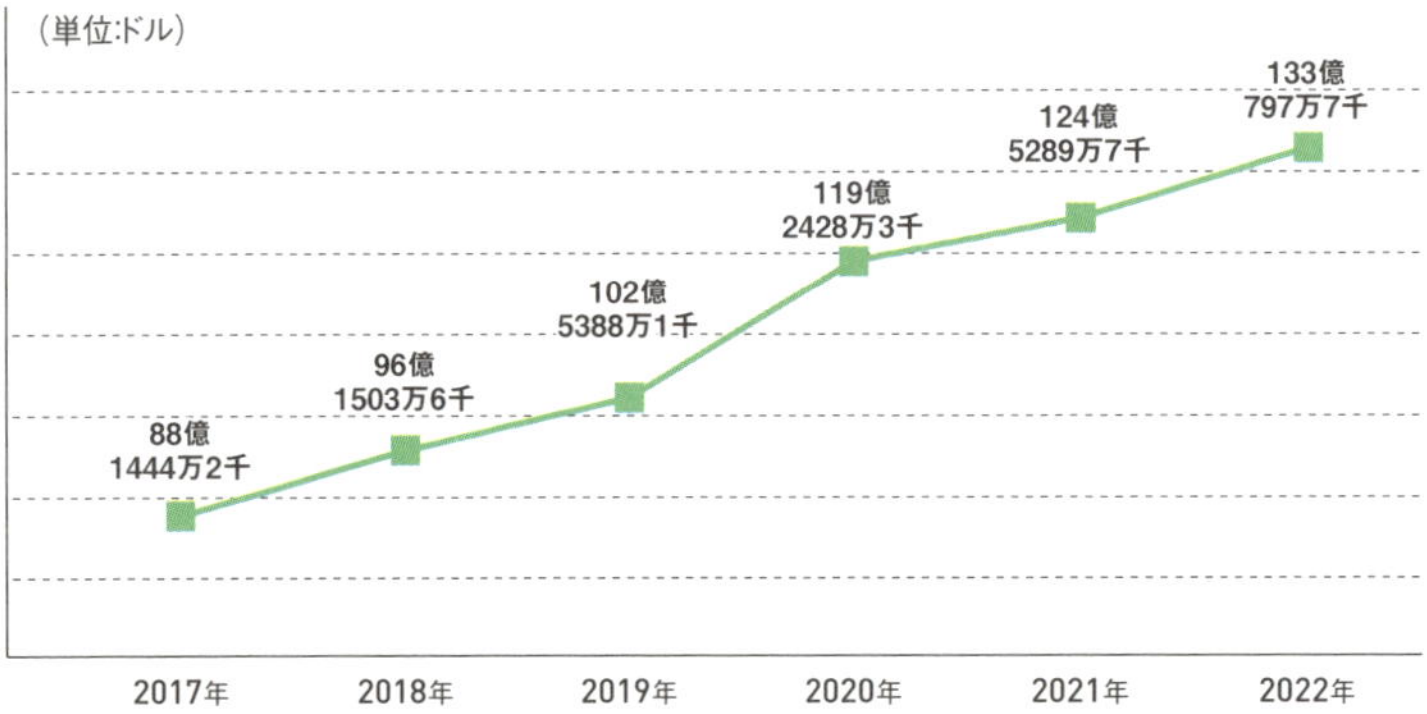

(単位:ドル)
88億 1444万2千
96億 1503万6千
102億 5388万1千
119億 2428万3千
124億 5289万7千
133億 797万7千
2017年
2018年
2019年
2020年
2021年
2022年

出典:韓国コンテンツ振興院資料

2027年までの目標

韓国政府は2027年までの具体的な目標として、❶映像コンテンツ産業の市場規模40兆ウォン(4兆円、1ウォン=約0.1円)実現(2021年は28兆ウォン)、❷映像コンテンツの輸出額18億ドル(2021年は9億2000万ドル)達成、❸エミー賞·アカデミー賞などを受賞するグローバルキラーコンテンツ5本創出、の3点を掲げている。

クリエーターの権利保護、ファンドの創出、収益化の支援などに注力します。

韓国発のデジタル漫画「ウェブトゥーン」

「ウェブトゥーン」(Webtoon)とはウェブ「Web」と、漫画「Cartoon」を組み合わせた言葉。スマホで読む韓国発のデジタルコミックは数々の名作ドラマの原作にもなり、今や世界中で人気となっています。

ネイバーウェブトゥーン NAVER WEBTOON

韓国最大のポータルサイトを運営するネイバー社が2004年にサービスを開始。現在は数あるWEBコミックサイトの中で最大手であり、人気作家を多く抱えることから漫画ファンの間では「韓国の少年ジャンプ」という形容もされている。

カカオウェブトゥーン KAKAO WEBTOON

2003年にダウム・ウェブトゥーンとしてサービス開始。漫画家カン・プルによる『純情漫画』が大ヒット。この記念碑的な作品をもって、韓国でウェブトゥーンのジャンルが確立された。

映像化された主な作品

●映画

タイトル	公開年	原作者
純情漫画	2008年	カン・プル
シークレット・ミッション	2013年	チェ・ジョンフン
インサイダーズ	2015年	ユン・テホ
神と共に	2017年	チュ・ホミン

●ドラマ

タイトル	放送・配信	原作者
ミセン ー未生ー	2014年	ユン・テホ
梨泰院クラス	2020年	チョ・グァンジン
ナビレラ	2021年	HUN
D.P. ー脱走兵追跡官ー	2021年	キム・ボトン

ゲーム大国、韓国

韓国のコンテンツ産業を初期から支えてきたゲームは、現在も稼ぎ頭です。なかでも輸出規模はダントツで、コンテンツ産業の7割近くを占めています。

分野別輸出規模

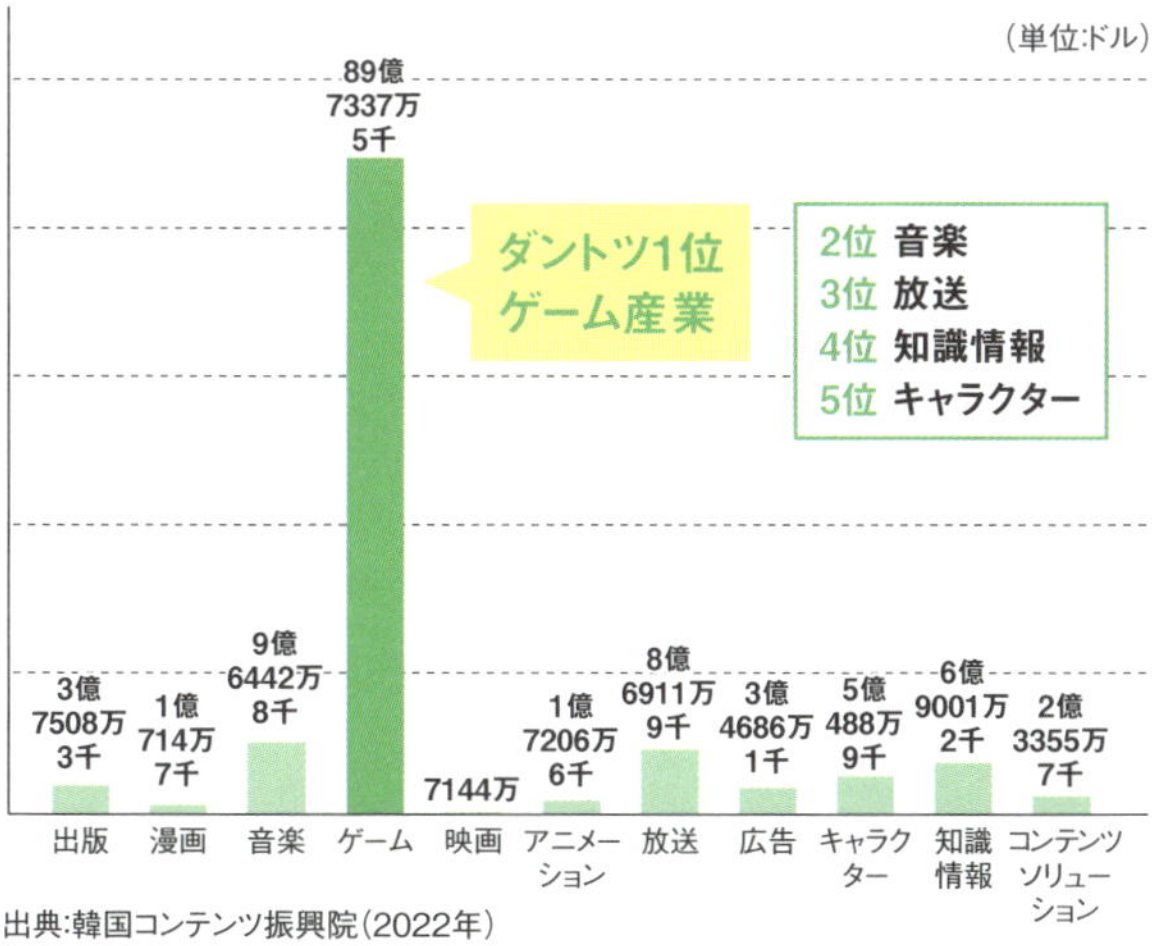

(単位:ドル)
3億7508万3千
1億714万7千
9億6442万8千
89億7337万5千
7144万
1億7206万6千
8億6911万9千
3億4686万1千
5億488万9千
6億9001万2千
2億3355万7千
出版
漫画
音楽
ゲーム
映画
アニメーション
放送
広告
キャラクター
知識情報
コンテンツソリューション
ダントツ1位 ゲーム産業
2位 音楽
3位 放送
4位 知識情報
5位 キャラクター

出典:韓国コンテンツ振興院(2022年)

主なゲーム制作会社

ネクソン・コリア

創業 1994年

1996年世界初の映像つきオンラインゲーム「風の王国」の運営を開始。日本でもヒットした「メイプルストーリー」のWizet社を買収して市場拡大。

NCSOFT

創業 1997年

ネットゲームの伝説となった世界的な大ヒット作「リネージュ」シリーズを開発した。

24

伝統芸術

伝統芸能の世界

伝承される庶民の芸能 パンソリや民謡アリラン

韓国では民族固有の伝統芸能を「国楽」という言葉で表します。大きくは**宮中音楽**として保存されてきたものと、庶民の中で受け継がれてきた**民俗芸能**に分けられます。今も韓国で愛され続ける伝統芸能の中で代表的なものは、**民族楽器を使用した音楽、民族衣装で踊られる舞踊などのほかに、パンソリ**といった韓国の独自のジャンルもあります。

それらの中には**民謡アリランをはじめとしてユネスコの無形文化遺産に指定されているもの**もあります。

ソウルにある「国立国楽院」では所属楽団や舞踊団の定期公演のほか、さまざまな伝統芸能の公演が行われています。

朝鮮王朝時代に花開いた、宮中と庶民の芸能

「国楽」が確立したのは朝鮮王朝の時代といわれています。前半には雅楽としての宮中音楽が確立し、後半に入ると庶民の間で農楽が盛んになっていきます。

♪宮中音楽

王宮の祭事で演奏されたもの。中国から伝わった雅楽を15世紀の世宗大王時代に再編した。「宗廟祭礼楽」（2001年ユネスコの無形文化遺産登録）など。

♪パンソリ

一人の歌い手が太鼓の拍子に合わせて、歌、台詞、振りを織り交ぜながら演じる、一種のソロオペラ。「興甫歌（フンボガ）」「沈清歌（シムチョンガ）」「春香歌（チュニャンガ）」「赤壁歌（チョッピョッカ）」「水宮歌（スグンガ）」の5つ。2003年、ユネスコの無形文化遺産に登録。

♪タルチュム

仮面劇。韓国には広場（マダン）で行われるマダン劇というジャンルがあり、仮面劇はその中の代表的なもの。支配階級の悪政を風刺するなど、庶民の思いを代弁することで発展した。有名な河回（ハフェ）仮面は高麗時代の中期に作られた。

♪農楽

朝鮮王朝時代の農村で普及した芸能。春には豊作祈願、秋には収穫を祝うため、演者はリズミカルに舞いながら、打楽器や笛などを演奏する。

♪民謡

各地方に伝わる歌。有名な「アリラン」も地方ごとにあり、特に密陽（ミリャン）、旌善（チョンソン）、珍島などがよく知られている。2012年にユネスコの無形文化遺産に登録。

♪サルプリ

現代の韓国でも最も人気の伝統舞踊の演目。巫俗（ムーソク）による厄祓いの儀式を起源とし、人々の苦しみや悲しみを表現する。

♪スンム

漢字では「僧舞」と書き、サルプリと並んで伝統舞踊の真髄ともいわれる。源流は寺院で踊られていた僧たちの舞にある。

もっと知りたい ＋α

小学校で習う伝統楽器

音楽の授業で民族楽器を習う小学校もあります。最も一般的なのはタンソ（短簫）という縦笛、これは少し習うだけで音が出ます。またチャンゴやケンガリなどを使った農楽サークルがある学校もあります。独裁政権時代には大学で仮面劇なども行われました。

100種類を超える民族楽器

伝統楽器の種類は多様で、弦楽器、吹奏楽器、打楽器など合わせて100種類を超えると伝えられています。現存する楽器の一部は今も、伝統音楽はもちろん、ジャズやロックなど他のジャンルとのセッションなどでも使用されています。

弦楽器

コムンゴ
6弦の琴。右手に持ったスルテという短い棒で弾く

アジェン
7本弦をレンギョウの木や馬のたてがみで作られた弓で弾く

カヤグム
伽耶国に起源があるとされる12弦の琴。膝の上に載せて指で弾く

ヘグム
高麗時代に元の国から伝えられたという。2本の弦を弓でこすって弾く

カヤグム
©Korea Tourism Organization

打楽器

チャンゴ
杖鼓。右手は竹製のバチ、左手は手のひらを使って叩く

ケンガリ
農楽隊をリードする楽器。高音のはっきりした音が出る

プク
太鼓類の総称

チン
銅鑼

チャンゴ
©Korea Tourism Organization-Kim Jiho

吹奏楽器

テピョンソ
太平簫。農楽や巫楽に使われる。高音の大きな音が出る

テグム
大笒。大きなサイズの横笛

タンソ
短簫。リードのない縦笛

ピリ
宮中音楽の旋律を担当する高音の縦笛

ソウルの国立国楽院では、民族楽器の展示などを見ることができるよ。

進化する伝統芸能

韓国の伝統芸能も舞踊は古い形式にこだわることなく、あらたな現代音楽や現代舞踊に進化しています。たとえば崔承喜（チェ・スンヒ）らによって始まった「新舞踊」の流れや、今や韓国の伝統音楽の代名詞ともなった「サムルノリ」があります。

©Korea Tourism Organization-Live Studio

ⓘ 崔承喜（1911～69年）は、日本のモダンダンサーの石井漠の門下で、韓国の伝統的舞踊とモダンダンスを融合させた新しい韓国舞踊のジャンルを創造しました。

ⓘ 現在の韓国舞踊や北朝鮮舞踊は崔承喜によって始まったとされています。

日本でもよく知られる韓国の伝統音楽「サムルノリ」は、もともとは1970年代末に結成されたパーカッショングループの名前なんだよ。

ⓘ サムルとは漢字で書くと四物であり、チャンゴ、ケンガリ、プク、チンという4つの打楽器を意味しました。

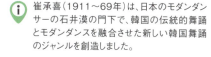

25

伝統芸術

美しい伝統工芸品の世界

手仕事の美しさが魅力の韓国の伝統工芸

韓国の伝統工芸といえば、**青磁や白磁などの陶磁器や李朝家具**、あるいは女性たちの手仕事として今に伝わる**ポジャギや伝統刺繍**などが、日本でもよく知られています。ただし伝統的な儒教社会では工芸に従事する職人の身分は低く、**作品が評価されるようになったのは比較的最近のこと**です。

高麗青磁を復元させた柳海剛《ユヘガン》（1894〜1993）をはじめ、現在では多くの作家の手によって伝統的な技工の伝承がされています。高額なアンティークや作家の作品だけでなく、比較的手軽に購入できる工芸品もあり、外国人観光客のお土産としても人気です。

生活用品としての伝統工芸品

伝統工芸品とは古くから人々の暮らしの中で使われてきたものです。韓国の陶磁器や李朝家具には、派手な装飾を排除した素朴な美しさがあります。

高麗青磁と李朝白磁

高麗時代に作られた翡翠色の青磁と李朝時代の白磁の美しさは人々を魅了する。「やきものの里」、京畿道利川には多くの窯元が集まっている。

日本でも人気、李朝家具

李朝家具は素朴な木のぬくもりが魅力。タッチャ（机）、バンダジ（衣装ケース）、ヤクジャン（薬棚）などのさまざまな種類がある。

繊細な螺鈿細工

螺鈿細工の歴史は古く、三国時代に遡る。なかでも高麗時代の螺鈿漆器は青磁や仏画とともに、高麗の美を代表する工芸品だった。

木彫りの面などの木工芸品

韓国では木彫りの工芸品が数多く作られてきた。高麗時代中期に作られた河回仮面や伝統的な結婚式に用いられるつがいの雁などが有名。

もっと知りたい +α

伝統工芸品の担い手

韓国でも伝統工芸の分野は後継者不足が深刻になっています。政府や自治体では伝統工芸の伝承を保護するために「無形文化財（人間国宝）」の指定や伝統工芸村への支援、伝統文化学校の設置など試行錯誤を続けています。

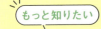

身近に置いて楽しめる、韓紙の工芸品

韓国でこうぞを利用した紙の製造が始まったのは高麗時代です。手漉きの韓紙を使った作品作りは初心者でもチャレンジしやすく、子ども向けの体験教室なども人気です。

チョンジ(剪紙)工芸

縁起の良い伝統模様を切り抜いて、小箱や筆筒などを装飾する。

チホ(紙糊)工芸

水に浸した韓紙を糊と混ぜて紙粘土状にして皿や仮面などに塗る。

チスン(紙縄)工芸

細長く切った韓紙でこよりを作って編む。漆などで固めてお盆や箱にした。

普段使いも鑑賞用もあるポジャギ

ポジャギは「物を包む布」という意味です。もともとは日本の袱紗(ふくさ)や風呂敷と同じ用途でしたが、独特のパッチワークや美しい刺繍はアート作品としても一流です。現存する最古のものは高麗初期の11世紀頃のものですが、すでに高い芸術性が確認できます。

用途はいろいろ

- 袱紗のようにお金を包む
- 風呂敷のように本や服を包む
- 布団袋として寝具を包む
- ラップの代わりに料理にかける

高麗時代のポジャギが現存している。

製法

- **チョガッポ**

  韓服を作ったときに出たハギレを縫い合わせたパッチワーク。一重仕立ての麻の単袱(ホッポ)は光を通すだけでなく、縫い合わせが独特で表と裏がないため、暖簾やカーテンとしても人気。

- **スポ(繍袱)**

  素材は主に絹で伝統刺繍が施されており、婚礼用などに用いられた。朝鮮王朝時代に宮廷で使用されたものが現存しているが、非常に豪華。

もっと知りたい +α

ものづくり体験スポット

韓国には伝統工芸が展示された小さな博物館などもあります。李朝時代の古い町並みが残るソウルの仁寺洞や三清洞周辺には「北村伝統工芸体験館」「嘉会民画博物館」「東琳メドゥプ工房」など、実際にものづくりの体験ができる施設もあります。

26 スポーツ 野球、サッカー、ゴルフが人気

プロ野球とKリーグが大人気 最強は女子ゴルフ

韓国でも日本と同じくプロスポーツは野球とサッカーが大人気です。全国の主要都市が各チームのホームタウンとなっており、応援団やサポーターにも地域色があります。

国際試合ではフィギュアスケートのキム・ヨナやサッカーW杯のベスト4進出のような活躍は以前ほど目立ちませんが、女子ゴルフの圧倒的な強さは注目を浴びてきました。

アマチュアスポーツの分野は、日本の甲子園や箱根駅伝のような熱狂はなく、教育現場はあくまでも選手育成に徹しています。一方で趣味や健康のためにスポーツをする人々はとても多く、そこでもサッカーやゴルフなどが人気です。

韓国で人気の2大プロリーグは野球とサッカー

人気のプロスポーツは野球、サッカー、バスケットボール、バレーボールなどがありますが、現在は野球とサッカーが大人気です。

プロ野球（KBO）

開始	1982年
リーグ	1リーグ制
シーズン	3月末～10月末
チーム数	10チーム
最多優勝チーム	起亜タイガース（11回優勝）

プロサッカー（Kリーグ）

リーグ	K1とK2（昇格制）
シーズン	3月1日～12月初め
チーム数	K1が12チーム、K2が13チーム
最多優勝チーム	全北現代モータース（9回優勝）

チームとホームタウン（2024年）

KBO

LGツインズ（ソウル）
斗山ベアーズ（ソウル）
キウム・ヒーローズ（ソウル）
SSGランダース（仁川）
KTウィズ（水原）
ハンファ・イーグルス（大田）
サムスン・ライオンズ（大邱）
起亜タイガース（光州）
ロッテ・ジャイアンツ（釜山）
NCダイノス（昌原）

K1

FCソウル（ソウル）
江原FC（春川）
仁川ユナイテッド（仁川）
水原FC（水原）
金泉尚武（金泉）
大田ハナシチズン（大田）
浦項スティーラース（浦項）
全北現代モータース（全州）
蔚山HDFC（蔚山）
大邱FC（大邱）
光州FC（光州）
済州ユナイテッドFC（済州）

新型コロナパンデミック前の2019年の試合平均観客数はプロ野球が1万280人、Kリーグ1が8013人。2023年の統計はまだ発表されていませんが、観客動員数はコロナ前より増えているそうです。

国際舞台で大活躍、女子ゴルフの強さは圧倒的

米国野球のメジャーリーグや欧州サッカーのクラブチームなどでも韓国選手は活躍していますが、圧倒的な強さを誇るのは女子プロゴルフです。1998年にパク・セリがアジア人として初めて全米オープンで優勝して以来、韓国の女子ゴルファーは何度も頂上を制覇しました。

全米女子オープン制覇へ

2008〜2017年の**10年間で7シーズン**、韓国人女子が制覇。

歴代優勝者のうち**韓国人が11名**（アメリカ人以外では最多）

1998年に**パク・セリ**が韓国人女子として初優勝

もっと知りたい +α

パク・セリとは誰？

パク・セリが優勝したのは韓国がIMF危機の時代。当時から国民に大きな希望を与えました。そこから韓国の女子ゴルフ人気が一気に高まり、「パク・セリキッズ」たちによる世界的な大活躍につながりました。

1998年、JALビッグ・アップルクラシックにて。

パク・セリ選手 ©AP/アフロ

暮らしの中のスポーツ

韓国は日本のように中学や高校での部活は盛んではありませんが、最近は趣味や健康のためにスポーツを楽しむ人々は増えています。政府の調査によれば国民の約6割が、週1回以上何かの運動をしているとあります。

週1回以上スポーツをしている

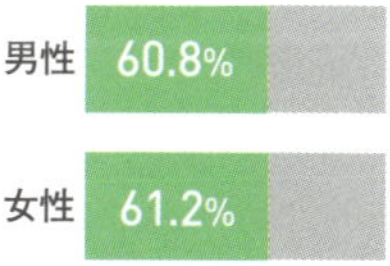
男性
60.8%
女性
61.2%

年齢別スポーツをしている人の割合

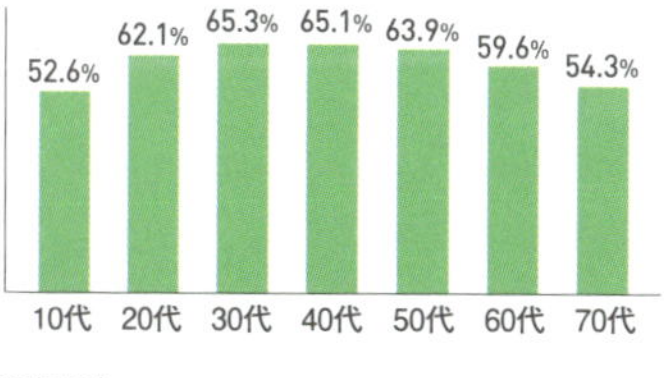
52.6%
62.1%
65.3%
65.1%
63.9%
59.6%
54.3%
10代
20代
30代
40代
50代
60代
70代

どんなスポーツをしているか

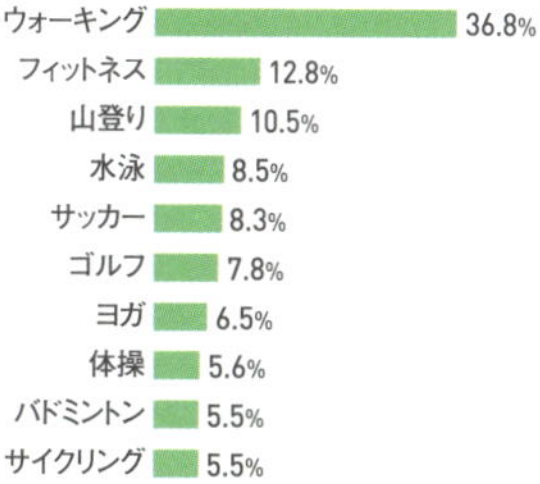
ウォーキング 36.8%
フィットネス 12.8%
山登り 10.5%
水泳 8.5%
サッカー 8.3%
ゴルフ 7.8%
ヨガ 6.5%
体操 5.6%
バドミントン 5.5%
サイクリング 5.5%

出典：いずれも韓国政府「体育白書2022年版」

もっと知りたい +α

部活はエリートだけ

韓国の教育現場でのスポーツ教育は音楽芸術系と同じくエリート教育が中心です。たとえば全国の中学校で運動系の部活数は1500ほどで、選手数も2万7508人と中学生全体の約2%にすぎません。その多くは体育専門の中学に在学しており、日本のようにクラスの約半数が運動部に入っているのとは随分違います。

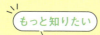

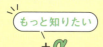

27

メディア

主要メディアはテレビ、新聞・雑誌はネットで

ニュースはテレビで新聞はオンラインで読む

韓国でいちばん身近なメディアはテレビです。韓国メディア振興財団の調査によれば、**影響力があると考えられているメディアの上位は、ほとんどがテレビ局**です。1位のKBSと2位のMBCは地上波、3位のYTNと5位のJTBCはケーブルテレビ局です。また4位にはインターネットのポータルサイトであるネイバーが入っています。

韓国でも新聞購読者は年々減っており、今は**全国紙も地方紙もオンライン版が中心**です。ただし、人々は日々インターネットのポータルサイトやSNSを通して新聞記事に接しており、その重要性は今も薄れることはありません。

韓国はケーブルテレビが人気

韓国の地上波は4局のみですが、ケーブルテレビがとても充実しています。チャンネル数は60以上。一般家庭のほとんどが加入しており、韓流ドラマの大ヒット作の多くもケーブルテレビ局から生まれています。

地上波4局

KBS	公共放送局。視聴料と広告収入で運営
MBC	半官半民の公営放送局。17の系列局をもつ
SBS	民間放送局。9の地方局とネットワークを結ぶ
EBS	公共放送局。教育番組を中心に放送

ケーブルテレビの人気チャンネル

JTBC	中央日報系列。ニュースでは特ダネ、ドラマでは大ヒット作もある人気チャンネル
YTN	24時間放映のニュース専門チャンネル
tvN	韓国のエンターテインメント企業CJ ENMが運営するドラマやバラエティのチャンネル。「愛の不時着」などのヒット作はここで放映されたもの

歴代高視聴率ドラマ

1位	初恋（1996～1997年） 65.8%
2位	砂時計（1995年） 64.5%
3位	ホジュン～宮廷医官への道～（1999～2000年） 63.7%
4位	宮廷女官チャングムの誓い（2003～2004年） 57.8%
5位	パリの恋人（2004年） 57.4%

もっと知りたい +α

テレビ人気の復活

一時期はテレビ離れが叫ばれた韓国でしたが、新型コロナパンデミックを経て大逆転。ケーブルテレビを中心に大ヒットドラマが続出して、テレビ人気が復活しています。また韓国はNetflix登場以前から映画の配信サービスが一般的だったため、家族一緒に映画鑑賞を楽しめる大型モニターのテレビも必須アイテムとなっています。

韓国の新聞とネットメディア

昔も今も新聞は韓国メディアの中心にあります。紙媒体の購読者は減少を続けていますが、デジタル版などでは多くの記事が配信されており、そのほとんどが無料で読めるようになっています。

日刊紙 日本の植民地時代に創刊された朝鮮日報と東亜日報の2大紙を中心に発展。植民地支配下から軍事独裁政権の時代には激しい言論弾圧に抵抗した記者たちも多かった。今は保守系に分類される2紙に対して、民主化後に創刊されたハンギョレ新聞などの革新系の新聞もある。

保守系 ←→ 革新系

朝鮮日報	東亜日報	中央日報	ハンギョレ新聞	京郷新聞
1920年創刊	1920年創刊	1965年創刊	1988年創刊	1946年創刊

専門紙

経済新聞	スポーツ新聞
毎日経済新聞 1966年創刊	日刊スポーツ 1969年創刊
韓国経済新聞 1964年創刊	スポーツソウル 1985年創刊

宗教新聞

クリスチャントゥデイ
2011年創刊のオンライン新聞

仏教新聞
1960年創刊

韓国の日刊新聞大手には外国語のオンライン版があります。英語、日本語、中国語などは本紙の中から、それぞれの言語圏の読者が関心をもちそうな記事を選択して翻訳配信しています。

雑誌もオンラインが中心

雑誌もオンラインが中心ですが、さまざまな分野のものがあります。ただし、日本の女性週刊誌のようなものはなく、美容院などには女性月刊誌が置かれています。内容はファッション、美容、料理や有名人の暮らしなどです。

週刊誌

新聞社系	それ以外
週刊朝鮮、週刊東亜、ハンギョレ21など	時事ジャーナル、時事INなど

女性誌

女性朝鮮、ウーマンセンスなど

もっと知りたい +α

韓国の女性誌

韓国で新聞社ごとに女性月刊誌が発達したのは、軍事政権下に優秀な記者が集まったからだといわれています。言論弾圧から逃れるための隠れ蓑的な役割もあったようです。

28 SNS コミュニケーションの中心はSNS

必須のカカオトーク 芸能人はインスタ利用

韓国のSNSといえば、何と言っても**カカオトーク**です。２０１０年のサービス開始から急速にシェアを拡大、今や利用者４５５４万人（２０２３年12月）。韓国の人口は約５０００万人ですから、まさに**小学生から高齢者までが利用する、韓国で必須のメッセンジャーアプリ**です。

カカオ以外で利用者が多いのは、インスタグラム、フェイスブック、ネイバーカフェなど。日本では利用者の多いX（旧ツイッター）は、韓国で年々利用者数を減らしています。著名人のSNS利用もさかんで、**芸能人はインスタグラム、政治家や文化人はフェイスブックなどで情報発信**をしています。

コミュニケーションにはカカオトーク

カカオトークは日本でのLINEにあたるチャットアプリで、公共機関や学校関係、ビジネスや趣味生活、家族や友達との連絡など、あらゆる場面で必要不可欠な社会インフラです。

カカオトークの使われ方

連絡手段

- 公共機関や学校からの連絡
- 仕事先との連絡
- さまざまな予約の確認やお知らせなど

会議もカカオ

- 子どもの学校の親同士の交流
- マンションの住民会議
- クラス会やサークルなども

韓国ではカカオトークは必須。それなしで社会生活をすることは考えられません。

カカオトークとLINE

カカオトーク

2010年にサービス開始。モバイルでグループチャットができることで、爆発的人気となった。韓国人のほとんどが利用。

LINE

2011年にネイバーの日本法人がサービスを開始した。日本では最も利用者の多いメッセンジャーアプリ。

もっと知りたい +α

お見合いもいまはSNS

韓国では「ソゲティン」という、世話人（知人、友人）が男女を出会わせる風習がありました。以前は実際の出会いの場に世話人も同席していました。いまは世話人がカカオトークのチャットルームに男女を招待し、あとは当人たちだけでやりとりをしてデートをする流れになっています。また、マッチングアプリを利用する人も増え、ソゲティンを利用する人との割合は半々とのこと。

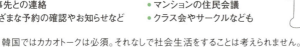

芸能人はインスタ、政治家はフェイスブック

韓国ではインスタグラムとフェイスブックも人気ですが、利用者の年齢層に少し違いがあります。インスタグラムは若者中心で、K-POPスターなども利用しています。一方、フェイスブックは年齢層が高めで、こちらは政治家なども利用しています。

韓国スターのインスタ、フォロワー数ランキング

1位	LISA（BLACKPINK）	102,270,514
2位	JENNIE（BLACKPINK）	83,089,150
3位	JISOO（BLACKPINK）	77,697,756
4位	ROSÉ（BLACKPINK）	77,027,516
5位	BTS	74,544,888

出典:refetter「芸能人・有名人インスタグラムランキング」（2024年3月現在）

フェイスブックは政治家も熱心

文在寅
前大統領
94万人

尹錫悦
大統領
15万人

李在明
共に民主党代表
41万人

人気のトップはブラックピンクのLISA。フォロワー数は、なんと1億人超となっています。上位はブラックピンクの独占状態で、5位にBTSのオフィシャルが入っています。

視聴も投稿もさかんなユーチューブ

韓国人の9割以上が利用しているユーチューブ。見るだけではなく配信もさかんで、グルメ、美容、ダイエットなどのチャンネルには多くの登録者がいます。なかでも韓国発のジャンル「モッパン」には、世界的人気のユーチューバーもいます。

日本でも人気のモッパン

「モッパン」は韓国語で「먹방」と書く。「モッ(먹)」は「食べる」、「パン(방)」は「放送」の「放」。つまり「食べる放送」という意味。日本でも人気の韓国系ユーチューバー、Jane、Hongyu、Hamzyなどは、いずれも登録者が1000万人超。

カップル動画

カップル動画も定番ジャンルで、S.K.Couple、Enjoycoupleなど、ユーチューバーとして有名なカップルも多い。日韓をはじめ国際カップルの配信も、リアルなカルチャーギャップの面白さが人気だ。

大統領選挙でも活用

大統領選挙でも与野党ともに若者の支持獲得のためにユーチューブを積極活用。スマホで見やすい縦型画面やAIを利用したバーチャルQ&Aなどさまざまな動画がアップされる。

もっと知りたい +α

政治系ユーチューバーの問題

SNSによるフェイクニュースの拡散は世界的に問題となっていますが、韓国ではユーチューブがその震源地ともいわれています。選挙期間中も自分の支持者を応援するために、荒唐無稽な内容で対立候補を攻撃するユーチューバーもいます。組織的な活動があるのではと問題になっています。

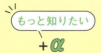

「ハングル」という独自の文字をもつ韓国語

海外で増える韓国語学習者 ハングルは習いやすい

韓国で話されている**言葉は韓国語（ハングゴ）、文字はハングル**と呼ばれています。かつてはマイナー言語といわれた韓国語ですが、世界的な韓流ブームのおかげで今は**各国で学習者が激増、高校や大学などでも第2外国語として採用されるケースが増えています。**

歴史的には中国から伝わった漢字が使用された時期も長かったのですが、現在は必要最低限の漢字のみ、**ほとんどがハングルで表記**されるようになっています。ハングルの魅力はその合理的な仕組み。もともと文字を知らぬ民のために作られたものであり、外国人にも習いやすいのが特徴です。

韓国語話者は世界に7000万人以上

韓国語（朝鮮語）を母語とする人は全世界で約7720万人です。韓国と北朝鮮はもちろん、海外のコリアンタウンでも韓国語が話されています。外国人の韓国語学習者も増えており、韓国語能力試験「TOPIK」の開催国も10年前の38カ国から86カ国へ、受験者も約10万名から30万名以上へと増えています。

저는《チョヌン》 한국어를《ハングゴルル》 공부해요《コンブヘヨ》

私は　韓国語を　勉強します

韓国語は日本語と語順が似ており、勉強しやすい言語でもあります。

「韓国語（ハングゴ）」と北朝鮮の「朝鮮語（チョソンマル）」は、基本的には同じ言語です。ただし地方アクセントに加えて、使用される単語には少しずつ違いがあります。それでも会話は十分に通じます。

TOPIK（韓国語能力試験）受験者の推移

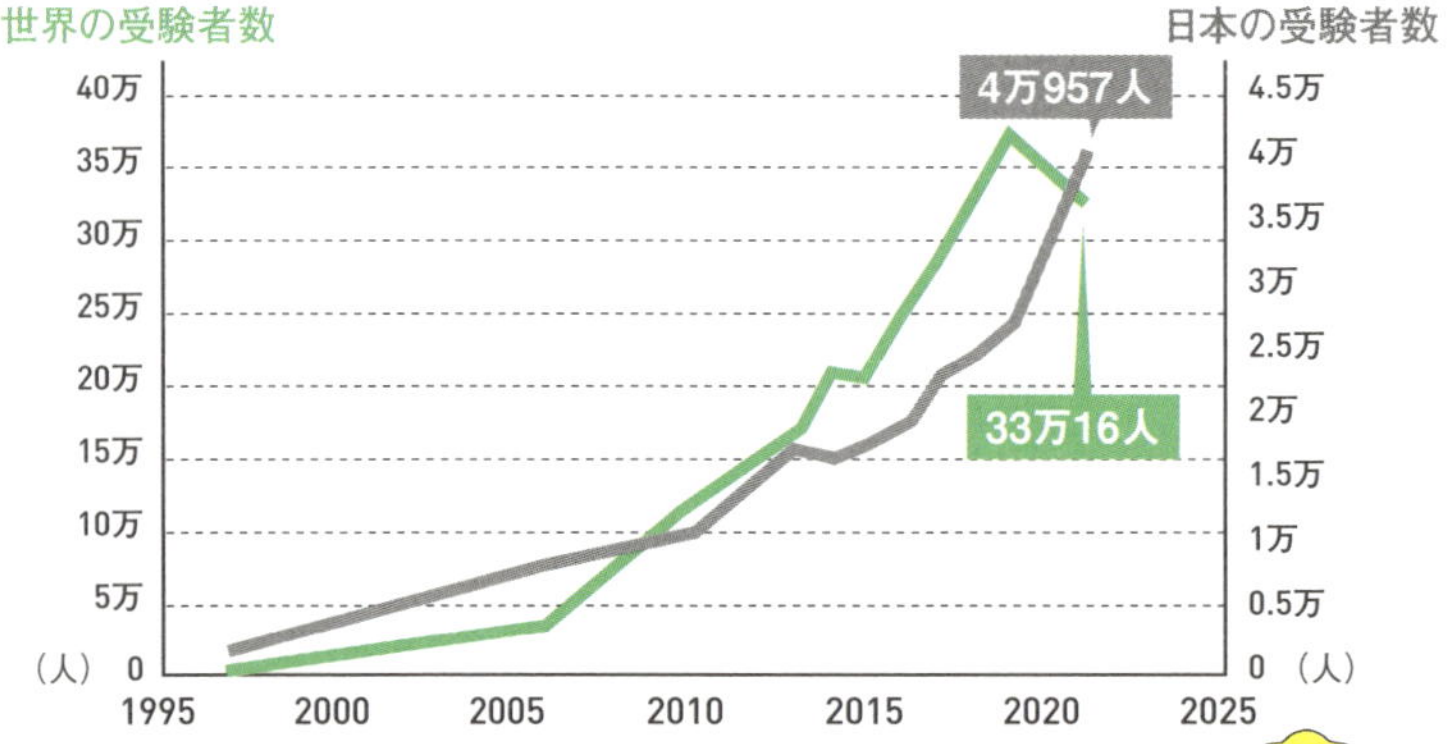
世界の受験者数
日本の受験者数
40万
35万
30万
25万
20万
15万
10万
5万
（人） 0
4.5万
4万
3.5万
3万
2.5万
2万
1.5万
1万
0.5万
0 （人）
1995
2000
2005
2010
2015
2020
2025
4万957人
33万16人

出典:韓国教育財団

大学や高校で第2外国語として採用する国も増えており、TOPIKという韓国語能力試験の受験者も年々増えています。

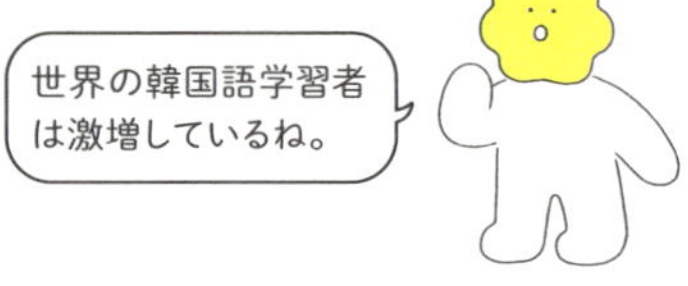
世界の韓国語学習者は激増しているね。

固有の文字としてのハングル

固有の文字がハングルと呼ばれるようになったのは20世紀になってからです。元の名称は「訓民正音（フンミンジョンウン）」。朝鮮時代の初期である15世紀半ば、第4代世宗大王の時代に誕生しました。

母音は「天」と「大地」と「人」から作られている

天	大地	人
·	ー	|

「ア」ㅏ　人＋天

「オ」ㅗ　天＋大地

子音はくちびるや舌など発声器官の形から成っている

ㄱ	ㄴ	ㄷ
k	n	t
ㄹ	ㅁ	ㅂ
r(l)	m	p
ㅅ	ㅇ	ㅈ
s	ng	j

お札の人物

10000

ハングルの生みの親である世宗大王は、韓国でとても尊敬されています。韓国の紙幣に最初に登場した人物でもあり、1965年の100ウォン札から現在の1万ウォン札まで、「韓国の顔」として親しまれています。

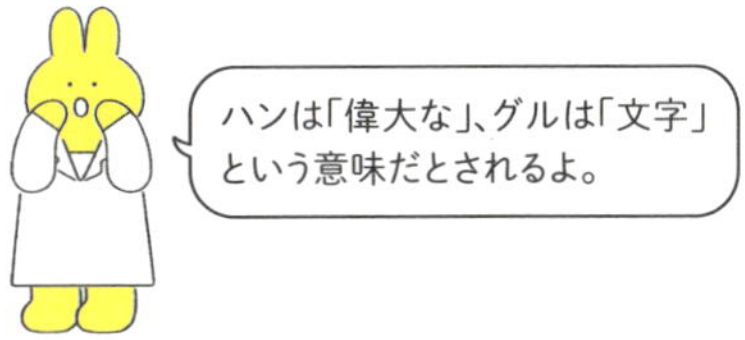
ハンは「偉大な」、グルは「文字」という意味だとされるよ。

観光 国立ハングル博物館
2014年にオープン。ハングルの歴史や構造、韓国語についてのさまざまな展示があり、韓国語を学ぶ外国人には必見。

映画・ドラマ 映画「王の願い ハングルの始まり」（2019年）

もっと知りたい ＋α

ハングルの日

「訓民正音」が公布されたとされる10月9日は、韓国で国民の祝日に指定されています。この日は「国立ハングル博物館」などを始め、さまざまな施設でイベントがあります。外国人留学生向けには、李朝時代の儒者たちの「百日場」を模した詩文コンクールが人気です。

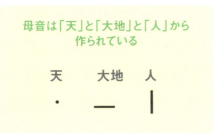

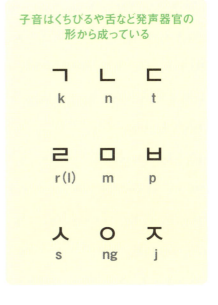

30

不動産

投資の対象である不動産

住まいの階層化を支える「チョンセ」という制度

韓国は「**不動産階級社会**」ともいわれます。住まいが「階級」を表すという意味で、人々は**マンションを買い替えながら上の「階層」を目指します。**みんなが頑張った結果、都市部も地方もタワマンの森が増え続けています。

韓国では不動産投資もさかんです。その背景には「**チョンセ制度**」があります。不動産を購入し、銀行の借り入れで足りない分は、その家をチョンセ（高額な先渡し金を預かり、退去時に全額返す家賃システム）で貸し、そのお金を充てます。人々が無理しても不動産投資を続ける背景には、**いつかは必ず価格が上がるという不動産不敗神話があります。**

階層化する住まいの格差

韓国の人々は戸建てよりも集合住宅を好みます。映画「パラサイト」に出てきた半地下から、ワンルーム、小規模マンション、高層階のタワマンへと上昇する住まいの変化が、階層社会の断面を階段状に見せています。

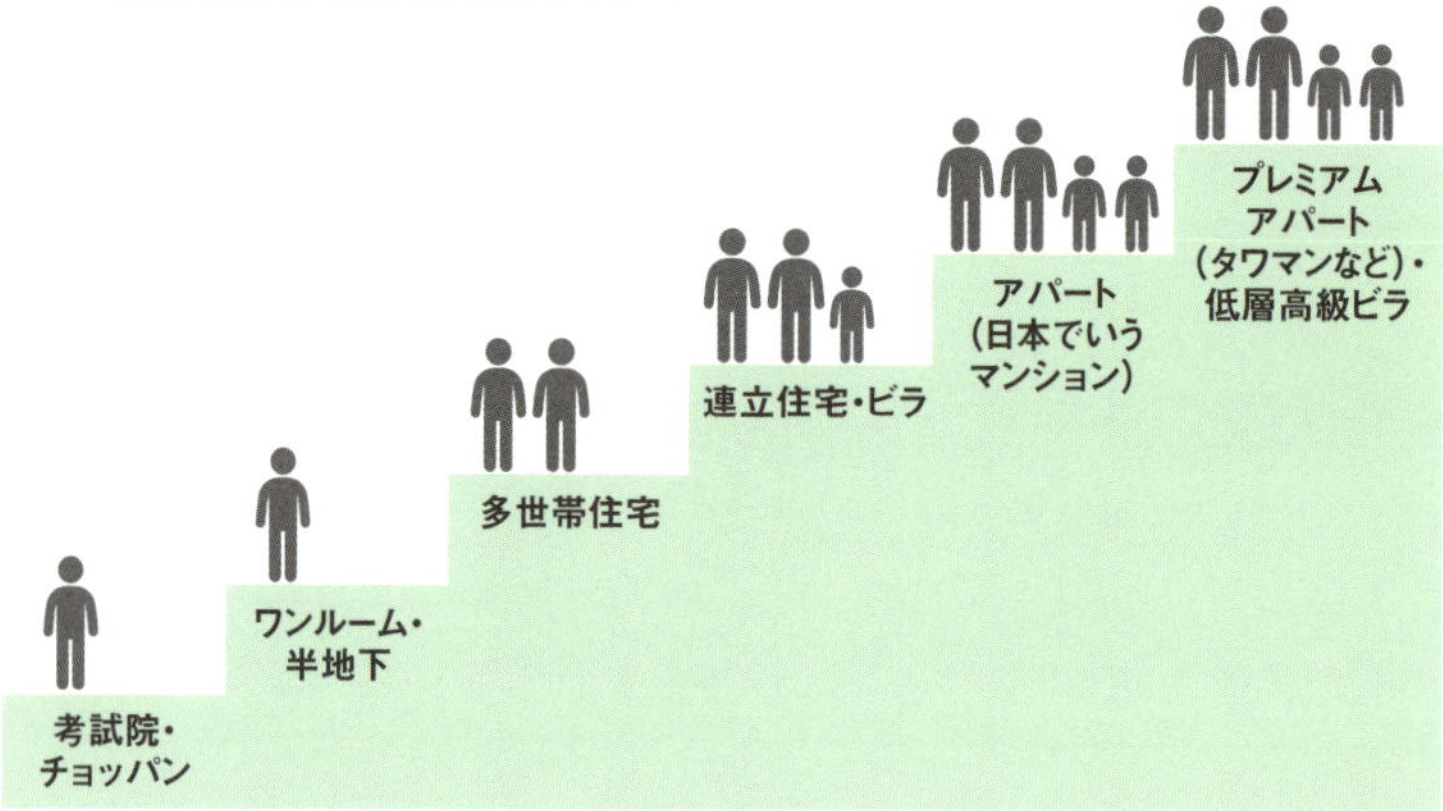

考試院・チョッパン
ワンルーム・半地下
多世帯住宅
連立住宅・ビラ
アパート（日本でいうマンション）
プレミアムアパート（タワマンなど）・低層高級ビラ

所有の形式

多住宅所有者
持ち家
チョンセ
半チョンセ
ウォルセ（月払い）
保証金なしの月払い
日払い

上昇

半地下の家

過去には戦時のシェルター的な意味もあった半地下。ソウル市内は傾斜が多く、半地下の部屋が造られやすかった。

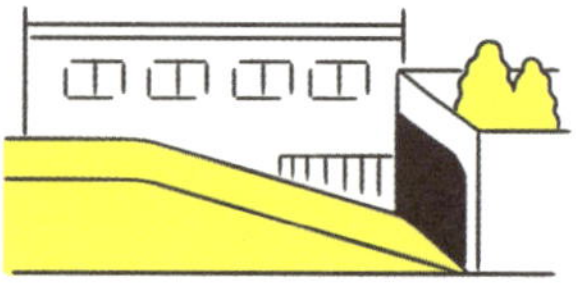

映画・ドラマ　映画「パラサイト 半地下の家族」（2019年）は、韓国の格差社会の現実を住まいの高低で表したと評価された。

韓国特有の家賃システム「チョンセ」

「チョンセ」は他国にはない、韓国特有の賃貸制度です。当初は住宅難の中で互助制度的な機能をもっていましたが、いつの間にか不動産投資のための手段となっています。

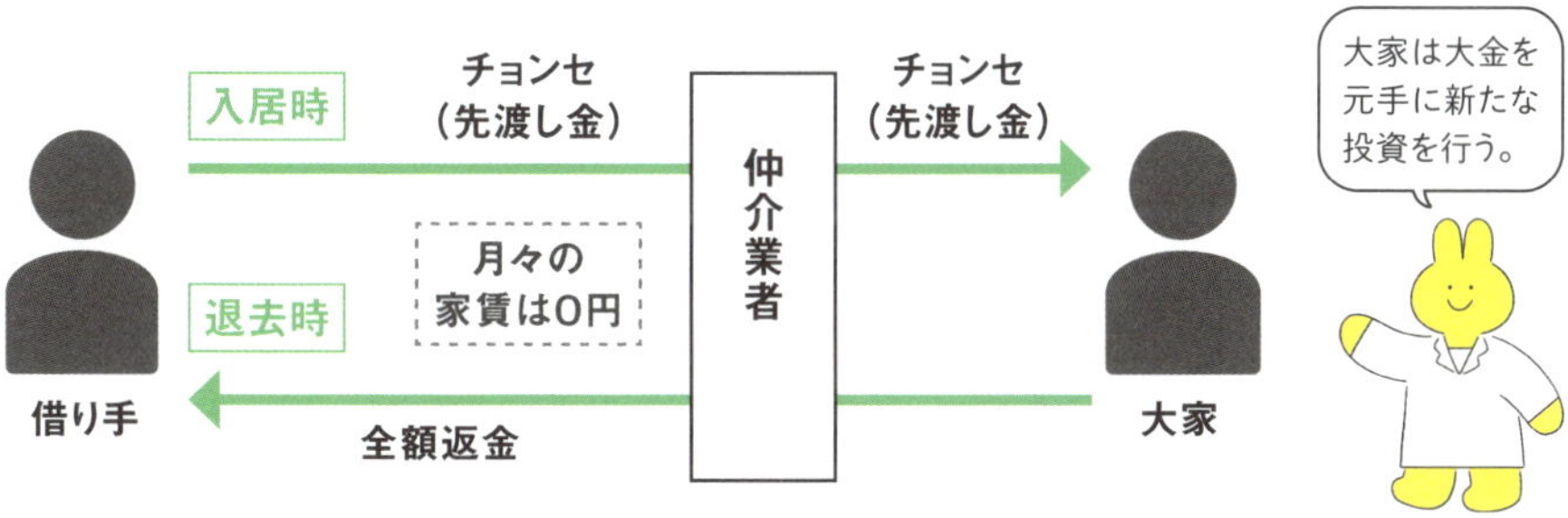

チョンセのあらまし

- 契約期間は2年～
- 更新時にチョンセ金が値上がりすることも多い
- ソウルのチョンセ金の中央値は6億2648万ウォン（2021年8月）
  全国の中央値は3億1149万ウォン（2021年8月）
- 銀行のチョンセ貸し付けは金利3～4%

不動産投資の手段

チョンセ制度を利用すれば、マンションの売買価格とチョンセ価格の差額（ギャップ）だけで購入が可能になります。つまり10億ウォンの物件でも、8億ウォンのチョンセ金を受け取れば、2億ウォンだけで購入が可能になるのです。チョンセ制度は「ギャップ投資」を可能にし、不動産投機熱をあおることになりました。

チョンセにまつわるトラブル

今も昔もチョンセをめぐるトラブルは絶えません。その多くは退去時にチョンセ金が返金されないというもの。またそれとは別に「チョンセ詐欺」という悪質な事件も起きています。

トラブル1 チョンセ詐欺

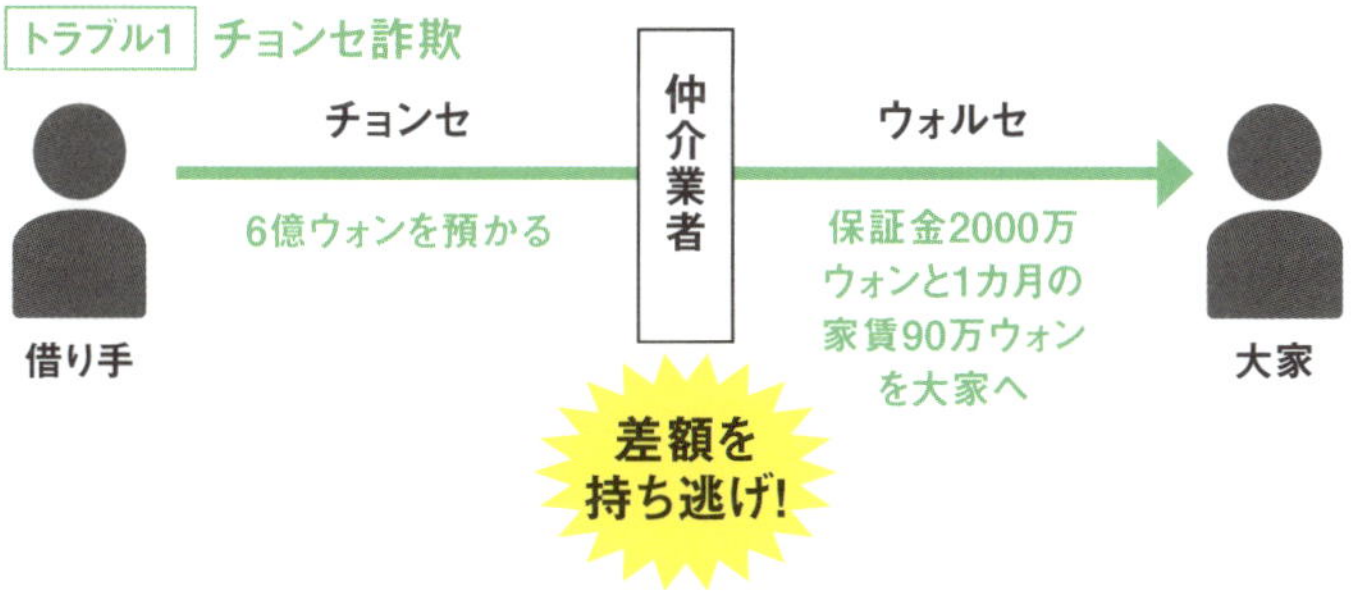

トラブル2 チョンセ金が返金されない

不動産所有者の多くはチョンセ金を他で運用しており、次の入居者が決まらないと返金ができない。

31

少子高齢化

深刻な出生数減少に伴う人口減少

世界最速の少子高齢化その原因と対策

韓国では**日本以上に少子高齢化が急速に進んでいます。**2023年の合計特殊出生率は0・72。人口を維持するには出生率2・1が必要であり、韓国は現状のままいけば**2100年までに人口が半減するという予想**まで出ています。

この20年間余りに新生児が半数に減ってしまったことは、社会にさまざまな影響を与えています。新入生がいない小学校や、廃校に追い込まれる大学、さらに軍隊などでも兵士数を確保できなくなると心配されています。また目の前にせまった**超高齢社会への対策なども直近の課題**となっています。

政府も見過ごした、急激な少子高齢化

韓国はかつて子だくさんで、政府はむしろ出産抑制に熱心でした。「2人だけ産もう」「2人でもまだ多い」と、1980年代には実質的な一人っ子奨励まで叫ばれたのです。ところが水面下では既に出生率の低下が始まっており、2010年以降は世界最低レベルに落ち込みました。

韓国の出生数、合計特殊出生率の推移

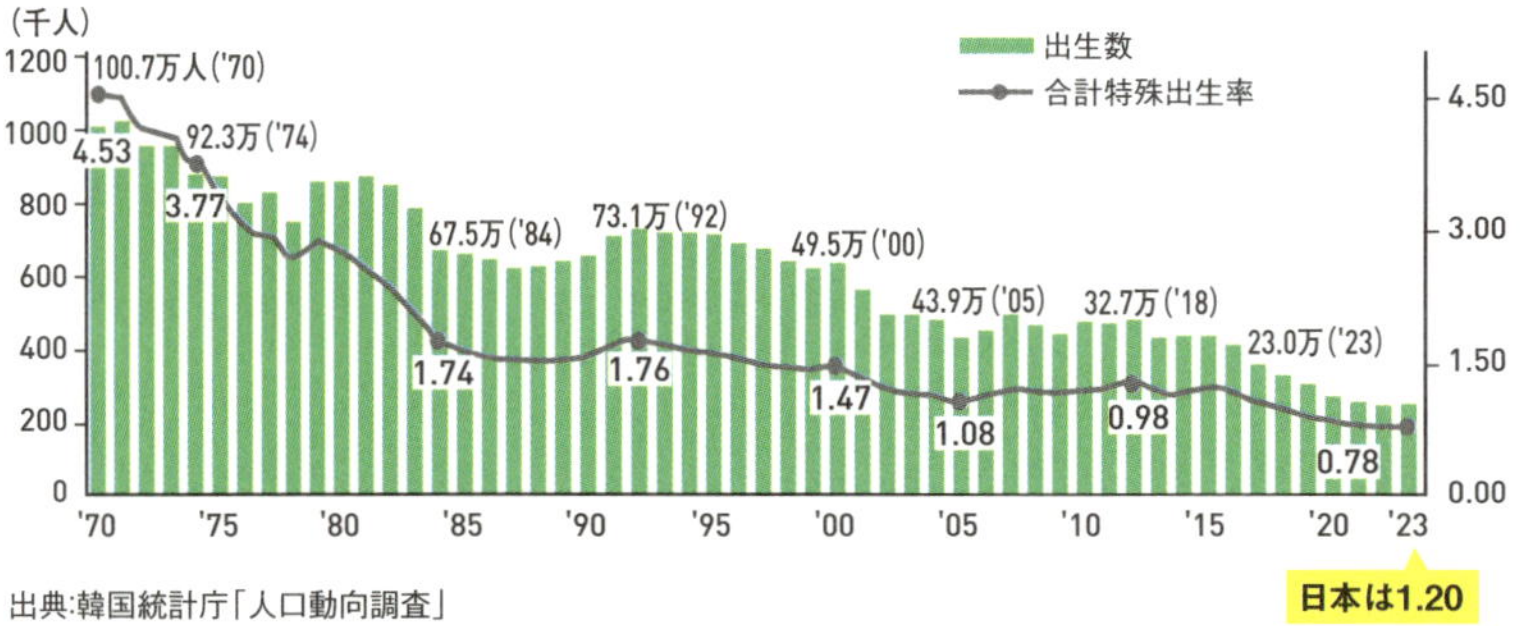

(千人)
1200
1000
800
600
400
200
0
出生数
合計特殊出生率
4.50
3.00
1.50
0.00
100.7万人('70)
4.53
92.3万('74)
3.77
67.5万('84)
1.74
73.1万('92)
1.76
49.5万('00)
1.47
43.9万('05)
1.08
32.7万('18)
0.98
23.0万('23)
0.78
'70
'75
'80
'85
'90
'95
'00
'05
'10
'15
'20
'23
日本は1.20

出典:韓国統計庁「人口動向調査」

少子化の要因と対策

- **晩婚化・非婚化**
  都心での住宅費高騰が原因の一つ。政府は新婚夫婦のためのさまざまな住宅制度を新設。
- **激化する受験戦争と私教育費の負担増**
  政府は給食費などを含めた公教育の無償化を促進。
- **働く女性への無理解**
  家庭内での家事・育児の不平等の解消のため、政府は男性の育児休業取得制度を改善。

韓国政府は70〜80年代まで出産抑制キャンペーンをしていたよ。

急速な高齢化

少子化に伴って、高齢化率も上昇します。2022年の人口に占める65歳以上の高齢者の割合は17.5%ですが、こちらも2050年には日本とほぼ同じ水準の38.2%まで上がるといわれています。

日韓の高齢化率の推移

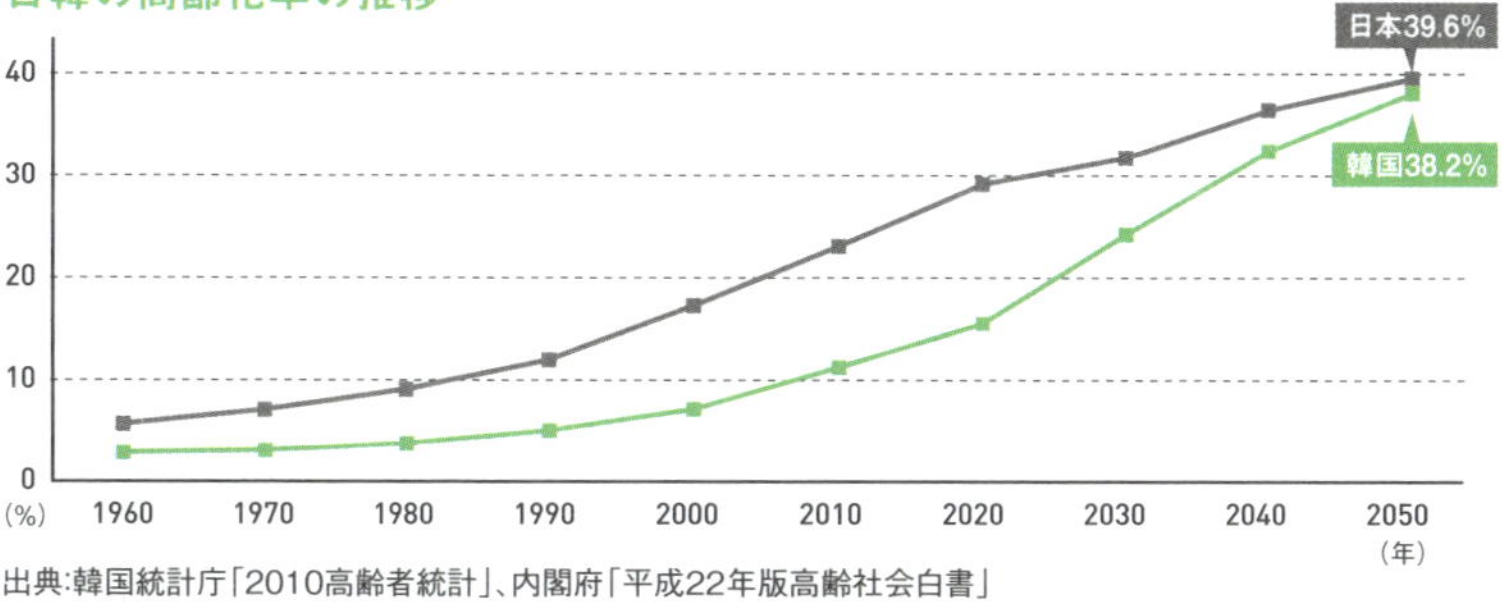
日本39.6%
韓国38.2%
40
30
20
10
0
(%)
1960
1970
1980
1990
2000
2010
2020
2030
2040
2050
(年)

日本同様、深刻だね。

出典:韓国統計庁「2010高齢者統計」、内閣府「平成22年版高齢社会白書」

問題点

現役世代の負担増

2022年現在では現役世代4人に対して高齢者1人。それが2070年には1人で1人を扶養する形になる。

高齢者施設が足りない

高齢者と同居する人がとても少ない。一方で高齢者施設や介護人は現状でも不足している。

高齢者の貧困

韓国の定年は60歳。早期退職も多いが、政府は定年年齢を65歳に引き上げたい意向。

政府は、高齢者を雇用した中小企業に人件費の一部を支援したり、大企業に対しては定年退職前に再就職や起業支援サービスを義務化するなどの対策を行っています。

もっと知りたい +α

韓国の少子化対策

出産休暇は産前産後90日間、育児休業は1年間。

韓国政府は2005年に「低出産・高齢社会基本法」を制定して以来、数々の少子化対策を実施してきました。例えば大企業への保育施設設置義務、0〜5歳児の無償保育、さらに児童手当や育児休暇なども充実させてきました。

注目すべきは、男性の育児休業取得がとても増えたことです。制度が始まった2002年にはわずか78人だったのが、2021年には2万9041人となり、取得割合も26.3%まで上昇しました。

もっと知りたい +α

韓国の年金制度

韓国の年金制度は後発ではありますが、日本とほぼ同じような仕組みです。また、韓国にはそれとは別に「老齢基礎年金制度」があり、高所得者を除いた高齢者を対象に、毎月33万ウォン(2024年)が支給されます。無年金や少額の国民年金だけでは生活が苦しい人には、大きな助けとなっています。

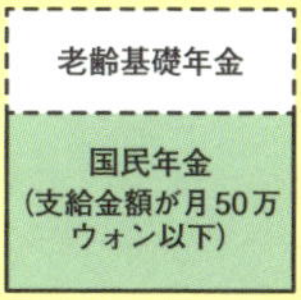
老齢基礎年金
国民年金
(支給金額が月50万ウォン以下)

32

移民

在韓外国人

人口の５%が外国人 移民庁創設も視野に

韓国では１９９０年以降、多くの外国人を迎えることで、「多文化共生」が課題として掲げられました。現在、**韓国で暮らす外国人は２５０万人を超え、人口の約５%**となっています。

国籍別には中国、ベトナム、タイといった**アジア諸国出身者**が多く、その大半は**韓国国内での就業を目的**としています。

韓国政府は２００４年に「**雇用許可制**」を実施し、労働者としての外国人受け入れを本格化させました。急速な少子高齢化が進む一方で、一部職種での深刻な労働者不足もあり、さらなる移住者の受け入れが推進されています。

韓国で暮らす外国人

韓国で暮らす外国人は約251万人(2023年度末)。これは韓国の総人口の4.89%であり、未登録の人々を含めればすでに5%に達するといわれます。日本は2%台であり、それと比べても韓国が人口的に多民族共生社会に近づいていることがわかります。国籍別には「中国」、目的としては「就労」が多くなっています。

韓国に長期滞在する外国人の数

(万人)
250
200
150
100
50
0
総人口比4.89%
22
51
100
147
161
251
1998 1999 2000 2001 2002 2003 2004 2005 2006 2007 2008 2009 2010 2011 2012 2013 2014 2015 2016 2017 2018 2019 2020 2021 2022 2023
(年)

出典:「出入国・外国人政策統計年報」

国籍別外国人

1位	中国(朝鮮族含む)	942,395人
2位	ベトナム	271,712人
3位	タイ	202,121人

出典:「出入国統計2023年」

在留資格別

1位	在外同胞(韓国系外国人)	536,374人
2位	非専門就業者(単純労働)	436,282人
3位	留学(語学留学含む)	228,738人

出典:「出入国統計2023年」

もっと知りたい +α

日本人は?

在韓日本人は約5万8000人で、国籍別では第14位です。男性1万6690人、女性4万1748人と女性が多く、理由の1位は韓国人との結婚、2位が留学生となっています。

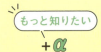

外国人労働者の「雇用許可制」

2004年から「実習・研修」といった建前をやめて、外国人の雇用を希望する企業に政府が許可を与える「雇用許可制」が実施されています。これは民間のブローカーなどが行っていた労働者派遣を、国同士の正式な窓口を通して行うものです。それにより国内労働者との同一賃金が保証されるなど、移住労働者の地位が向上しました。

ただし、あくまでも「雇用者側の便宜」が優先されるため、労働者側としては職場選択などが自由になる「労働許可制」への転換を求めています。

結婚で移住する移民者

韓国人との婚姻によって移住することになった人は、「結婚移民者」と呼ばれています。1990年代後半から地方の農村などで、韓国人男性と外国人女性の結婚が増え始めました。2023年の結婚移民者は約17万5000人、そのうち8割が女性です。

国籍別

1位	中国	60,048人
2位	ベトナム	39,956人
3位	日本	15,662人

出典:「出入国統計 2023年」

多文化家族とは?

韓国で国際結婚による家族は「多文化家族」と呼ばれ、さまざまな支援があります。韓国語や韓国料理の無料講座をはじめ、銀行預金の金利、大学への進学などでの優遇措置もあります。

難民の受け入れには消極的

韓国も日本と同じく難民の受け入れが少ない国として知られています。1994年から2023年の間にされた10万3759件の難民申請のうち、認定はわずか1048件にすぎません。

認定された人

認定者はミャンマー(450名)、エチオピア(161名)、バングラデシュ(123名)などの出身者で政治的・宗教的に迫害された人々。

北朝鮮から亡命してくる人々は難民?

韓国の憲法では北朝鮮も国土の一部として規定されており、そこから移住してくる「北韓離脱住民」(脱北民)は外国から来る「難民」とは区別されます。

シリアやイエメンなどの紛争地域からの難民申請者のなかには、「人道的滞留許可」を受けて暮らしている人もいます。正式な難民認定ではないので、暮らしは不安定です。

海外のコリアン社会

戦後の米国移民ブームとコリアン・ネットワーク

韓国は世界有数の移民輩出国として知られてきました。特に1970年代半ばに本格化した米国移民は、**ピーク時には毎年3万〜4万人の韓国人が米国永住権を取得するほどの大ブーム**となりました。その結果、1960年に2万人台だった在米コリアン人口は、2023年現在260万人と100倍以上となりました。

韓国政府は「在外同胞750万人」という言葉を用いて、**在外コリアンのネットワーク構築**を進めてきました。そこには現在進行形の移民グループだけではなく、朝鮮王朝末期や日本帝国主義の圧政下で朝鮮半島を離れざるを得なかった人々とその子孫も含まれています。

在外同胞750万人

韓国政府によれば在外同胞とは「海外で暮らす韓国国籍者」と「韓国にルーツをもつ外国国籍者」からなり、全世界に750万人余りと集計されています。韓国政府はこの人々への支援強化を目的に2023年、新たに「在外同胞庁」を創設しました。

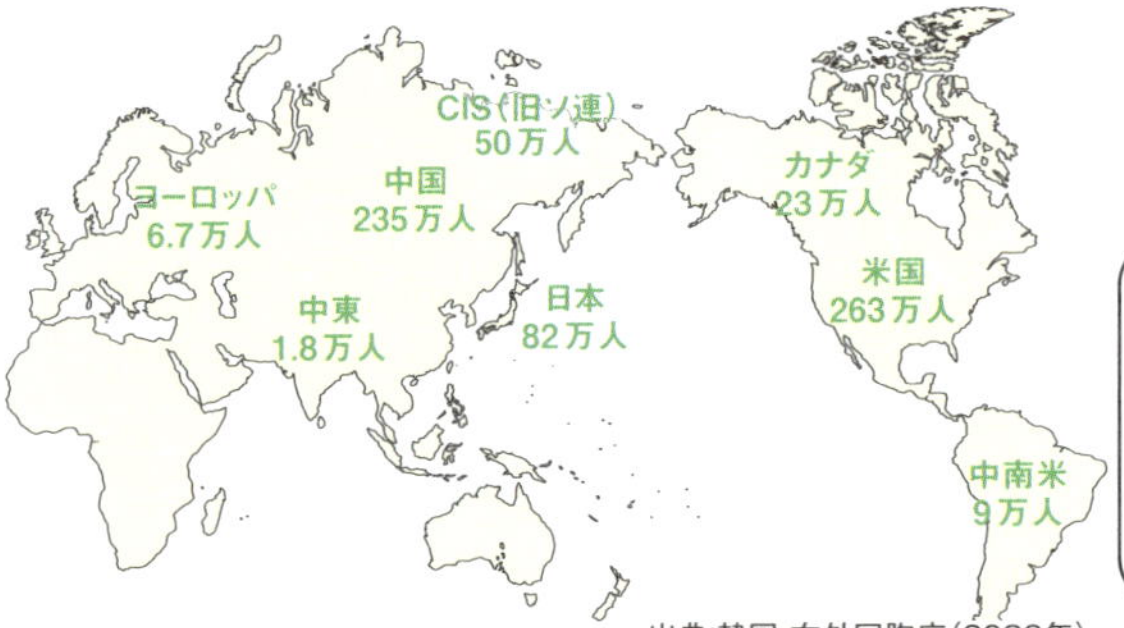
CIS（旧ソ連）
50万人
ヨーロッパ
6.7万人
中国
235万人
中東
1.8万人
日本
82万人
カナダ
23万人
米国
263万人
中南米
9万人

出典:韓国 在外同胞庁（2023年）

米国には、ニューヨーク、ロサンゼルス、サンフランシスコなどにコリアンタウンがあるよ。

主な居住国と移住の時期など

国名	移住時期	呼称
米国	20世紀初頭〜現在	コリアン
中国	19世紀〜1953年、1990年代以降	朝鮮族
日本	20世紀初頭〜1953年、1965年以降	在日韓国・朝鮮人など
旧ソ連	19世紀〜1953年、1990年代以降	カレイスキー

出典:韓国統計庁

もっと知りたい +α

中央アジアのカレイスキー

カレイスキーはロシア語で「高麗の人」という意味です。旧ソ連のカレイスキーの多くは1930年代にスターリンにより、極東の沿海州から中央アジアに強制移住させられました。したがって現在もカザフスタンやウズベキスタンなどに多く暮らしています。

世界のコリアンタウン

海外には大小さまざまなコリアンタウンがあります。コリアンタウンには韓国系の教会やお寺などの宗教施設があり、移住者たちの交流の場となっています。また韓国レストランや韓国スーパー、さらにK-POP関連のお店などは韓国系以外の人々にも大人気です。

有名なコリアンタウン

米国	ロサンゼルス（KOREATOWN）、ニューヨーク（K-Town）
カナダ	バンクーバー（Lougheed）、トロント（Finch）
日本	東京（新大久保）、大阪（鶴橋）

映画・ドラマ アカデミー賞でユン・ヨジョンが助演女優賞に輝いた映画「ミナリ」（2021年）は、韓国系米国移民家族を描いた物語。監督のリー・アイザック・チョンも、主演のスティーブン・ユアンも韓国系移民。

もっと知りたい +α

どんどん大きくなるベトナムのコリアンタウン

国交樹立から20年余り、韓国とベトナムの経済的結びつきは強くなっています。すでにベトナム在住の韓国人は20万人を超えており、首都ハノイやホーチミンのコリアンタウンはどんどん大きくなっています。

現在進行形の移民

過去には経済的な困窮が移民の大きな理由でしたが、2000年代以降には「教育移民」や「起業」などの理由で海外移住する人が多くなっています。

2018～2022年の海外移住届け出数

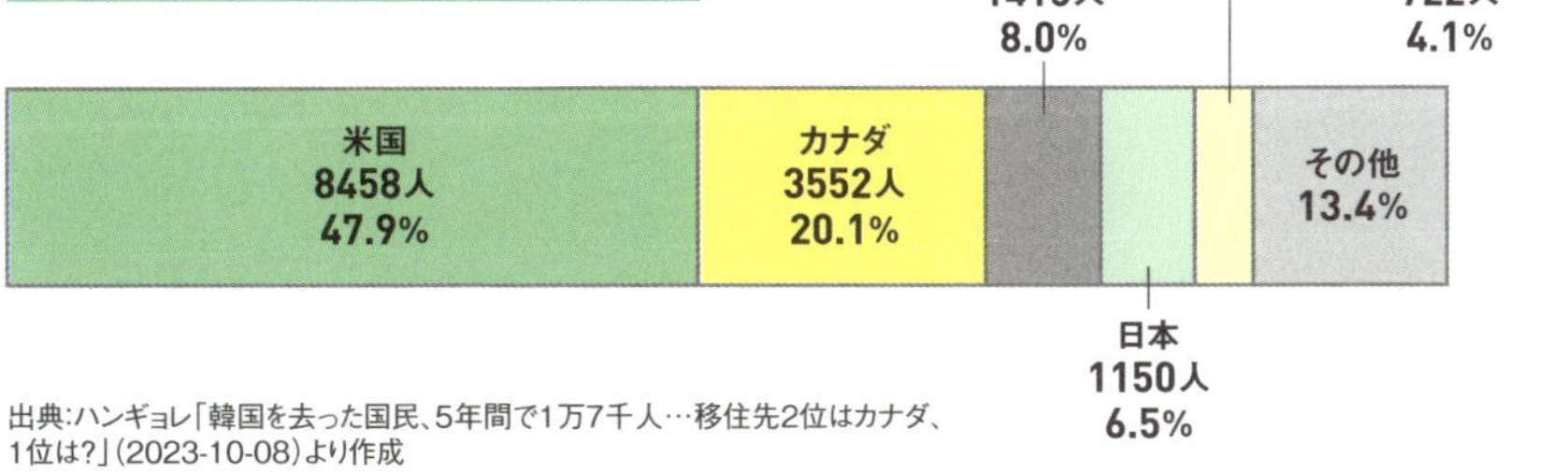

出典：ハンギョレ「韓国を去った国民、5年間で1万7千人…移住先2位はカナダ、1位は?」（2023-10-08）より作成

もっと知りたい +α

今もキロギアッパはいるのか?

「キロギアッパ」（渡り鳥のお父さん）とは、子どもを母親とともに早期留学させ、一人韓国に残り働く父親のことです。2000年代初頭から始まった「早期留学ブーム」は、キロギアッパの大量発生という社会問題を起こしました。小学生の場合、2000年の705人からピークの2006年には1万3814人までに。その後は減少傾向にあります。

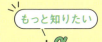

34

兵役

男性は20～28歳の間に入隊

終わっていない戦争 毎年約22万人が入隊

１９５３年に朝鮮戦争の休戦協定が結ばれましたが、朝鮮半島は現在まで70年余り、軍事境界線をはさんで南北の軍隊が対峙した状態です。北朝鮮軍の兵力１２８万人に対し、**韓国軍の兵力は約50万人であり、毎年22万人ほどが入隊**しています。

韓国には徴兵制があり、男性は満20歳から28歳の誕生日までに兵役に就く義務があります。**満19歳で徴兵検査**を受け、判定の結果で服務形態が決まります。服務期間は18～21カ月で、その後8年間は予備役、さらに40歳までは民間防衛隊の所属となります。街で軍服姿の若者を見かけることも多く、休戦中の国であることを実感します。

徴兵制のしくみ

兵役判定の結果、現役兵、補充役、免除などに分類されます。健康な男性のほとんどは現役兵となり、陸軍、空軍、海軍などに配属されます。

区分	服務形態	服務期間
現役	陸軍／海兵隊	18カ月
	海軍	20カ月
	空軍	21カ月
	常勤予備役	18カ月
	専門研究要員	36カ月
	産業技能要員	34カ月
	学軍士官候補生（ROTC）	24カ月
補充役	社会服務要員	21カ月
	芸術体育要員	34カ月
	専門研究要員	36カ月
	産業技能要員	23カ月

（2024年3月現在）

判定の結果で振り分けられるよ。

軍隊内での人権問題を改善する取り組み

かつて軍隊内では過酷な訓練以外にも、いじめやリンチなどの問題が頻発していました。近年、韓国軍の中で「兵士たちの人権」が大きなテーマとなり、さまざまな改善策が実施されてきました。

- **個人** 2020年7月からスマホの使用許可
- **外出許可** 2019年2月から月2回の外出許可
- **休暇** 2021年から個人的な理由で休暇も申請できるようになった
- **メンタルケアの対策** カウンセリングなどの実施
- **待遇** 兵士の俸給や食事のレベルを上げる

兵役義務中の月ごとの階級別俸給　（単位:ウォン）

	2017年	2018年	2019年	2020年	2021年	2022年
兵長	21万6000	40万5700	40万5700	54万800	60万8500	67万6100
上兵	19万5000	36万6200	36万6200	48万8200	54万9200	61万200
1等兵	17万6400	33万1300	33万1300	44万1700	49万6900	55万2100
2等兵	16万3000	30万6100	30万6100	40万8100	45万9100	51万100

出典:韓国 国防白書（2022年）

兵役は仕事ではなく義務だからね。

食事費用の改善

韓国軍の食費は、2018年には1人あたり1日855ウォンとされていましたが、2022年に大幅に改善。前期には1万1000ウォン、後期には1万3000ウォンに改善されました。

映画・ドラマ ドラマ「D. P. ー脱走兵追跡官ー」（2021年、Netflix）では、脱走兵の問題を通して、軍隊内でのリンチやいじめなどが描かれた。

韓国軍と女性兵士

女性は兵役の義務がなく、希望者は職業軍人になります。女性兵士は約1万人いて、強い使命感をもっています。ところが、軍隊内の性差別は深刻であり、また性的暴行事件なども起きています。

職業軍人になるには

- 将校　士官学校出身者。もしくは4年制大学卒業後に将校試験を受ける
- 副士官　高校卒業後、募集に応じて志願する

女性兵士の拡大推進

2018年 6.2% → 2022年 9%

軍の保育園や託児施設を充実させる、性暴力の予防活動、被害者の二次被害の防止なども政策として挙がっている。

韓国軍は女性兵士を増やし、軍幹部（将校、副士官）の女性比率を上げているよ。

もっと知りたい +α

訓練所とスマホアプリ THE CAMP

入隊するとまずは訓練所に入ります。訓練期間は海軍と空軍が5週間、海兵隊が7週間、陸軍が5〜7週間です。訓練所にいる間の生活の様子（食事など）は、「THE CAMP」というアプリを通して家族や友人たちに知らされます。ここからメールなどの送信も可能です。

35

ジェンダー、LGBTQ＋

韓国のフェミニズム運動

ジェンダーギャップとフェミニズム運動

　韓国でフェミニズム運動が大きく盛り上がったのは2016年以降です。「江南駅通り魔事件」をきっかけに女性たちはデモに繰り出し、法曹界から始まった#MeToo運動では、社会に蔓延していた性暴力の実態を明らかにしました。それは国民意識を大きく変化させるものでしたが、現実的なジェンダーギャップはなかなか埋まらず、今も欧米先進国とは大きな開きがあります。

　性的マイノリティに対しても、国民の理解は深まりつつある一方で、右派キリスト教団体などの反発が大きくなっています。「同性婚の合法化」などの法整備は、なかなか進まない状況です。

社会の中の男女格差

韓国は日本と同じく社会における男女格差が深刻です。国際機関の報告などによれば、とりわけ政治や経済の分野で著しい格差が確認されています。

賃金格差

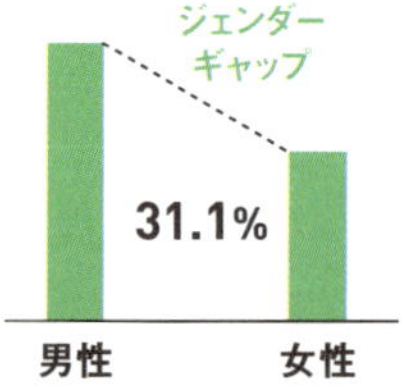

ジェンダーギャップ
31.1%
男性
女性

雇用されやすさ

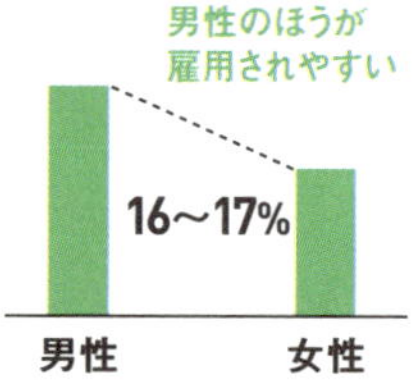

男性のほうが雇用されやすい
16〜17%
男性
女性

管理職比率

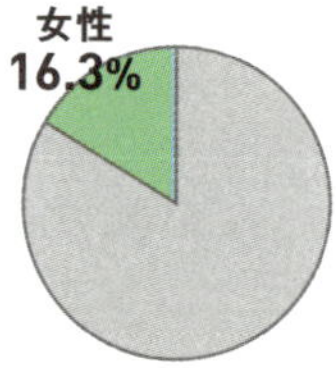

女性
16.3%

国会議員

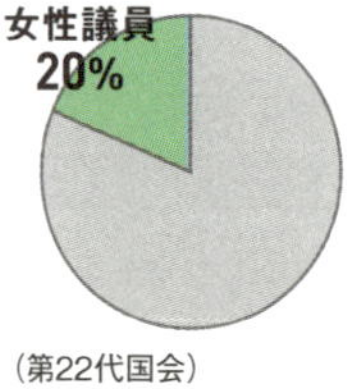

女性議員
20%

（第22代国会）

クオータ制

韓国の公職選挙法では、比例名簿の奇数番号を女性候補者とするなどのクオータ制が推進され、女性議員の割合は日本の2倍ほどに増えています。ただ小選挙区での女性候補者30%という努力目標は守られず、まだ改革半ばの状態です。

世界経済フォーラムのジェンダーギャップ指数（2024年）は、146カ国中94位（日本は118位）。

もっと知りたい ＋α

ジェンダー問題への意識

世代間のジェンダー問題への意識は、最近になって縮まったといえます。2000年代初頭でも「娘が嫁にいかないのは恥ずかしい」「嫁は家で子育てするもの」と公然と語る親がほとんどでしたが、現在の60〜70代は「本当は孫が欲しいけど、結婚しないのも自由」と、若い世代の意見を尊重する人が増えています。

フェミニズム運動の高まり

2016年以降のフェミニズム運動はそれまでの女性運動とは異なり、当事者性の強いものでした。女性はもちろんのこと男性もまた、「性差別」を自分自身の問題として考えるようになったのです。

＼ 韓国フェミニズムの教科書ともいえる小説 ／

『82年生まれ、キム・ジヨン』大ヒット

主人公キム・ジヨンと母と祖母の3代にわたる女性の物語。多くの女性たちから「キム・ジヨンは私だ」と共感の声があがった

＼ フェミニズムが盛り上がった背景 ／

- 江南駅通り魔事件
- ろうそく革命
- ＃MeToo運動

解消された教育格差

4年制大学への進学率（OECD, Education at a glance: Graduation and entry rates〈Edition 2022〉）

（%）

	トータル	男性	女性
韓国	66.03	63.43	68.88
日本	50.85	53.50	48.04

日韓女性の地位比較

韓国では、教育の男女格差が解消されています。今の韓国には女の子だから「大学は行かなくてもいい」「家から通える大学に行くべき」というような考え方はなく、保守的な両親でも娘の進学は応援します。大学進学率は女性のほうが高く、トップ校であるソウル大学の女子率も4割超。2割前後の東京大学とは大きな差があります。

過去には男女格差があったんだと、振り返れるようになるといいね。

映画・ドラマ 映画「82年生まれ、キム・ジヨン」（2019年）では、夫である男性の葛藤も丁寧に描かれている。

LGBTQ+、性的マイノリティ、儒教とキリスト教

韓国で性的マイノリティの存在が可視化され始めたのは、2000年代に入ってからです。芸能人のカミングアウトやクィアパレードなどの積極的な活動がきっかけとなりました。

伝統儒教社会での結婚の目的

「男系血族の子孫を残す」

この目的から外れた関係は社会に受け入れられず、LGBTQ+の人たちは息を潜めて暮らすしかなかった。

ホン・ソクチョン

2000年にカミングアウトして番組から降板させられる。応援する人々も現れ韓国社会が性的マイノリティについて考える大きなきっかけになった。「梨泰院クラス」にはホン・ソクチョン本人役で出演している

ハ・リス

2001年にトランスジェンダー・女性として化粧品広告のモデルでデビュー

「国家人権委員会」

2002年、「国家人権委員会」が設立。「性的指向」による差別を禁止

同性婚法制化への賛否

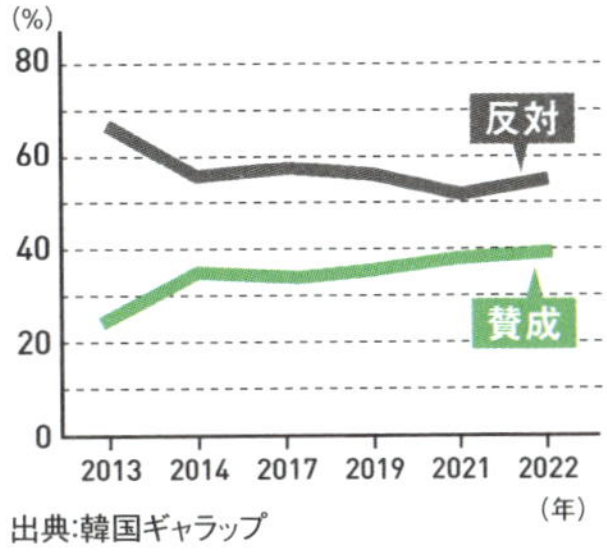
(%)
80
60
40
20
0
反対
賛成
2013
2014
2017
2019
2021
2022
(年)

出典:韓国ギャラップ

韓国は日本と同じく法的に同性婚は認められておらず、また自治体による同性パートナーシップ制度もありません。以前は儒教の影響が強かったのですが、現在は右派キリスト教団体が反対の中心となっています。

映画・ドラマ 映画「ユンヒへ」（2019年）
北海道の小樽を舞台に女性同士の恋愛を描いた。「青龍映画賞」で最優秀監督賞と脚本賞を受賞。

36

医療

国民皆保険で医療アクセスはよい

高い医療水準 国民皆保険の国

韓国は日本と同じく、医療アクセスがとてもよい国です。一次診療の**クリニックや医院などは予約の必要がなく**、発熱や風邪などでも気軽に利用ができます。

ただし**大学病院などはいつも混んでいて予約を取りにくい**うえ、自己負担の割合も大変高くなります。

韓国も国民皆保険制ですが、**日本に比べると低負担低保障**です。保険料が安い半面、それだけではカバーできない範囲も広く、国民の多くが民間の医療保険にも加入しており、医療面での格差も広がっています。ただし、最近はがんや心臓病などの重症疾患に対しては、公的保障が手厚くなっています。

病院の種類

韓国の病院は上級総合病院、総合病院、病院、医院の種類に分かれています。病院ごとに外来診療の自己負担率は異なり、医院（3割負担）から上級総合病院（6割負担）まで段階的に高くなります。

上級総合病院	がんや難病などの治療を行う大学病院や財閥系の大病院
総合病院	500床以上の大型病院
病院	500床未満の病院
医院	個人経営のクリニックや診療所
薬局	医薬分業により薬は薬局で購入

韓国も日本と同じく国民皆保険制度

すべて国民健康保険公団に一元化されており、日本のような健保組合や共済組合などの区別はなく、また75歳以上の後期高齢者医療制度もありません。

外国人でも加入可能

外国人も3カ月以上居住すれば、医療保険に加入できます。

医療系ドラマの人気

韓国では医療系ドラマはとても人気があり、「浪漫ドクター キム・サブ」（SBS）や「賢い医師生活」（tvN）などはいずれもシリーズ化されています。番組の中で問題提起されたことが医療行政に反映するなど、社会的にも影響力があります。

国民健康保険と民間医療保険との併用

韓国は混合診療が許されています。国民健康保険が利かない治療もあり、また大病院の場合の自己負担率も非常に高いために、国民の多くが民間の医療保険を併用しています。

民間医療保険の加入率

全体の加入率 **80.75%**

ただし低所得層 **49.22%**

医療格差

出典:「2022年韓国福祉パネル調査・分析報告書」(第17次)

ただし最近では、がん、心臓疾患、脳血管疾患、難病などの指定された重症疾患に対する公的な保障は手厚く、がん治療を受けた人たちは予想外に医療費がかからなかったことに驚いています。

医療費自己負担額の世界ランキング

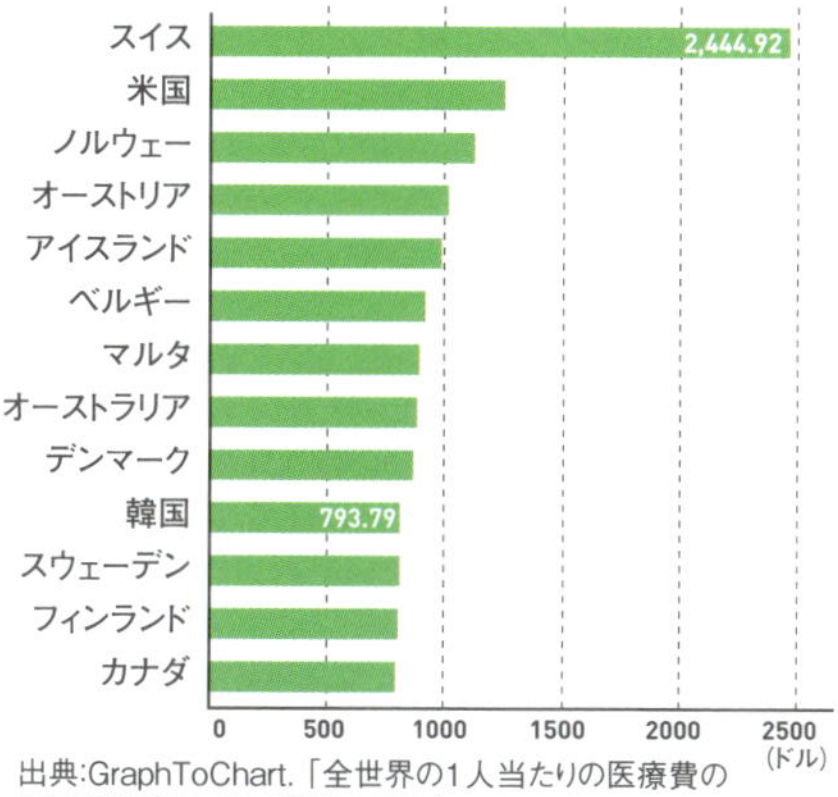

スイス
2,444.92
米国
ノルウェー
オーストリア
アイスランド
ベルギー
マルタ
オーストラリア
デンマーク
韓国
793.79
スウェーデン
フィンランド
カナダ
0
500
1000
1500
2000
2500
(ドル)

出典:GraphToChart.「全世界の1人当たりの医療費の自己負担額ランキング」(2019年)

韓国は医師不足なのか?

文在寅政権に続き、尹錫悦政権もまた医学部生の増員計画を発表しています。一方で医師たちはそれに反発して、抗議行動を起こしています。韓国では医師不足が本当に深刻なのか、さまざまな意見が出ています。

1位	ギリシャ	6.3人
2位	ポルトガル	5.6人
3位	オーストリア	5.4人
4位	ノルウェー	5.2人
5位	ドイツ	4.5人
	OECD平均	3.7人
37位	日本	2.6人
37位	韓国	2.6人
38位	中国	2.5人

出典:人口1000人当たりの医師数ランキング(OECD 2021)

政府案

医学部の定員
2024年　3058人
→2025年　5058人
(2000人増員)

研修医たちの反発

いきなり増員するだけでは、医療の質の低下につながる。まずは医療システムの改善を!

国民

世論調査機関「韓国ギャラップ」が公表した調査結果によれば、定員増について「肯定的な点が多い」とする回答は76%に上る(2024年2月16日)

OECD加盟国内では日本と同じく韓国も医師の数が少ない。

もっと知りたい +α

美容整形は保険適用外

美容整形の手術や、美肌治療などは保険外診療となります。ソウルなどの大都市には美容整形専門クリニックが入ったビルが乱立しています。その半面、小児科や一般外科、救急外来などは常に医師不足が深刻で、不均衡が問題となっています。診療報酬の見直し等を含めた抜本的な改革が必要とされています。

新しいアングル①

日韓の現代史には時差がある

大韓民国の成立は1948年です。そこから約40年間は独裁政権の時代、1987年6月の民主化宣言以降35年余りが民主主義の時代です。韓国ドラマや映画などに描かれる独裁政権時代の様子を見て、「なんてひどいことが……、信じられない」と思うのは、日本で暮らす私たちだけではなく、韓国の若い世代も同じです。

2014年公開の映画「国際市場で逢いましょう」（ユン・ジェギュン監督）は、観客数1400万人を記録する大ヒット作となりました。韓国の全人口が5000万人ですから、ものすごい数字です。一人の高齢男性の人生を描いた映画は、朝鮮戦争で家族が生き別れとなるシーンから始まります。避難先で経験する凄まじい貧困、ドイツの炭鉱への出稼ぎ、ベトナム戦争、離散家族の対面など、庶民が経験した韓国現代史が再現されていきます。それが「今の若い人たちに理解されない」という主人公のジレンマも描かれるのですが、彼は妻に向かって、こんなふうにも言います。

「でも苦労したのが俺たちでよかったよ。子どもや孫たちだったら耐えられない……」

これは韓国の高齢者の率直な気持ちだと思います。

韓国と日本の現代史には10年ほどのずれがあります。日本の戦争が終わったのは1945年ですが、韓国の「戦後」は朝鮮戦争が休戦した1953年に始まります。さらに朝鮮戦争はまだ終わらぬ戦争であり、人々の記憶すらも未だ南北に分断された状態です。

韓国の現代史を知るときに、私たちは日本との時差を意識する必要があります。さらに現実に起こり得た可能性として、米国とソ連が日本を分断していたら？　そこまでの想像力をもつことで、私たちは韓国の苦難の現代史を、より深く理解することができるのではないかと思うのです。　（伊東順子）

chapter

2

現代韓国カルチャー

目にしない日はないくらい、日常生活に溶け込んでいる韓国カルチャー。その中身を見ていきましょう。

1

音楽

K-POP、その起源と成功への道

K-POPの誕生といかに世界に広まったのか

バラードやトロット（日本の演歌に相当）が主流だった90年代初頭の韓国歌謡界に、ヒップホップをベースとした男性3人組グループ、**ソテジワアイドゥルが彗星のごとく現れ、「文化大統領」と呼ばれるほど絶大な人気**を誇りました。

「K-POPアイドルの原型」と言われる男性5人組グループ**H.O.T.は、90年代後半に中国でもデビューし、世界進出の扉を開き**ました。以後、続々とK-POPアイドルが海外へ活躍の場を広げていきます。

2012年には男性歌手**PSY《サイ》の「江南《カンナム》スタイル」がYouTube経由で注目を集め、世界を席巻**しました。

ソテジワアイドゥルの衝撃

R&Bやヘヴィメタルなどさまざまなジャンルを取り入れて韓国歌謡界に地殻変動を起こし、ファッションリーダーとしても人気を集めました。実験的な音楽と破格の歌詞で一世を風靡しましたが、わずか4年で突然解散。

ソテジワアイドゥル（1992～1996）を知るための3つのポイント

Point 1

デビューアルバムが150万枚の売り上げを記録！

デビュー曲「僕は知っている」で初めて本格的にラップを取り入れ、若者を魅了。

Point 2

南北統一など社会的メッセージを歌詞に込めた

「渤海を夢見て」で南北統一について歌い、「教室イデア」で韓国の教育を批判。

Point 3

人気絶頂の中、わずか4年で解散！

96年、突然解散を宣言し、社会に衝撃が走った。後にリーダーのソ・テジはソロで活動。

写真:Sports Chosun/アフロ
1990年スタジオ・ポートレート・インタビューにて。

2017年のソ・テジ25周年ライブにBTSが登場！

ソテジワアイドゥルのヒット曲をBTSが共に歌って踊り、歴史的な舞台となった。

「財閥家の末息子」をはじめ、90年代を描くドラマにソテジワアイドゥルの曲や話題がよく出てくる。象徴的な存在なんだ。

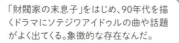

H.O.T.は世界進出の先駆け

イ・スマンが米国のエンタメ産業や日本のアイドルを参考に1989年にSM企画（後のSMエンタテインメント）を設立し、96年にデビューしたH.O.T.は韓国のみならず中国でも大成功を収めました。

H.O.T.（1996～2001）を知るための2つのポイント

Point 1

SMエンタテインメントが放った K-POPアイドルの原型！

徹底した市場分析に基づく「企画型アイドル」として96年にデビューした。10代の青少年を具体的なターゲットに設定し、現在のアイドルの概念を具現化した最初のグループ。

Point 2

中国で大ヒット！ 韓流ブームを巻き起こす

98年に韓国の歌手として初めて中国でアルバムを発売、2000年には北京で単独コンサートを開き、ファンを熱狂させた。

PSYの「江南スタイル」が世界を席巻

2012年に発売された「江南スタイル」はYouTubeで世界に広まり、米ビルボードHOT100で2位を獲得しました。「見せる音楽」で言語の壁を越える戦略は、BTSをはじめK-POPの特徴の一つとなりました。

Point 1

乗馬ダンスが YouTubeで世界に 拡散！

ミュージックビデオの乗馬ダンスが話題を集め、公開から52日で再生回数1億回を突破。

Point 2

マドンナとコラボ！ K-POP人気が 欧米に拡大

マドンナの公演にPSYが登場するなど、主にアジア圏で人気だったK-POPが欧米でも注目されるきっかけに。

Point 3

「見せる音楽」が K-POPの戦略に

韓国語の歌詞の意味がわからなくても、共に踊れる曲として世界中で「踊ってみた」動画が大流行。

高級住宅地として知られるソウルの江南が世界中で知れ渡った。江南はPSY本人の出身地で、自嘲した曲とも言われているよ。

写真:アフロ
2024年4月15日、ソウルCOEXメガボックスで行われた映画「犯罪都市 PUNISHMENT」のVIP試写会にて。

2

音楽

韓国の芸能事務所

企画型アイドルを生み出す韓国の芸能事務所

イ・スマンが設立した**SMエンターテインメント**に続き、90年代後半、歌手のパク・ジニョン（J・Y・Park）が**JYPエンターテインメント**、ソテジワアイドゥル出身のヤン・ヒョンソクが**YGエンターテインメント**を設立し、**3大芸能事務所**と呼ばれました。**BTSが所属するHYBEは後発**ですが、急成長を遂げています。

練習生を選抜し、数年の特訓を経てデビューさせる企画型アイドル。歌やダンスのみならず外国語の習得にも力を入れ、近年は海外出身のメンバーがいる多国籍グループや、海外の現地オーディションからデビューするグループも増えています。

4大芸能事務所

K-POPアイドル市場を初めて開拓した先駆者のSMに、JYP、YGが続き、人口約5千万人の国内市場にとどまらず、積極的に世界へ打って出ました。BTSが所属するHYBEの2023年の売上高は韓国の芸能事務所で初めて2兆ウォンを超えました。

SMエンタテインメント

設立 1995年
（89年設立のSM企画から社名変更）

2023年の売上高 9611億ウォン

主なアーティスト
H.O.T.、BoA、東方神起、SUPER JUNIOR、少女時代、EXO、NCTなど

特徴
いち早く中国や日本に進出し、韓流ブームを牽引した。2023年、イ・スマンが経営から退き、大株主がカカオに。

JYPエンターテインメント

設立 1996年

2023年の売上高 5665億ウォン

主なアーティスト
ピ（RAIN）、Wonder Girls、2PM、GOT7、TWICE、Stray Kids、NiziUなど

特徴
女性アイドルの成功例が多く、「ガールズグループの名家」とも呼ばれる。近年は海外で現地オーディションを積極的に行っている。

↓ JYPエンターテインメントに所属していた作曲家パン・シヒョクが独立

HYBE

設立 2021年
（2005年設立のビッグヒットエンターテインメントから社名変更）

2023年の売上高 2兆1781億ウォン

主なアーティスト
BTS、SEVENTEEN、ENHYPEN、LE SSERAFIM、NewJeansなど

特徴
2013年にデビューしたBTSの世界的大ヒットで急成長を遂げ、事業を拡大する形で2021年に社名をHYBEとした。

YGエンターテインメント

設立 1998年
（96年設立のヒョン企画から社名変更）

2023年の売上高 5692億ウォン

主なアーティスト
BIGBANG、PSY、2NE1、iKON、BLACKPINKなど

特徴
米国のヒップホップ、R&B、ロックの影響を強く受けている。2019年に所属アーティストの性犯罪や麻薬投与が相次いで発覚した。

※「主なアーティスト」には過去の所属も含む。

グローバル化するK-POP

現地化戦略で日本へ送り込まれたBoAは、日本語で歌って大ヒット。近年は海外出身メンバーがいる多国籍グループが増え、メンバーの出身国で人気を集める成功例が多く見られます。

Point 1
言語習得による現地化戦略　BoAが日本で大ヒット!

日本語を習得して2001年に日本でデビューし、1枚目のアルバム「LISTEN TO MY HEART」がオリコンチャート週間1位を記録。

写真:ロイター/アフロ
2012年10月17日、ソウル江南地区のセントラルシティミレニアムホールで現代自動車開催の「プレミアム・ユニーク・ライフスタイル(PYL)」イベントにて。

Point 2
海外出身メンバーが活躍する多国籍グループ

日本出身3人、台湾出身1人を含む多国籍グループTWICEは、海外では特に日本や台湾で人気。

写真:Mydaily/アフロ
2015年11月23日、ソウルで行われた映画「花、香る歌」のVIPプレミアにて。

Point 3
海外でオーディションを実施現地で人気獲得

韓国のオーディション番組の日本版「PRODUCE 101 JAPAN」を通して結成されたJO1など、現地出身メンバーで構成されたK-POPスタイルのグループが増えている。

K-POPは何と言ってもダンスパフォーマンスの質の高さ。ミュージックビデオを繰り返し見たくなる。

SNSを活用する戦略

大手芸能事務所はいち早くYouTube公式チャンネルを開設し、「見せる音楽」というK-POPの特徴を最大限活用する戦略を取りました。アーティストはSNSで舞台裏や日常生活を公開して、ファンに親近感を与えています。

Point 1
ミュージックビデオをYouTubeで配信

新曲発売と同時にミュージックビデオをYouTubeで配信し、時空間の制約を超えた。

Point 2
SNSを通してファンと交流

アーティストとファンだけでなく、ファン同士のコミュニケーションにもSNSが大きな役割を果たしている。

Point 3
カバーしたくなる特徴的なダンス

TWICEの涙を流す顔文字「TT」を指で形作るダンスなど、ユニークなダンスをカバーした動画が拡散。

もっと知りたい +α

華やかな芸能界の影

自殺が多い韓国芸能界。熾烈な競争やインターネット上の誹謗中傷、極度のストレスなどで自死を選ぶアイドルもいます。練習生時代の費用を回収しようと、芸能事務所が長い契約期間を結ぶ「奴隷契約」など、事務所とのトラブルはたびたび報じられています。
性犯罪や麻薬疑惑、飲酒運転などで芸能界を去るアイドルも後を絶ちません。推しが性犯罪の加害者として逮捕されたファンが、同様の経験をしたファンを追ったドキュメンタリー映画「成功したオタク」(2021年、オ・セヨン監督)も注目を集めました。

3

音楽

世界のBTS

弱小芸能事務所から世界のBTSになるまで

ビッグヒットエンターテインメントから2013年にデビューした男性7人組グループBTS（当初は防弾少年団）。**カル群舞と呼ばれる完璧に揃ったダンスパフォーマンス**で注目を集め、**同世代の苦悩や葛藤を歌って若者の共感**を呼びました。

SNSを積極的に活用したファンとの交流で、全世界にファンダムが広がり、舞台裏が見られるYouTube公式チャンネルの登録者数は約7900万人（2024年現在）。「Dynamite」が米ビルボードHOT100で1位を記録し、2021年には**アジアの歌手として初めて「アメリカン・ミュージック・アワード」で最高賞を受賞**しました。

BTSとファンの特別な関係

ファンのARMYは単にBTSを応援するにとどまらず、共に成長するパートナーでもあります。問題があれば指摘し、メンバーがそれを受け止め、改める。BTSとARMYはSNSを通して意見を交わす特別な関係です。

女性蔑視の歌詞指摘受けて謝罪

「ホルモン戦争」など複数の曲の歌詞が女性蔑視に当たるとの指摘を受けて公式に謝罪した。メンバーはジェンダー問題について学び、ファンと共に成長する姿を見せた。

コロナパンデミックの救世主

初の英語曲「Dynamite」は、コロナ禍の憂鬱な雰囲気のなか、明るい曲調とポジティブな歌詞で世界中に癒しを与えた。

公式YouTubeの登録者数はドイツの人口に匹敵するほど。ARMYは世界中でムーブメントを起こす力を持っている。

2013
인천한류관광콘서트

写真:AP/アフロ
2013年9月1日、仁川コリアンミュージックウェーブコンサートのフォトコールにて。

ARMY

防弾チョッキ（防弾少年団）と軍隊（ARMY）のようにいつもBTSとファンは一緒にいるという意味を込めてARMY（軍隊）と名付けられた。「若者を代表する魅力的なMC（Adorable Representative MC for Youth）」の頭文字を取った言葉でもある。

数えきれない受賞歴

韓国の歌手として初めてビルボードHOT100の1位を獲得するなど、数々の“史上初”を達成してきたBTS。米音楽界の祭典、グラミー賞にも3度ノミネートされました。

2015年	「I NEED U」が韓国の音楽番組で相次いで1位を獲得
2017年	ビルボード・ミュージック・アワードで「トップ・ソーシャル・アーティスト賞」を受賞
2018年	アルバム「LOVE YOURSELF 轉 ‘Tear’」がビルボード200で1位を獲得
2020年	「Dynamite」がビルボードHOT100で1位を獲得
2021年	アメリカン・ミュージック・アワードで最高賞の「アーティスト・オブ・ザ・イヤー」を受賞、グラミー賞に初ノミネート
2022年	「Butter」でグラミー賞にノミネート
2023年	コールドプレイとのコラボ曲「My Universe」でグラミー賞にノミネート

BTSの兵役「免除」をめぐる議論

韓国には徴兵制があり、世界的に活躍するBTSの兵役をめぐって議論が巻き起こりました。「BTS法」と呼ばれる入隊延期を可能にする法改正もなされましたが、メンバーは「兵役の義務は当然」という姿勢を崩さず、全員が兵役に就きました。

兵役免除

五輪メダル獲得や国際芸術コンクール入賞などで兵役が実質免除となるのに対し、大衆芸能はその対象になっておらず、BTSの国への貢献を考慮してメンバーの兵役を免除するべきという声が高まった。

VS

公平性

「兵役逃れ」が過去にたびたび問題となって、公平性に対する国民の厳しい目があり、ARMYの中でも「兵役を果たして堂々と活動してほしい」という声も。

➡

2020年、大衆芸能の優秀者に限って30歳まで入隊を延期可能とする法案（BTS法）が可決されたが、最年長のJINから順次メンバー全員が兵役に就いた。

●国連で3度のスピーチも

BTSは3度にわたって国連で演説し、コロナ禍の2021年は「未来」をテーマに前向きなメッセージを発信して大きな反響を呼びました。2019年には米タイム誌の「世界で最も影響力のある100人」に選定されました。

米国でのアジア系住民へのヘイトクライム（憎悪犯罪）に対して人種差別反対の声明を出すなど、積極的に社会的メッセージを発信してきたよ。

4

音楽

人気復活のトロット

ファン層が若者にも広がった韓国の大衆歌謡トロット

　かつては韓国歌謡のメインだったトロットは、1990年代以降、中高年に好まれるジャンルとなっていましたが、近年はアイドルからトロット歌手へ転身するなど若手が増え、ファン層も若者に拡大しました。特に2020年に放送された**オーディション番組「明日はミスター・トロット」が火付け役となって、空前のトロットブームに**。この番組の優勝者、イム・ヨンウンは、一躍トップスターになりました。

　日本の演歌とは相互に影響を与え合い、1970年代後半から韓国のトロット歌手が次々に日本でデビュー。チョー・ヨンピルの「釜山港へ帰れ」がヒットを飛ばしました。

レジェンドのチョー・ヨンピル

韓国の「歌王」と呼ばれるチョー・ヨンピルは、日本でも1980～90年代にかけてトロット歌手として活躍しましたが、実はトロットに限らず幅広いジャンルを網羅した歌手です。79年、「窓の外の女」で韓国初のミリオンセラーを記録。アルバムの総売り上げは累計1500万枚。

チョー・ヨンピル（1968年デビュー）を知るための3つのポイント

Point 1
日韓でヒットした「釜山港へ帰れ」

1976年に「釜山港へ帰れ」が韓国で大ヒット。82年に日本でもデビューしヒットした。日本では渥美二郎のカバー曲も知られている。

Point 2
韓国の歌手で初めて紅白歌合戦出場

ソウル五輪前年の1987年から90年にかけて、4年連続NHK紅白歌合戦に出場。90年はソウルのロッテワールドから実況中継された。

Point 3
元祖オッパ部隊

「オッパ（お兄さん）部隊」と呼ばれる熱狂的なおっかけファン集団が登場したのは、チョー・ヨンピルの頃からだとされる。

チョー・ヨンピルのすごさ

衰えぬ人気

2013年には15年ぶりの来日公演を行い、日本のファンを沸かせた。70代になっても全国ツアーを続け、2024年に20枚目のアルバムを発売した。

幅広いジャンル

トロットだけでなく、ロック、バラード、民謡まで、さまざまなジャンルをこなす。

1987、88年には有線音楽賞を受賞したよ。

写真:Yonhap/アフロ
2008年4月16日、ソウル市内のホテルでの記者会見にて。

トロット人気復活に寄与したチャン・ユンジョンとイム・ヨンウン

下火となっていたトロットは、2004年に発表されたチャン・ユンジョンの「オモナ」のヒットで息を吹き返します。2020年代は91年生まれのイム・ヨンウンが絶大な人気を誇り、瞬く間にトロットブームが広がりました。

チャン・ユンジョン／軽快に歌って踊る「オモナ」でトロットの古いイメージを刷新した。

写真:スポーツコリア/アフロ
2017年11月3日、「2017 韓国大衆文化芸術賞」にて。

チョー・ヨンピルみたいにトロットに限らずバラードやポップスなど多彩なジャンルを歌っているね。

イム・ヨンウンは、韓国の音楽配信チャートでK-POPを抑えて1位になるほど人気だよ。

イム・ヨンウン／2022年、初の正規アルバム「IM HERO」が発売1週間で110万枚を売り上げた。

写真:アフロ
2024年8月22日、韓国ソウル龍山CGVで映画「イム・ヨンウン｜IM HERO THE STADIUM」のプレス試写会にて。

オーディション番組の盛り上がり　日本でも開催

2020年に放送された「明日はミスター・トロット」が最高視聴率35.7%を記録し、各局でトロットオーディション番組が放送されるようになりました。2024年には日韓のオーディションで選抜された歌手によるトロット対決番組「日韓歌王戦」が人気を博しました。

トロットオーディション全盛

2019年、テレビ朝鮮の「明日はミス・トロット」に続き、2020年の「明日はミスター・トロット」が爆発的ヒットとなり、トロットオーディション番組が全盛期を迎えた。

日韓トロット対決「日韓歌王戦」

MBNの「日韓歌王戦」では日本の歌手が韓国語でトロットを歌ったり、韓国の歌手が日本語で演歌を歌ったり。初めての試みが大きな話題を呼んだ。

「明日はミスター・トロット」の日本版も2024年に開催。

もっと知りたい ＋α

日本で活躍した最初の歌手

初めて日本で成功した韓国の歌手は、李成愛（イ・ソンエ）。1977年に「カスマプゲ（胸がせつない）」がヒットしました。実はチョー・ヨンピルの「釜山港へ帰れ」も、日本では李成愛が先に歌っていました。その後、キム・ヨンジャやパティ・キムら韓国の歌手が相次いで日本でデビューし、活躍しました。チョー・ヨンピルに続いて紅白歌合戦に出場した桂銀淑（ケイ・ウンスク）は、88年から7年連続出場し、韓国人歌手の最多出場記録となっています。

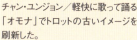

用語

推し活の世界

アイドルや俳優など「推し」を応援する「推し活」に関する用語は韓国語がそのままカタカナで日本に入ってきているものもたくさんあります。

推し活基本用語

ファンダム

熱心なファンのコミュニティー。BTSファンのARMYのようにファンダム名をつけて結束力を高める場合も多い。

チェエ

推しは韓国語でチェエ。漢字で「最愛」と書いてチェエと発音する。

ペン

ファンは韓国語でペン。ファンミーティングはペンミ、ファンサイン会はペンサ。

イルデ

日本デビュー。日本は韓国語でイルボン。

カムバ（新曲リリース）を応援する

カムバ

活動を再開するカムバックの略。新しいアルバムを出す際のプロモーションとして音楽番組に出演したり、ファンイベントを開催したりする。

ショーケース

メディアやファンに向けた新曲のお披露目会。アルバム発売日にショーケースがインターネットで生配信されることが多い。

音楽番組

韓国の音楽番組はKBSの「MUSIC BANK」やSBSの「人気歌謡」などほぼ毎日どこかのチャンネルで放送され、観客を入れて収録するのが一般的。音楽番組で1位を獲得することがアーティストとファンの目標の一つになっている。

総攻撃

カムバ期間中、スミンをはじめ、アルバム購入、音楽番組への投票などで推しの成績を上げる活動。スミンがチャートに反映される時間を考慮してファンが声をかけ合って一斉に再生したり、ファンがアルバムを共同購入したり、協力し合って活動する。

スミン

ストリーミングの略。音源や動画を再生すること。音源や動画の再生回数が音楽番組での順位に影響する。

ライブや音楽番組で応援する

血ケッティング

激しいチケット争奪戦。特にBTSのチケットは入手困難で、血ケッティングと言われる。

テチャン

たくさんの人が一緒に歌うこと。韓国のコンサートでは、ファンがみんなで一緒に推しの歌を歌う文化がある。

ファンカム

推しだけを見たいファンのため、コンサートや音楽番組で特定のメンバーだけをフォーカスして撮影した動画。

サノク

「事前収録（サジョンノッカ）」の略。韓国の音楽番組では生放送と事前収録の映像を組み合わせて放送することが多い。サノクはアーティストごとに収録するので、ファンにとってはミニコンサートのような位置づけ。サノクは早朝や深夜に行われることが多く、帰宅できなくなるファンも。

その他の推し活

センイル広告

誕生日を意味するセンイル。地下鉄の駅構内などにファンが推しの誕生日を祝って出す広告をセンイル広告という。近年は日本の街頭でも見られるようになったほか、米ニューヨークのタイムズスクエアにK-POPアイドルのセンイル広告が出ることもある。

コーヒーカー

ファンが推しの撮影現場に出演者やスタッフへの差し入れとして贈るケータリングカー。コーヒーだけでなく、クッキーやサンドイッチなどメニューはさまざま。

ヨントン

「映像通話（ヨンサントンファ）」の略。対象のCDを購入し、抽選に応募して当選すれば、推しとビデオ通話で会話できる。

トラックデモ

推しの所属事務所前にトラックを停めて、トラックの荷台に電光掲示板で抗議のメッセージを表示するなどして、ファンが不満や改善を訴える行為。

5

映画・ドラマ

世界の頂点に立った韓国映画

カンヌとアカデミーで受賞「パラサイト」

「パラサイト 半地下の家族」（2019）は、カンヌ国際映画祭でパルムドール（最高賞）、米アカデミー賞で作品賞を含む4冠を達成し、世界の頂点に輝きました。**芸術性と大衆性の両方を兼ね備えたという評価**です。社会問題や歴史を描きながら、エンタメ作品として楽しめるのが、世界で人気を集める韓国映画の一つの特徴とも言えます。

「シュリ」（1999）の大ヒットは、韓国映画産業が飛躍的に成長するきっかけとなり、韓国映画が世界へ輸出されるようになりました。日本でも初めて観客動員数が100万人を超え、2000年代の韓流ブームへの導火線となりました。

ハリウッドを越えた「シュリ」

韓国映画史は「シュリ」以前と以後に分けられるというほどインパクトを与えた作品です。南北分断の悲劇を背景にしたスパイアクションが韓国の観客を熱狂させ、621万人を動員する空前の大ヒットとなりました。

2024年9月13日公開
「シュリ デジタルリマスター」

公開年：1999年　カン・ジェギュ監督

あらすじ 韓国の情報機関に所属するユ・ジュンウォン（ハン・ソッキュ）は結婚を控えながら、恋人のイ・ミョンヒョン（キム・ユンジン）にも自身の身分を隠し、相棒のイ・ジャンギル（ソン・ガンホ）と共に北朝鮮の工作員が絡む事件を捜査している。捜査線上に過去の爆破テロ犯パク・ムヨン（チェ・ミンシク）と謎の女イ・バンヒが浮上し、彼らの目的がサッカーの南北交流試合での爆破であることを知る。

着目点
当時トップスターのハン・ソッキュに加え、後に韓国映画界を背負う名優ソン・ガンホ、チェ・ミンシクが共演。

日本でも大ヒット 韓流の始祖

日本でも興行収入18億円を突破する大ヒットを記録。伝説の作品として、2024年に4Kデジタルリマスター版が再公開された。

「タイタニック」越え

当時ハリウッド映画「タイタニック」が世界を席巻していたが、韓国では「シュリ」が「タイタニック」を大きく上回る621万人を動員した。

韓国映画 躍進のきっかけ

「シュリ」以前は韓国内では韓国映画よりもハリウッド映画が人気だったが、「シュリ」以後、韓国映画に本格的に資本が流入し、相次いで大作が誕生する。

字幕の壁を越えた「パラサイト 半地下の家族」

アカデミー賞で、非英語作品として初の作品賞を受賞したブラックコメディー「パラサイト」。貧富の格差という世界共通の問題を、土地の高低や階段の上下で視覚的に分かりやすく描き、字幕の壁を越えました。

「パラサイト 半地下の家族」
Blu-ray&DVD 発売中　発売・販売元:VAP

公開年：2019年　ポン・ジュノ監督

あらすじ 半地下に住む家族が、高台の豪邸に暮らすパク社長（イ・ソンギュン）の家に次々に“寄生”する。最初は長男（チェ・ウシク）、次に長女（パク・ソダム）が家庭教師として、父（ソン・ガンホ）は運転手、母（チャン・ヘジン）は家政婦として入り込むが、実はこの豪邸には隠された秘密があった。

着目点
裕福な家庭に家政婦が“寄生”する点や、階段の使い方など、キム・ギヨン監督の「下女」（1960）に影響を受けたとされる。「下女」は韓国の映画人が選ぶ歴代映画第1位（2024年発表）。

韓国独特の半地下が世界で注目されるきっかけになったね。実際にも映画のように大雨で浸水する被害が起きているんだ。

世界中で大ヒット

韓国では1000万人以上の観客を動員する大ヒット、世界では興行収入が3000億ウォンを突破した。世界205カ国への輸出は韓国映画として最多記録。

「スノーピアサー」「オクジャ」で米国に足がかり

ポン・ジュノ監督の「スノーピアサー」（2013）は米仏韓の合作、「オクジャ／okja」（2017）は米韓合作。米国にすでに足がかりを築いていた。

CJの貢献

アカデミー賞授賞式では、「パラサイト」の責任プロデューサー、CJグループ副会長のイ・ミギョン氏が受賞の感想を述べ、注目を集めた。CJは1995年に米国の映画会社ドリームワークスに3億ドルを投資し、米韓の映画界をつなぐ役割を果たしてきた。

もっと知りたい +α

在米コリアンの自伝的映画

米国に暮らすコリアンは約260万人に上り、米映画界での活躍も目立って増えてきました。いずれも監督の自伝的映画「ミナリ」（リー・アイザック・チョン監督）や「パスト ライブス／再会」（セリーヌ・ソン監督）は米アカデミー賞ノミネートや多数の受賞で注目を集めました。

「ミナリ」
公開年：2020年
1980年代に韓国から米国へ移住した一家の物語。

「パスト ライブス／再会」
公開年：2023年
海外移住で離ればなれになった男女が24年の時を経て再会する物語。

「ミナリ」でおばあちゃんを演じたユン・ヨジョンが韓国人俳優として初めてアカデミー賞助演女優賞に選ばれたね。

映画・ドラマで活躍する名優たち

ポン・ジュノ監督に言わしめた「最も偉大な俳優」ソン・ガンホ

韓国の映画やドラマが世界的に人気を集める理由の一つは、俳優たちの演技力にもあります。是枝裕和《これえだひろかず》監督の「ベイビー・ブローカー」（２０２２）で**カンヌ国際映画祭主演男優賞を受賞したソン・ガンホ**をはじめ、名優たちの演技が作品のクオリティーを支えています。

イム・グォンテク監督「シバジ」（１９８８）で**ヴェネツィア国際映画祭主演女優賞を受賞したカン・スヨン**は「元祖ワールドスター」と呼ばれました。**海外での受賞は実は女優が圧倒的に多く**、近年では「ミナリ」（２０２０）でユン・ヨジョンが韓国人俳優として初めて米アカデミー賞助演女優賞に輝きました。

ソン・ガンホと共演した名優たち

「パラサイト 半地下の家族」（2019）がカンヌ国際映画祭でパルムドールを受賞したとき、ポン・ジュノ監督はひざまずき、トロフィーを主演のソン・ガンホに捧げました。4本のポン監督作で主演したソン・ガンホを「最も偉大な俳優であり、同伴者」と言います。

ソン・ガンホ（1967〜）
舞台俳優としてデビューし、イ・チャンドン監督の映画「グリーン・フィッシュ」（1997）で注目を集めた。ヤン・ウソク監督の「弁護人」（2013）をはじめ主演映画4本が観客動員数1000万人を超えた。

写真:YONHAP NEWS/アフロ
2024年5月8日、ソウルで行われたドラマ「サムシクおじさん」の宣伝イベントにて。

イ・ヨンエ（1971〜）
パク・チャヌク監督「JSA」（2000）で共演。ほかにイ・ビョンホンなど。

写真:アフロ
2024年1月24日、ソウルSTAGE28で開催された第14回SACFアーティスト・オブ・ザ・イヤー授賞式にて。

チェ・ミンシク（1962〜）
カン・ジェギュ監督「シュリ」（1999）で共演。ほかにハン・ソッキュなど。

写真:Mydaily/アフロ
2024年5月7日、ソウルのCOEXで開催された「第60回百想芸術大賞」にて。

コン・ユ（1979〜）
キム・ジウン監督「密偵」（2016）で共演。ほかにイ・ビョンホンなど。

写真:アフロ
2024年11月26日、ソウルRAUMアートセンターで行われたNetflixオリジナルシリーズ「トランク」のプレス発表会にて。

カン・ドンウォン（1981〜）
是枝裕和監督「ベイビー・ブローカー」（2022）で共演。ほかにペ・ドゥナ、IUなど。

写真:アフロ
2024年10月10日、ソウルのJWマリオット東大門スクエアソウルで行われたNetflix映画「戦と乱」の制作発表会にて。

世界3大映画祭＋米アカデミー賞で受賞した女優たち

韓国映画が海外で高く評価されるようになったのは1980年代後半から。元祖ワールドスターのカン・スヨンを皮切りに、主演女優の受賞が続きました。

カン・スヨン（1966〜2022）
イム・グォンテク監督「シバジ」（1988）でヴェネツィア国際映画祭主演女優賞受賞。
写真:YONHAP NEWS/アフロ
2021年10月22日、第3回江陵国際映画祭にて。

ムン・ソリ（1974〜）
イ・チャンドン監督「オアシス」（2002）でヴェネツィア国際映画祭新人俳優賞受賞。
写真:REX/アフロ
2024年10月21日、Netflix シリーズ「地獄が呼んでいる シーズン 2」記者会見にて。

チョン・ドヨン（1973〜）
イ・チャンドン監督「シークレット・サンシャイン」（2007）でカンヌ国際映画祭主演女優賞受賞。
写真:Mydaily/アフロ
2024年7月9日、MEGABOX COEXで行われた映画「リボルバー」の制作発表会にて。

キム・ミニ（1982〜）
ホン・サンス監督の「夜の浜辺でひとり」（2017）でベルリン国際映画祭主演女優賞受賞。
写真:AP/アフロ
2022年2月16日、ベルリン国際映画祭の記者会見にて。

ユン・ヨジョン（1947〜）
リー・アイザック・チョン監督の「ミナリ」（2020）で米アカデミー賞助演女優賞受賞。
写真:代表撮影/ロイター/アフロ
2021年4月25日、第93回アカデミー賞授賞式の記者室にて。

アカデミー賞授賞式ではユン・ヨジョンのユーモアたっぷりの英語のスピーチが話題になったね。

歌って踊って、演技もできる「演技ドル」たち

是枝裕和監督の「ベイビー・ブローカー」（2022）に出演したIU（俳優名はイ・ジウン）は、歌手としてもトップクラスの人気を誇りながら、演技力も高く評価されています。俳優としても活躍するアイドルのことを「演技ドル」と呼びます。

IU／イ・ジウン（1993〜）
ドラマ「マイ・ディア・ミスター〜私のおじさん〜」（2018）、「ホテルデルーナ〜月明かりの恋人」（2019）
写真:アフロ
2024年8月7日、ロッテ百貨店蚕室店アベニューエルで開かれた「エスティローダー」のポップアップイベントにて。

イム・シワン（1988〜）
ZE:Aメンバー。ドラマ「ミセン -未生-」（2014）、映画「ボストン1947」（2023）
写真:Mydaily/アフロ
2024年7月19日、仁川のパラダイスシティで開催された「第3回青龍シリーズ授賞式」にて。

ユナ（1990〜）
少女時代メンバー。映画「EXIT イグジット」（2019）、ドラマ「キング・ザ・ランド」（2023）
写真:Mydaily/アフロ
2024年7月19日、仁川のパラダイスシティで開催された「第3回青龍シリーズ授賞式」にて。

ジュノ（1990〜）
2PMメンバー。ドラマ「赤い袖先」（2021）、「キング・ザ・ランド」（2023）
写真:アフロ
2023年12月30日、東大門DDPで開かれた「2023 SEOULCON APAN STAR AWARDS」フォトウォールイベントにて。

ペ・スジ（1994〜）
missA元メンバー。映画「建築学概論」（2012）、ドラマ「スタートアップ:夢の扉」（2020）
写真:アフロ
2017年9月22日、韓国のソウルで行われたSBSの新ドラマ「あなたが眠っている間に」の記者会見にて。

チャウヌ（1997〜）
ASTROメンバー。ドラマ「私のIDはカンナム美人」（2018）、「女神降臨」（2020〜2021）
写真:アフロ
2024年2月29日、MBCドラマ「ワンダフルワールド」の記者会見にて。

7

映画・ドラマ

世界中にファンがいる韓国ドラマ

コロナ禍にオンラインで世界へ旋風巻き起こした「イカゲーム」

韓国ドラマは1990年代から中国で人気を集めるようになり、**日本では「冬のソナタ」（2002）が韓流ブームの起爆剤となりました。**主演のペ・ヨンジュンは「ヨン様」と呼ばれ、熱狂的なファンを生みました。

コロナ禍で動画配信サービスの視聴が広まり、日本では「愛の不時着」や「梨泰院《イテウォン》クラス」が大ヒット。**2021年に配信された「イカゲーム」は全世界を席巻しました。**「涙の女王」（2024）をはじめ、**多くのヒット作を手がけるスタジオドラゴンは、いち早くネットフリックスと提携し、**制作したドラマを世界へ配信しています。

ネットフリックス配信で「イカゲーム」が爆発的ヒット

ネットフリックスオリジナルの韓国ドラマ「イカゲーム」は、配信開始から1カ月で1億4200万世帯が視聴するメガヒットとなり、米テレビ界で最高の栄誉とされるエミー賞でイ・ジョンジェが主演男優賞を受賞したほか、監督賞など6冠を獲得しました。

「イカゲーム」を知るための3つのポイント

Point 1

監督は映画界出身

ファン・ドンヒョク監督はもともと映画の監督。実際にあった性的虐待事件を描いた「トガニ 幼き瞳の告発」（2011）や、韓国で860万人を動員し、日本を含む世界7カ国でリメイクされた「怪しい彼女」（2014）で知られる。社会派作品とエンタメ色の強い作品の両方で実績のある監督が「イカゲーム」を生み出した。

Point 2

子どもの遊びでサバイバルゲーム

「イカゲーム」の参加者が一獲千金を夢見て挑戦するゲームは、韓国の子どもたちの遊び。比較的ルールが簡単なもので、視覚的な分かりやすさで言語の壁を越えた。日本の「だるまさんが転んだ」と同じルールの「ムクゲの花が咲きました」も登場した。

Point 3

背景に貧富の格差

ゲームの参加者は、リストラで職を失い、離婚して年老いた母と2人暮らしの主人公ソン・ギフン（イ・ジョンジェ）をはじめ、脱北者や外国人労働者など経済的弱者だ。背景に描かれたさまざまな社会問題が世界で共感を呼んだ。

ネットフリックスは「イカゲーム」で有料会員が大幅に増え、2023年には韓国に25億ドル投資すると発表した。

数々のヒット作を生み出すスタジオドラゴン

日本でコロナ禍に大ヒットした「愛の不時着」をはじめ、数々の人気ドラマを手がける制作会社スタジオドラゴンは、毎年25本前後のドラマを生み出しています。「ザ・グローリー～輝かしき復讐～」が世界的にヒットした2023年の売り上げは7531億ウォンに達しました。

ネットフリックスとの深い関係

スタジオドラゴンはネットフリックスが韓国で配信を始めた2016年、CJ ENM（CJグループの子会社）のドラマ部門として設立された。ネットフリックスと戦略的パートナーシップを締結し、制作したドラマが世界へ配信される仕組みをいち早く確立した。

主な作品

「トッケビ～君がくれた愛しい日々～」（2016～2017）
「マイ・ディア・ミスター～私のおじさん～」（2018）
「愛の不時着」（2019～2020）
「サイコだけど大丈夫」（2020）
「ヴィンチェンツォ」（2021）
「ザ・グローリー～輝かしき復讐～」（2022～2023）
「涙の女王」（2024）　など多数

もっと知りたい +α

日本でのブーム・韓流四天王

2003年から2004年にかけて日本で放送された「冬のソナタ」がきっかけとなり、韓国ドラマブームが巻き起こりました。特に「冬のソナタ」主演のペ・ヨンジュンが熱狂的なファンを生み、社会現象となりました。この頃日本で人気を集めた俳優たち（ペ・ヨンジュン、イ・ビョンホン、チャン・ドンゴン、ウォンビン）は「韓流四天王」と呼ばれました。

ペ・ヨンジュン

写真：Yonhap/アフロ
2010年12月27日、高陽で行われた新ドラマ「ドリームハイ」の宣伝イベントにて。

イ・ビョンホン

写真：朝日新聞フォトアーカイブ
2011年12月16日、日本ユニセフ協会から感謝状を受け取る。

チャン・ドンゴン

写真：アフロ
2015年4月1日、ソウルCGV永登浦で行われた映画「チャンス商会　初恋を探して」のVIPプレミアにて。

ウォンビン

写真：スポーツコリア/アフロ
2013年、ソウル、三成洞コンベンション・ディアマン、限定版発売記念イベントにて。

ペ・ヨンジュン	ドラマ「冬のソナタ」（2002）「太王四神記」（2007）	映画「スキャンダル」（2003）「四月の雪」（2005）
イ・ビョンホン	ドラマ「美しき日々」（2001）「IRIS―アイリス―」（2009）	映画「JSA」（2000）「KCIA 南山の部長たち」（2020）
チャン・ドンゴン	ドラマ「イヴのすべて」（2000）「紳士の品格」（2012）	映画「友へ チング」（2001）「ブラザーフッド」（2004）
ウォンビン	ドラマ「秋の童話」（2000）「フレンズ」（2002）	映画「母なる証明」（2009）「アジョシ」（2010）

ウォンビンは、日韓ワールドカップの年に放送された日韓合作ドラマ「フレンズ」で深田恭子と共演して、日本で人気が出たんだ。

8

映画・ドラマ

映画やドラマに見る韓国の食文化

韓国の食文化が映画やドラマを通して世界へ

韓国は**食を共にすることで親しくなるという文化**があり、このため劇中に食事のシーンがよく登場します。映画やドラマが海外で普及するにつれ、韓国の食文化への関心も高まり、食品の輸出も増えています。

日本ではドラマ「愛の不時着」（2019～2020）にたびたび登場したフライドチキンに注目が集まり、韓国チキンの店が相次いでオープンしました。これは**「PPL」と呼ばれる間接広告で、ドラマの劇中で商品を宣伝する**ものです。韓国エンタメをリードするCJはもともと食品会社。エンタメ業に力を入れることが、食品を海外へ売り込むことにも役立っています。

間接広告（PPL）と韓国チキン

韓国のドラマは1話の間に入るCMが少ない代わりに劇中で宣伝をするPPL（Product Placement）が多く、出演者が食べたり、使ったりすることが特定の商品の宣伝になっています。「愛の不時着」では「BBQ」のチキンが何度も登場しました。

チキン店は国内に8万店

海外へも進出

韓国のチキン店は国内に約8万店あり、全世界のマクドナルドの店舗数よりも多い。韓国の大手チキンブランド「BBQ」は世界57カ国で700店超を展開しており、2023年の海外での売り上げは前年比69%増の1100億ウォンに達した。

本や家電、車までPPL

PPLで登場する商品は食品や化粧品など日常的なものが多いが、詩集やマッサージチェア、高級車などさまざまな商品がある。主人公がドラマ作家とプロデューサーのドラマ「恋愛体質～30歳になれば大丈夫」（2019）ではドラマ作りの裏側が描かれ、PPLをどのようにドラマのストーリーに溶け込ませるかが垣間見えた。

中国ではドラマ「星から来たあなた」（2013～2014）をきっかけに「チメク（チキン&ビール）」が流行ったよ。

映画やドラマで注目を浴びた韓国の食文化

韓国で最も輸出の多い食品は、映画やドラマに頻出のインスタントラーメンです。2023年の輸出額は史上初めて1兆ウォンを突破しました。ドラマ「ウ・ヨンウ弁護士は天才肌」(2022)がきっかけで米国で冷凍キンパ(のり巻き)が大流行するなど、作品と共に食文化も脚光を浴びています。

「パラサイト 半地下の家族」

公開年　2019年

食に絡んだポイント

金持ちのパク社長の息子の大好物「ジャパグリ」が映画の影響で世界的に流行した。日本語字幕は「ジャージャーラーメン」だったが、韓国語は「ジャパグリ」。韓国のインスタント麺「ジャパゲティ」と「ノグリ」を混ぜたもので、アカデミー賞4冠達成後、国内外でこの2商品の売り上げが大幅に伸びた。

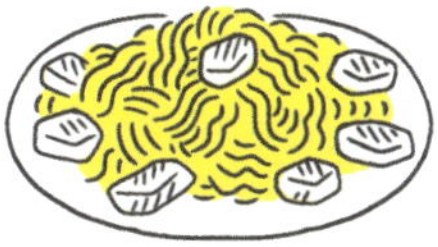

「サイコだけど大丈夫」

放送年　2020年

あらすじ 精神科病棟で献身的に働く保護士ムン・ガンテ(キム・スヒョン)と、愛を知らない人気童話作家のコ・ムニョン(ソ・イェジ)が、互いの傷を癒していく物語。

食に絡んだポイント

うずら卵煮が主人公2人を結ぶ役割を果たした。うずら卵がつるつるすべってなかなか箸でつまめないムニョンを見て、ガンテがサッと箸でつまんでムニョンのご飯の上にのせる。韓国では家族や恋人のご飯の上におかずをのせるのは愛情を感じる仕草。

「ウ・ヨンウ弁護士は天才肌」

放送年　2022年

あらすじ 新人弁護士のウ・ヨンウ(パク・ウンビン)は自閉スペクトラム症で、ちょっと言動は変わっているが、天才的な発想と暗記力で裁判を思わぬ方向へ導く。

食に絡んだポイント

ウ・ヨンウの父がキンパの店を営んでいる。ウ・ヨンウがキンパを好きなのは、中身が見えて、予想外の食感や味に驚くことはないから。出されたキンパを毎度きれいに並べ直す姿も愛らしい。

韓国農水産食品流通公社が冷凍キンパを輸出有望品目として集中的に育成して、冷凍キンパの輸出が一気に増えたんだ。

もっと知りたい +α

ドラマにモザイクがかかっている理由

韓国ドラマでは、服のロゴマークや車のエンブレムにモザイクがかかっているのをよく見ます。これは協賛商品との差別化を図る目的で、協賛商品の場合はできるだけロゴマークやエンブレムを目立たせる一方、協賛でない場合はぼかして見せないようにするものです。PPLが多い韓国ドラマならではです。

9

演劇

名優を輩出した演劇の街、大学路

中小の劇場が密集する韓国演劇のメッカ

ソウルの**大学路《テハンノ》には100を超す中小の劇場が集まり、演劇のメッカ**となっています。予約なしで現地でチケットを買って見られる作品も多く、海外観光客にも人気のスポットです。

大学路は周辺に大学が多く、若者文化として演劇が発展し、1980年代は民主化運動が広まる中、社会風刺的な作品が流行しました。カンヌ国際映画祭で主演男優賞を受賞した名優ソン・ガンホをはじめ、**大学路出身で映画やドラマで活躍している俳優もたくさんいます**。

近年は「アーモンド」や「不便なコンビニ」などベストセラー小説の舞台化も増えています。

社会風刺的な作品で政権と対立

軍事政権下で表現の自由が制限される中、若者が多く集まる大学路では社会風刺的な演劇が多く上演されました。この傾向は現在も続き、それゆえ政権と演劇人が対立することも少なくありません。

李明博政権から朴槿恵政権にかけて、文化芸術ブラックリストが作成され、政権に批判的な文化芸術関係者がリストアップされた。

劇作家で演出家のパク・クニョン氏は、2013年に上演した演劇「蛙」の劇中、朴槿恵大統領（当時）と、その父の朴正熙元大統領を風刺したのがきっかけでブラックリストに載り、政府の助成の対象から外された。

この問題を劇団ドリームプレイが「検閲ー彼らの言葉」という作品に盛り込み、日本でも上演された。

検閲と闘ってきた歴史があるから、政権の圧力に簡単には屈しないんだね。

©Korea Tourism Organization-Kim Jiho

ベストセラー小説の舞台化

近年は人気小説が演劇やミュージカルとなって上演され、原作ファンの注目を集めています。『アーモンド』の著者ソン・ウォンピョンは映画監督でもあり、『不便なコンビニ』の著者キム・ホヨンは映画の脚本家でもあります。

ミュージカル「アーモンド」（原作者:ソン・ウォンピョン）

2017年発行／2022年初演

"感情"の分からない少年ユンジェが、激しい感情を持つ少年ゴニに出会い、ぶつかり合いながら共に成長する。

ミュージカル「破果」（原作者:ク・ビョンモ）

2018年発行／2024年初演

主人公は65歳の腕利きの女殺し屋、爪角（チョガク）。老いには逆らえず、ある日致命的なミスを犯す。

ミュージカル「ようこそ、ヒュナム洞書店へ」（原作者:ファン・ボルム）

2022年発行／2024年初演

ソウルの住宅街でヒュナム洞書店というブックカフェを営む店主と常連客との交流を描いた。

演劇「不便なコンビニ」（原作者:キム・ホヨン）

2021年発行／2023年初演

ソウルのとあるコンビニを舞台に、記憶喪失の男性店員をはじめ、さまざまな生きづらさを抱えた店員や客たちをユーモラスに描いた。

演劇「ヒューマンフーガ」（原作『少年が来る』／原作者:ハン・ガン）

2014年発行／2019年初演

1980年の光州民主化運動で戒厳軍の発砲により死亡した少年を取り巻く人物たちを描いた。

伝説のミュージカル 「地下鉄1号線」

歌手の金敏基（キム・ミンギ）が率いた劇団「ハクチョン」のロックミュージカル「地下鉄1号線」は、1994年の初演から約8千回上演された伝説的な作品です。ドイツの原作を翻案して韓国の地下鉄に置き換えるローカライズに成功し、日本でも上演されました。

金敏基

金敏基が作詞・作曲した「朝露（アチミスル）」は、1970～80年代、軍事政権下で民主化運動を象徴する歌としてデモなどで広く歌われ、禁止曲に指定された。

伝説1

韓国で超ロングランとなっただけでなく、2001年には本家のドイツや、日本、中国でも上演され、海外でも好評を得た。

伝説2

「地下鉄1号線」は、ソル・ギョング、チョ・スンウ、ファン・ジョンミン、キム・ユンソクら多くの名優を輩出した。

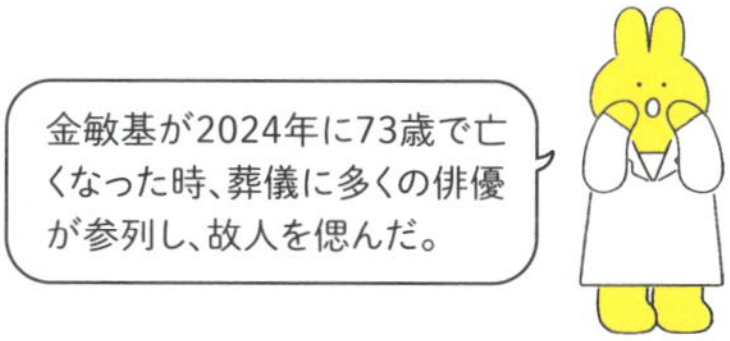
金敏基が2024年に73歳で亡くなった時、葬儀に多くの俳優が参列し、故人を偲んだ。

10

演劇

アイドルも活躍、韓国ミュージカル

十数年で一大産業に発展 アイドルも活躍

韓国のミュージカル産業は2000年代に入って急激に発展してきました。「オペラ座の怪人」を皮切りに海外作品の韓国キャスト版が次々に成功を収め、ミュージカル旋風を巻き起こしました。**近年は韓国オリジナルのミュージカルが盛んに作られ**、海外に輸出されるようになってきました。日本や中国などアジアだけでなく、ミュージカルの本場の欧米にも進出しています。

JYJのキム・ジュンスやFin.K.L.のオク・ジュヒョンなどアイドル出身のミュージカル俳優や、**ミュージカルと映画やドラマを行き来する俳優も多く**、ミュージカルのファン層が広がっています。

「オペラ座の怪人」から発展したミュージカル産業

大規模なミュージカルとして最初に成功を収めたのは、2001年初演の「オペラ座の怪人」韓国キャスト版です。2000年に140億ウォン規模だった韓国のミュージカル市場は、2010年代後半には3千億ウォンを突破、2023年には史上最高の4590億ウォンまで拡大しました。

2000年代	ミュージカル産業が飛躍的に発展！
2001年	「オペラ座の怪人」韓国版初演。7カ月にわたる公演で24万人を動員した。
2004年	「ジキル&ハイド」韓国版初演。再演を重ね、20周年の2024年、観客数は累計180万人を突破。
	「マンマ・ミーア!」「シカゴ」「ノートルダム・ド・パリ」など次々に海外ミュージカルの韓国キャスト版がヒットを飛ばす。
2000年代後半	シャルロッテシアターをはじめ、ミュージカル専用劇場が相次いで開館。

ミュージカルのチケット販売額

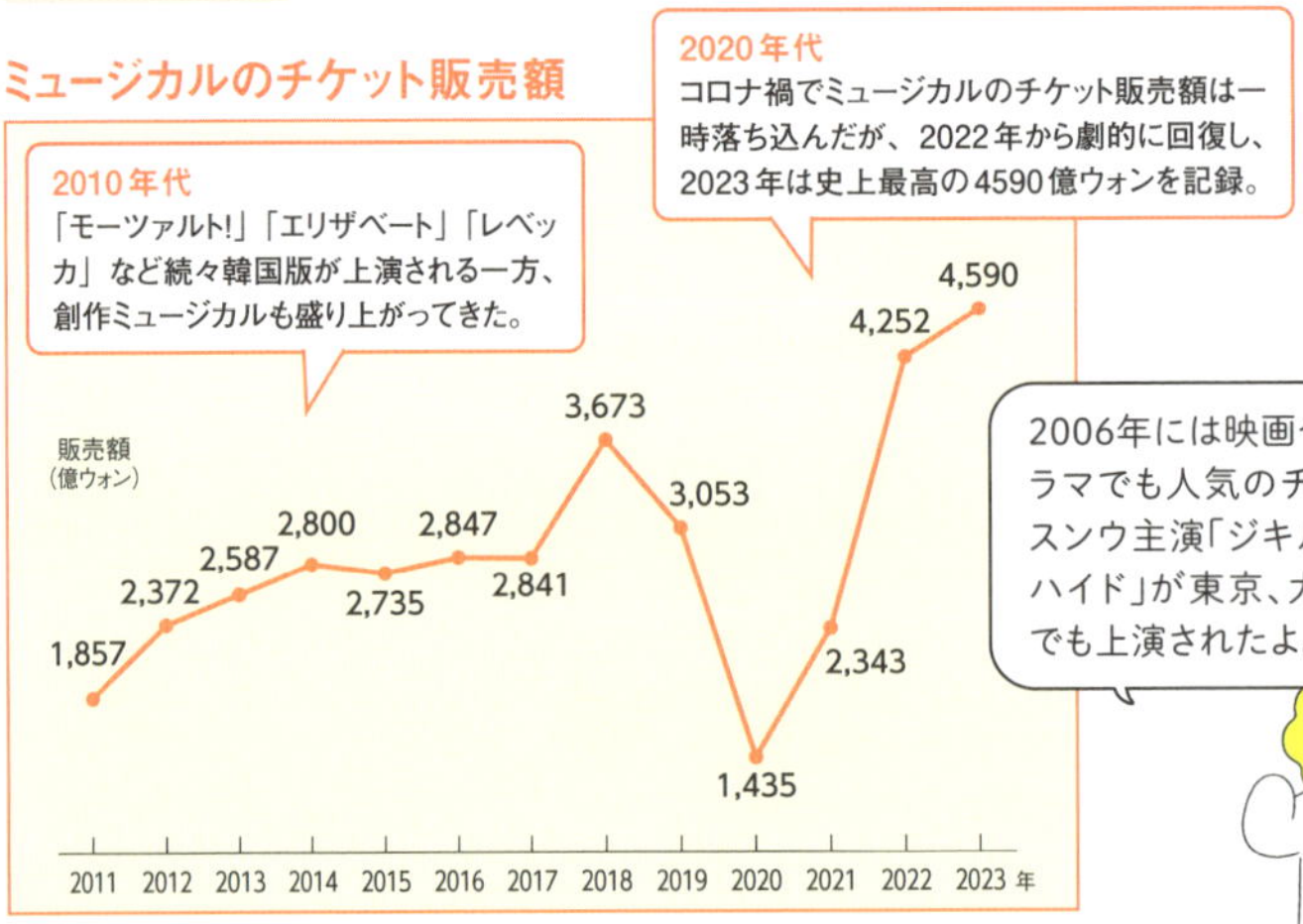

2020年代
コロナ禍でミュージカルのチケット販売額は一時落ち込んだが、2022年から劇的に回復し、2023年は史上最高の4590億ウォンを記録。
2010年代
「モーツァルト!」「エリザベート」「レベッカ」など続々韓国版が上演される一方、創作ミュージカルも盛り上がってきた。
販売額（億ウォン）
1,857
2,372
2,587
2,800
2,735
2,847
2,841
3,673
3,053
1,435
2,343
4,252
4,590
2011
2012
2013
2014
2015
2016
2017
2018
2019
2020
2021
2022
2023
年

2006年には映画やドラマでも人気のチョ・スンウ主演「ジキル&ハイド」が東京、大阪でも上演されたよ。

出典:インターパーク年末報告書およびKOPIS統計より作成

韓国の創作ミュージカルが海外へ

2005年初演の「パルレ」や2006年初演の「キム・ジョンウク探し」など、以前から韓国の創作ミュージカルはありましたが、海外作品と肩を並べるほど人気が出てきたのは2010年代です。今や本場の英ウエストエンドや米ブロードウェイに輸出されるほどです。

ライセンス輸出

韓国オリジナルの創作ミュージカルが海外へ！

「フランケンシュタイン」「マタ・ハリ」「狂炎ソナタ」など日本でも韓国の創作ミュージカルが人気を集めている。近年はミュージカルの本場の欧米へも輸出。2024年「マリー・キュリー」が英ウェストエンドへ進出、「華麗なるギャツビー」が米ブロードウェイへ進出、トニー賞で衣装デザイン賞を受賞した。

人気原作のミュージカル化

映画やドラマ、漫画など人気作品が創作ミュージカルに

映画「バンジージャンプする」やドラマ「愛の不時着」、ウェブトゥーン「ナビレラ」など人気作品がミュージカルに生まれ変わって、原作ファンの関心を集めている。2024年には池田理代子の名作漫画「ベルサイユのばら」も韓国で新たに創作ミュージカルとして上演された。

ミュージカルのチケットの平均価格は12万2785ウォン（2022年）とかなり高いけど、観客層は20〜30代の若い女性が多いんだ。

学校の課外授業でミュージカルを観劇したり、学校を訪問して上演するミュージカルもあるよ。

「フランケンシュタイン」

世界的に知られるメアリー・シェリーの小説『フランケンシュタイン』を原作にした韓国の創作ミュージカル。韓国では2014年初演、日本では2017年初演。

チョ・スンウ

チケットが即完売することで知られるミュージカル界のスター。特に初演から主演を務めた「ジキル&ハイド」が人気。「地下鉄1号線」にも出演していた。

写真:YONHAP NEWS/アフロ
2024年1月15日、第8回コリアミュージカルアワードのレッドカーペットイベントにて。

キム・ジュンス

JYJ（元東方神起）メンバー。2010年の「モーツァルト!」初演で注目を集め、海外から観劇に駆け付けるファンも多い。日本の漫画が原作の「デスノート」が特に人気。

写真:アフロ
2016年12月19日、ソウルのロッテコンサートホールで行われたミュージカル「デスノート」の記者会見にて。

もっと知りたい ＋α

世界的に人気のノンバーバル劇「NANTA（ナンタ）」

セリフがないノンバーバル劇の「NANTA」は1997年初演以来、包丁やまな板など調理道具を楽器に使ったコミカルなパフォーマンスで、国籍を問わず老若男女に人気です。韓国の伝統芸能サムルノリのリズムが楽しめます。

11

文学

韓国で人気の日本文学

村上春樹や東野圭吾など ベストセラー常連の日本文学

韓国の書店の**ベストセラーのコーナーには常に日本の小説が並んでいます**。まず三浦綾子の『氷点』が1960年代のブームの牽引役となり、民主化を経た1989年に『喪失の時代』というタイトルで翻訳された**村上春樹の『ノルウェイの森』は、若者の間で社会現象となるほど**ヒットしました。

東野圭吾の『ナミヤ雑貨店の奇蹟』は170万部を売り上げ、2018年には韓国の大手書店「教保《キョボ》文庫」で販売された小説のうち3割を日本の小説が占めました。宮部みゆきの『火車』をはじめ、日本の小説が原作の韓国映画もたくさん作られています。

韓国における日本文学ブーム

当初、日本文学は植民地時代に日本語教育を受けた世代が主な読者でした。それが1960年代以降は大きく変化します。日本文学は軍事政権下で制限された表現活動の空白を埋める形で人気を集めます。民主化後はより多様な世界観を求める若者に読者層が広がりました。

1960年代
三浦綾子の『氷点』が牽引した日本文学ブーム
川端康成、石川達三、石坂洋次郎
三浦綾子、芥川龍之介

1970〜80年代
歴史小説が人気に
松本清張、森村誠一、司馬遼太郎
吉川英治、山岡荘八

1990年代
村上春樹の『ノルウェイの森』が社会現象に
村上春樹、吉本ばなな、村上龍、島田雅彦
渡辺淳一

2000年代
推理小説を中心に韓国小説を凌ぐ人気
東野圭吾、奥田英朗、湊かなえ、辻村深月
宮部みゆき、角田光代、江國香織

もっと知りたい +α

夏目漱石や太宰治などの再ブーム

最近になり、日本の古い文学作品が韓国で新たなブームとなっています。夏目漱石の『吾輩は猫である』は複数の出版社がかわいらしい猫のデザインが入った新装版を出し、また太宰治の『人間失格』も新装版が出て、韓国の若者の間でブームとなっています。

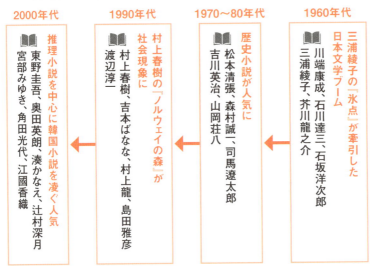

よく読まれている日本の作家

韓国で人気の日本作家と言えば村上春樹と東野圭吾のツートップがよく知られています。最大手書店「教保文庫」が発表した2005～2015年の作家別販売部数で、国内外の作家の中で村上春樹が1位、東野圭吾が4位となって大きな話題となりました。

村上春樹

1989年に翻訳出版された『ノルウェイの森』がベストセラーとなり、小説だけでなくエッセーも人気。熱烈なファンが多く、大手書店「教保文庫」が2015年に発表した最近10年で最も売れた作家で、韓国の作家を抜いて1位となった。『1Q84』（全3巻）は200万部以上売れた。

東野圭吾

2012年に翻訳出版された『ナミヤ雑貨店の奇蹟』はロングセラーとなり、170万部という大記録を打ち立てた。ミステリーやサスペンスでも人間の温かみが感じられることが人気の理由に挙げられる。『白夜行』『容疑者Xの献身』『さまよう刃』は韓国で映画化、『ナミヤ雑貨店の奇蹟』は韓国で舞台化された。

その他の人気作家

宮部みゆき

韓国で「社会派ミステリー」という言葉が広まるきっかけとなり、「ミミ女史」という愛称で親しまれている。『火車』が韓国で映画化された。

奥田英朗

2005年に翻訳出版された直木賞受賞作『空中ブランコ』が韓国でミリオンセラーとなった。『サウスバウンド』が韓国で映画化された。

平野啓一郎

芥川賞受賞作『日蝕』で知られる。ハン・ガンをはじめ韓国の作家との交流も多く、その経験が『ある男』で在日コリアンについて書くきっかけとなった。

湊かなえ

『告白』や『贖罪』、『白ゆき姫殺人事件』など日本で映像化された作品が多く、韓国でも原作小説としてよく読まれている。

太宰治の『人間失格』が異例の100刷

韓国の出版社「民音社」が2004年に発売した太宰治の『人間失格』が2022年に100刷を突破しました。映画や漫画となって注目を集めたほか、人気の歌手や俳優が好きな作品として挙げたことも、若い読者が増えるきっかけとなりました。

太宰治『人間失格』
キム・チュンミ訳 民音社 発行

コロナ禍の若者の共感

コロナ禍で憂鬱な雰囲気が広がる中、『人間失格』の虚無主義や快楽主義に共感する若者が増えた。

漫画や映画がきっかけに

伊藤潤二の漫画『人間失格』や、小栗旬主演の映画「人間失格 太宰治と3人の女たち」がきっかけで原作を読む人も。

人気歌手IUの愛読書

テレビ番組で人気歌手のIUが『人間失格』を読む姿が放送され、出版社を営む俳優パク・ジョンミンも好きな作品に挙げた。

12

文学

日本で人気の韓国文学

ノーベル文学賞受賞で ますます注目の高まる韓国文学

日本で韓国文学の人気が広まったのは、2010年代後半からです。チョ・ナムジュの『82年生まれ、キム・ジヨン』が多くの女性の共感を呼び、**韓国の本がどんどん日本語に翻訳されるように**なりました。翻訳大賞や本屋大賞など日本語版の受賞も相次いでいます。

小説に限らず、K-POPアイドルの愛読するエッセーをファンが読むなど、**K-POPや映画、ドラマを入り口に韓国の本にたどり着く人も多く、読者層が広がっています。**

2024年、『菜食主義者』などで知られるハン・ガンがノーベル文学賞を受賞し、韓国文学への関心がより一層高まるきっかけとなりました。

ハン・ガン、アジア女性初のノーベル文学賞受賞

済州島で起きた虐殺事件や、暴力的に鎮圧された光州民主化運動など韓国現代史の痛みを描き、ノーベル賞受賞にあたっては「過去のトラウマと向き合い、人の命のはかなさを浮き彫りにした詩的散文」と評価されました。韓国人としては2000年に平和賞を受賞した金大中大統領に続く、2人目のノーベル賞受賞となりました。

写真:AP/アフロ
2016年5月16日、ロンドンでのブッカー国際賞授賞式後。

日本で初めてハン・ガンの小説が翻訳出版されたのは2011年、『菜食主義者』だった。その後、2016年に『菜食主義者』が英国のブッカー国際賞を受賞し、世界的に注目を浴びるようになった。

『菜食主義者』 きむ ふな 訳　クオン 発行

あらすじ

ごく平凡な専業主婦のヨンヘが、ある日突然肉食を拒否する。やせ細っていくヨンヘを見つめる夫をはじめ、ヨンヘの身近な3人の人物の視点で語られる連作小説集。肉食拒否の根っこには暴力の拒否がある。

光州民主化運動（178ページ）を取り上げた作品。ハン・ガンは光州の出身。

『少年が来る』
井手俊作訳
クオン 発行

済州島四・三事件（158ページ）を取り上げた作品。韓国人として初めてメディシス賞を受賞。

『別れを告げない』
斎藤真理子訳
白水社 発行

読んでみたい人気の韓国文学

日本で韓国文学の翻訳出版が飛躍的に増えてきたのは2010年代後半。社会問題を扱った作品も多く、日本と似ているようで少し違う新鮮さが魅力です。

ソン・ウォンピョン
『アーモンド』
矢島暁子訳
祥伝社 発行

少年ユンジェは脳の扁桃体が人より小さく、“感情”がわからない。激しい感情を持つ少年ゴニとの出会いが、ユンジェの人生を変えていく。2020年、本屋大賞翻訳小説部門1位。

パク・ミンギュ
『カステラ』
ヒョン・ジェフン／斎藤真理子訳
クレイン 発行

就職難の若者たちの不安定な暮らしをユーモアで包み込んだ短編小説集。韓国の現代が凝縮されている。2015年、第1回日本翻訳大賞受賞。

金恵順
詩集『死の自叙伝』
吉川凪訳
クオン 発行

光州民主化運動やセウォル号事件などによる、すべての無念の死に捧げられた49篇と、長詩「リズムの顔」。2019年、カナダのグリフィン詩賞受賞。

パク・サンヨン
『大都会の愛し方』
オ・ヨンア訳
亜紀書房 発行

大都会ソウルを舞台に繰り広げられるさまざまな出会いと別れを軽快に描いた連作小説。2024年に映画化された。ブッカー国際賞ノミネート作。

自分を癒す、韓国のヒーリングエッセー

アイドルや俳優の愛読書としてファンが手に取ることが多いのが、韓国エッセー。仕事の疲れや恋愛の傷を癒してくれるヒーリングエッセーが特に人気を集めています。

キム・スヒョン
『私は私のままで生きることにした』
吉川南訳・ワニブックス 発行

他人の視線に過敏に反応せず、あるがままの自分を愛する大切さを教えてくれるイラストエッセー。韓国で120万部、日本で60万部を突破。

ペク・セヒ
『死にたいけどトッポッキは食べたい』
山口ミル訳・光文社 発行

長く気分障害と不安障害に悩んできた女性が、精神科医との12週間にわたるカウンセリングを経て変化していく過程を対話形式で綴った。

ハ・ワン
『あやうく一生懸命生きるところだった』
岡崎暢子訳・ダイヤモンド社 発行

40歳を目前に会社を辞め、一生懸命生きないことを決めた著者の自分らしい生き方が、競争社会に疲れた読者の共感を呼んだ。

13

文学

詩が愛される韓国

民族や民衆の情緒を表現し検閲を生き抜いた詩

韓国では**詩集が若い女性に人気で、ドラマにもよく登場**します。

詩集がよく売れたのは軍事政権下の1970年代、**厳しい検閲をかいくぐるため、比喩などの表現が発達**し、大衆の心を捉えました。日本でも金芝河が、**軍事政権に批判的な抵抗詩人**として知られ、彼が死刑判決を受けると、大江健三郎をはじめ文化人らが救援活動を行いました。

ノーベル文学賞を受賞した作家ハン・ガンも1993年、詩で文壇デビューし、日本でも詩集が翻訳出版されています。近年最もよく売れているナ・テジュの詩集は、たびたびドラマで引用され、アイドルの愛読書としても注目を集めました。

軍事独裁と闘った抵抗詩人

政権を批判する詩がデモや集会で朗読されたり、大学の塀に貼られるなど、詩は民主化運動と密接に関わっていました。特に金芝河の詩は日本でも紹介され、韓国の民主化運動と日本の文化人が連帯するきっかけとなりました。

©LTI Korea

金芝河《キムジハ》（1941～2022）
風刺詩「五賊」で知られる詩人

韓国の民主化運動のシンボル。朴正熙政権下の1970年に権力層を痛烈に批判した長編詩「五賊」を発表し、反共法違反で逮捕される。74年に死刑判決を受け、日本でも大江健三郎や小田実ら文化人が救援活動を行い、80年に刑執行停止で釈放された。

70年代から日本でも金芝河の詩集や彼に関する本がたくさん出版された。

특강

©Roh Hoechan Official Website

申庚林《シンギョンニム》（1935～2024）
民衆詩の時代を開いた詩人

軍事政権下の民主化運動をリードした国民的詩人。73年、民衆の生活をリアルに描いた詩集『農舞（ノンム）』を発表し、10万部以上が売れた。日本では選りすぐりの69篇を収録した詩集『ラクダに乗って』が2012年に出版された。

谷川俊太郎との対談『酔うために飲むのではないからマッコリはゆっくり味わう』という書籍もあるよ。

韓国で長く愛される詩人たち

韓国で最も愛される詩人として挙げられる金素月も尹東柱も、日本植民地時代に若くして亡くなった詩人です。美しい詩に民族的悲劇を重ねる人も多いようです。

金素月詩集『つつじの花』
RHK 発行

金《キム》素《ソ》月《ウォル》（1902～1934）
詩集『つつじの花』で知られる

植民地時代に民族的情緒を表現し、朝鮮近代文学を代表する民族詩人と呼ばれる。金素月の故郷はつつじの名所だった。日本に留学したが、関東大震災に遭って故郷へ戻り、32歳の若さで自ら命を絶った。短い人生の中で多くの抒情詩を残した。

「空と風と星の詩人
～尹東柱の生涯～」

監督：イ・ジュニク
主演：カン・ハヌル　パク・チョンミン　キム・インウ　チェ・ヒソほか
2016年／韓国映画／110分／B&W／2.35:1
配給：スプリングハズカム

尹東柱《ユンドンジュ》（1917～1945）
詩集『空と風と星と詩』で知られる

日本留学中に治安維持法違反で捕まり、福岡刑務所で獄死した。日本でも茨木のり子がエッセイ『ハングルへの旅』で言及し、さらにそれが教科書に載って多くの人に知られるようになった。カン・ハヌル主演の映画「空と風と星の詩人～尹東柱の生涯～」（2016）もある。

ドラマを通して注目を浴びた詩

大手書店「教保文庫」によると、書店がオープンした1981年以降、2022年は詩集が最も売れた年でした。10年間で最も売れた詩集ランキングを見ると、ドラマに登場した詩が含まれる詩集が並んでいます。詩の主な読者層は20～30代の女性です。

1位　ナ・テジュ『花を見るように君を見る』

2位　キム・ヨンテク『もしかしたら星たちが君の悲しみを持っていくかもしれない』
（ドラマ「トッケビ」に登場）

3位　ナ・テジュ『一番きれいな考えを君にあげたい』
（ドラマ「ロマンスは別冊付録」に登場）

4位　パク・ジュン『あなたの名前を煎じて何日か飲んだ』

5位　リュ・シファ『愛しなさい、一度も傷ついたことがないかのように』
（ドラマ「私の名前はキム・サムスン」に登場）

ドラマ「ボーイフレンド」で登場したり、BTSメンバーのRMやJ-HOPEの愛読書として話題に！

2022年に韓国の大手書店「教保文庫」が発表した「最近10年の詩集販売順位」

ハン・ガンの詩集『引き出しに夕方をしまっておいた』も人気だよ。

14 芸術 盛り上がるフェミニズムと文化界

性的被害を告発する#MeToo「キム・ジヨン」もきっかけに

韓国では2018年、女性検事が上司からのセクハラを告発したのがきっかけで一気に#MeToo運動が広まり、文化界でも著名人が次々に告発されました。

2016年発売のチョ・ナムジュの小説**『82年生まれ、キム・ジヨン』は、#MeTooを経てフェミニズムの入門書のように広く読まれ**、映画もヒットしました。日本でもキム・ジヨンを自分に重ねて考えるなど、大きな反響を生みました。近年は**日本で韓国のフェミニズム文学が相次いで翻訳出版**されています。

映画界では女性監督が活躍するようになり、女性が女性を描く作品が目立って増えてきました。

社会現象になったキム・ジヨン

チョ・ナムジュのフェミニズム小説『82年生まれ、キム・ジヨン』は、等身大の主人公のエピソードが多くの女性の共感を呼び、韓国で130万部を超えるベストセラーとなりました。

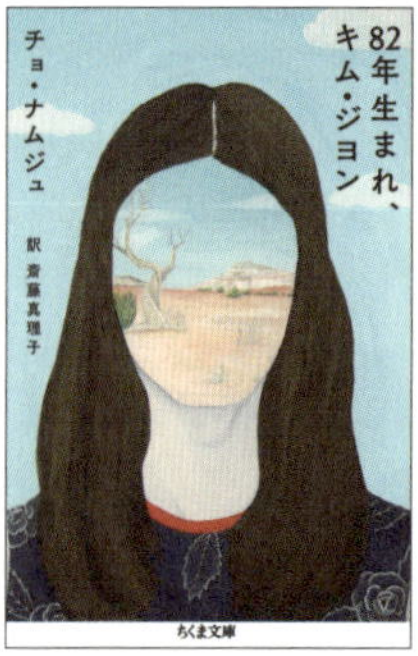

『82年生まれ、キム・ジヨン』
斎藤真理子訳
筑摩書房 発行

キム・ジヨンは夫と娘と暮らす専業主婦。出産のために会社を辞めたジヨンは徐々に精神に変調をきたし、精神科に通い始める。ジヨンの人生を振り返ると、女性の人生に立ちはだかる困難が見えてくる。

韓国文学ブームのきっかけ

日本でも女性の生き方をテーマにした小説として話題になり、ベストセラーになった。韓国文学への関心が高まり、翻訳出版が飛躍的に増えるきっかけとなった記念碑的作品。

映画もヒット

2019年にはチョン・ユミ、コン・ユ主演で映画化され、367万人を動員するヒットを記録した。小説発売後、#MeTooが広まり、映画は原作よりも希望の感じられる結末となった。

チョ・ナムジュ
1978年生まれ。出産をきっかけにテレビの脚本家の仕事を辞め、小説家に転身した。『彼女の名前は』『サハマンション』『ソヨンドン物語』など多数の著作が日本語に翻訳されている。

写真:西岡臣
(朝日新聞フォトアーカイブ)
2019年2月19日、新宿・紀伊国屋書店にて。

キム・ジヨンは82年生まれに最も多い名前で、主人公の平凡さを象徴しているんだ。

#MeTooと文化界

韓国の文化界では2016年ごろからセクハラや性暴力をSNSで告発する動きがあり、それに伴ってフェミニズム文学が脚光を浴び始めました。2018年に本格的に#MeToo運動が広がる原動力になったと言えます。

フェミニズム文学の盛り上がり

2016～2017年、『82年生まれ、キム・ジヨン』をはじめ、キム・ヘジンの『娘について』、カン・ファギルの『別の人』、7人の作家による『ヒョンナムオッパへ』など、フェミニズム文学が相次いで出版され、2018年に#MeTooが広まった。さらに#MeTooを経て、チョ・ナムジュの『彼女の名前は』、チェ・スンボムの『私は男でフェミニストです』などフェミニズム文学が盛り上がった。

女性映画監督の活躍

男性中心だった映画界では、#MeTooを経て女性監督の活躍が目立って増えてきた。代表作としては、世界で多数の賞を受賞したキム・ボラ監督の「はちどり」(2018)、女性監督が女性監督を描いたシン・スウォン監督「オマージュ」(2021)など。

『娘について』
キム・ヘジン著　古川綾子訳
亜紀書房 発行

60歳過ぎの「私」のところへ娘と娘の彼女が転がり込んできて3人暮らしが始まる。

『別の人』
カン・ファギル著　小山内園子訳
エトセトラブックス 発行

30代前半のジナは恋人から受けたデートDVをネットで告発するが、誹謗中傷を受ける。

『オマージュ』
税抜価格:¥3,800
発売:ニューセレクト株式会社
ALBSD-2716

女性監督ジワン(イ・ジョンウン)は、かつて女性監督が残した映画の修復に携わる。

もっと知りたい +α

#MeTooで告発された大物文化人

文学界

ノーベル賞候補だった詩人高銀(コ・ウン)。詩人の崔泳美(チェ・ヨンミ)が「怪物」という自作の詩を通して高銀のセクハラを暗示し、大きな波紋を呼んだ。

映画界

鬼才と呼ばれたキム・ギドク監督、俳優のチョ・ジェヒョン、チョ・ミンギ(取り調べを前に自殺)、オ・ダルスらが相次いで告発された。

演劇界

大物演出家の李潤澤(イ・ユンテク)が複数の女性への性的暴行で訴えられ、実刑判決を受けた。

15

芸術

韓国の近現代アート

サムスン創業者コレクション近現代アートの代表作公開

BTSのリーダーRMは、美術愛好家として知られており、韓国の**近現代アートへの関心を高める「広報大使」**のような役割を果たしています。最近では美術館やギャラリーが若者に人気のデートスポットになっています。

2020年に亡くなったサムスングループの李《イ》健《ゴン》熙《ヒ》会長のコレクションも注目を集めています。**個人所蔵の文化財と美術品2万3千点余りを遺族が国に寄贈**しました。国民的画家の李《イ》仲《ジュン》燮《ソプ》をはじめ、金《キム》煥《ファン》基《ギ》、朴《パク》寿《ス》根《グン》ら近現代アートの代表作が国立現代美術館など全国各地で展示されるようになりました。

国民的画家 李仲燮

韓国で最も愛される画家の一人が、李仲燮（1916〜1956）です。力強いタッチの牛の絵で知られ、妻子への愛情あふれる絵手紙も人気です。日本留学中に知り合った日本人女性と結婚しましたが、激動の時代に翻弄され、39歳で衰弱死。死後に評価が高まりました。

李仲燮を知るための3つのポイント

Point 1

玄界灘に阻まれた家族

東京に留学し、終戦の年に山本方子（まさこ）と故郷の朝鮮北部・元山（ウォンサン）で結婚式を挙げるが、1950年には朝鮮戦争が勃発。家族で38度線を越えて釜山や済州島に避難した。貧困に苦しみ、52年に妻子は日本へ帰国するが、日韓の行き来が制限されていた時代、李仲燮は妻子に愛のこもった絵手紙を送り続け、39歳の若さで韓国で亡くなった。

Point 2

「黄牛」47億ウォンで落札

生前は経済的に苦しい生活を送ったが、1970年代に評価が高まり、評伝が出版されたり、映画化されたりして、国民的画家と呼ばれるようになった。2018年には代表作の「黄牛」が47億ウォンで落札された。

Point 3

家族が暮らした済州島に美術館

貧しいながら家族睦まじく過ごした済州島には李仲燮美術館があり、李健熙コレクションから12点の寄贈を受けた。近くには家族が暮らした家が復元されている。

李仲燮と山本方子の愛の物語を描いたドキュメンタリー映画「ふたつの祖国、ひとつの愛」（2014）もあるよ。

もう一つの代表作「白い牛」（1954年）

ビデオ・アートの開拓者、ナム・ジュン・パイク

「ビデオ・アートの父」と呼ばれる韓国出身のナム・ジュン・パイクは、主にドイツや米国を拠点に活動した現代アーティストです。1963年に発表したテレビの画面を歪めたり白黒を反転させたりしたインスタレーション作品が、世界初のビデオ・アートとされます。

ナム・ジュン・パイク（1932〜2006）

1960年代	前衛アート集団「フルクサス」に参加し、ヨーゼフ・ボイスやオノ・ヨーコらと活動を始める。
1963年	13台のテレビを用いた世界初のビデオ・アートを発表。
1974年	背を向けた仏像と、仏像の顔を映し出すテレビを置き、東洋の「禅」と西洋のテクノロジーを融合させた「TVブッダ」を発表。
1984年	衛星中継による番組「グッドモーニング・ミスター・オーウェル」を放送し、世界を驚かせる。
1988年	ソウルオリンピックのためのテレビタワー「多々益善」を制作。
1992年	ソウルで大規模な「ナム・ジュン・パイク回顧展」開催。
1993年	ヴェネツィア・ビエンナーレで金獅子賞を受賞。

ナム・ジュン・パイクは東京大学を卒業し、妻は日本人アーティストの久保田成子。日本と縁が深いアーティストなんだね。

Statue in front of the Museum für Kommunikation, Frankfurt am Main, Germany.

「もの派」の中核的存在 李禹煥（リ・ウファン）

韓国出身で日本を拠点に活動する「もの派」を代表する現代美術家の李禹煥は、木や石、鉄など素材にほとんど手を加えず、「もの」の存在や関係性を問う作品を制作してきました。米国のグッゲンハイム美術館やフランスのヴェルサイユ宮殿でも個展を開催。

李禹煥（1936〜）を知るための2つのポイント

Point 1

「もの派」を牽引

1960年代後半から登場した「もの派」と呼ばれる表現で「もの」と空間の相互依存的な関係性に焦点を当てた。

Point 2

直島に「李禹煥美術館」

2010年、香川県の直島に建築家の安藤忠雄が設計した初の個人美術館「李禹煥美術館」が開館。韓国の釜山、フランスのアルルにも個人美術館がある。

世界的音楽家の故坂本龍一も李禹煥を「先生」と慕ったんだ。

写真:李禹煥美術館
©松岡明芳

もっと知りたい ＋α

美術愛好家のBTSリーダー、RM

RMは各地の展示を巡ってSNSで発信し、若者の間でその展示をたどる「RMツアー」が流行っています。コレクターとしても知られ、特に韓国の単色画を代表する作家、尹亨根（ユン・ヒョングン）の作品を敬愛し、自宅に飾っています。ゆくゆくは所蔵作品の展示空間をつくる計画もあるそうです。

新しいアングル②

みんなで一緒に盛り上がるのが好き

K-POPコンサートの楽しみ方の一つは、「テチャン」と呼ばれる客席の合唱です。アーティストと一緒に客席も大きな声で熱唱し、会場の一体感をみんなで楽しみます。アーティストに向けた応援の意味も込められています。海外のアーティストも韓国公演では客席にマイクを向け、テチャンを誘導する姿がよく話題になっています。

アイドルの「推し活」も一人で盛り上がるよりは、積極的に「布教」するファンが多く、例えば推しの誕生日に合わせてファンがお金を出し合って地下鉄の駅構内などに「センイル(誕生日)広告」を出してお祝いします。センイル広告は日本にも伝わって、日本の街頭でも見かけるようになりました。ちなみに韓国では推し活を「ドクチル」と言いますが、これは日本語の「オタク」がなまって「ドクフ」となり、「すること」という意味の「チル」が付いた言葉です。オタク文化が日本から韓国へ、韓国から日本へと、互いに影響を与え合っています。

韓国の推し活を描いたドラマは、「応答せよ1997」(2012)や「彼女の私生活」(2019)がありますが、「応答せよ1997」は実際に90年代に韓国で人気だったH.O.T.とSechs Kiesを追いかけるアナログの推し活、「彼女の私生活」はファンがプロ顔負けの写真を撮って世界に拡散する近年のデジタルの推し活で、新旧を比べるのもおもしろいです。近年はトロット人気が復活したこともあり、韓国でも推し活が中高年に広がっています。

K-POPに限らず、韓国ではみんなで一緒に楽しむ文化があります。映画鑑賞も、一人で家で見るよりは劇場で不特定多数の観客と一緒に見るのを好む人が多く、特にコメディーやアクションでは笑い声や驚いた声など、観客が声を上げて反応し、日本のように周りに配慮して静かに鑑賞する文化はあまり根付いていません。コロナ以前の2019年は、劇場で映画を見る回数が韓国は世界で一番多く、年間平均4.37回でした。コロナ禍で動画配信サービスで映画を見る人が増えましたが、変化が速いのもまた、韓国の特徴です。(成川彩)

chapter

3

古代～近代史

長い歴史をもつ朝鮮半島の歩みと日本との関わりを見てみましょう。

古朝鮮～三国時代(高句麗・百済・新羅)～統一新羅・渤海～高麗～朝鮮王朝～大韓帝国の主な出来事

時代	年	出来事	日本の時代
古朝鮮	BC195頃	衛満《ウィマン(えいまん)》が衛氏朝鮮を建国	縄文時代 弥生時代
	BC108	前漢《かん》が衛氏朝鮮を倒し、漢四郡(楽浪《ナンナン》・真番《チンボン》・臨屯《イムドゥン》・玄菟《ヒョンド》)を設置	
三国時代(高句麗《こうくり》・百済《くだら》・新羅《しらぎ》)	BC37	朱蒙《チュモン》が扶余《プヨ》を脱出し、卒本《チョルボン》で高句麗《コグリョ(こうくり)》を建国	
	313	高句麗、楽浪・帯方郡を滅ぼす	
	371	百済《ペクチェ(くだら)》と高句麗が対立。故国原王《コグクウォンワン》が戦死し、高句麗が大敗	古墳時代
	391	高句麗第19代王・広開土王《クァンゲトワン》が即位	
	414	高句麗に広開土王碑が建立される	
	427	高句麗、平壌城《ピョンヤンソン》に遷都	
	475	高句麗、百済の漢城《ハンソン》を攻略し、蓋鹵王《ケロワン》を殺害	
		百済は熊津城《ウンジンソン》に都を移す	
	527	新羅《シルラ(しらぎ)》、仏教を公認	
	532	新羅、南伽耶《カヤ》を併合	
	562	新羅、伽耶を滅ぼす	
	642	百済の義慈王《ウィジャワン》が新羅西部を奪取	飛鳥時代
	645	高句麗が安市城《アンシソン》の戦いで唐《とう》を撃退	
	660	黄山伐《ファンサンボル》の戦いで唐・新羅連合軍に敗れた百済が滅亡	
	663	白村江《はくすきのえ(はくそんこう)》の戦いで、唐と新羅が倭《わ》と百済の連合軍を破る	
	668	新羅、唐と連合して高句麗を滅ぼす	
統一新羅・渤海	676	唐、熊津都督府《ウンジンドドクブ》・安東都護府《アンドンドホブ》を撤収し、新羅が三国を統一	
	698	大祚栄《テジョヨン》が震《しん》国(後の渤海《パレ(ぼっかい)》)を建国	
	901	弓裔《クンイェ》、後高句麗を建国	奈良時代・平安時代
	918	王建《ワンゴン》が弓裔を倒して王位に就き、高麗《コリョ(こうらい)》を建国	
	926	契丹《きったん》により渤海が滅亡	
	935	敬順王《キョンスンワン》が高麗に帰服し、新羅が滅亡する	

高麗	936	高麗が後百済を滅ぼし朝鮮半島が統一	
	958	光宗《クァンジョン》が試験で平等に官吏を選抜する「科挙制度《かきょ》」を導入	
	1170	文臣から武臣政権になり、権力争いが起こる	
	1231	モンゴル帝国の使者殺害を機にモンゴル軍が高麗へ侵入。対立が激化	鎌倉時代
	1259	高麗第23代王・高宗《コジョン》が死去。高麗はモンゴル軍に降伏	
	1270	モンゴルと講和を結び、開京《ケギョン》に遷都。三別抄《サムビョルチョ(さんべつしょう)》が対蒙抗争	
	1274	高麗と元《げん》の連合軍が日本に襲来(文永の役)	
朝鮮王朝	1392	李成桂《イソンゲ(りせいけい)》が朝鮮王朝初代王・太祖《テジョ》として即位	室町時代
	1592	壬辰倭乱《イムジンウェラン》で漢城が陥落。宣祖《ソンジョン》が平壌へ避難	安土桃山時代
	1597	丁酉再乱《チョンユチェラン》(倭乱)が起こる	
	1607	日本へ使節を派遣し国書を呈上(日本との国交回復)	江戸時代
	1609	対馬と己酉約条締結。通信関係を再開	
	1636	清が君臣関係を求め、朝貢が始まる(丙子胡乱)	
	1786	西学(キリスト教など西洋の宗教や思想)が禁止される	
	1875	江華島《カンファド(こうかとう)》事件が起こる	明治時代
	1894	金玉均《キムオッキュン》が上海で暗殺され、古阜《コブ》で農民軍が蜂起。豊島沖海戦で日清戦争が始まる	
	1895	閔妃《ミンビ》が暗殺される(乙未事変《ウルミサビョン》)	
大韓帝国	1897	国号が「大韓帝国」となり、高宗《コジョン》が皇帝に就任	
	1904	日露戦争が起こる。第一次日韓協約調印	
	1909	安重根《アンジュングン》がハルピンで伊藤博文を暗殺する	
植民地時代	1910	日韓併合条約が調印。朝鮮総督府が設置	
	1919	高宗死去。三・一独立運動が広がる	大正時代
	1938	朝鮮語教育が廃止される。翌年、国民徴用令公布	昭和時代
	1940	皇民化教育の促進。創氏改名が実施される	
	1945	日本敗戦。植民地支配からの解放	

1

朝鮮の歴史のはじまり

檀君《タングン(だんくん)》神話

紀元前300年頃～紀元300年頃

朝鮮の建国神話と古代国家の成立

朝鮮で最初にできた伝説上の国を檀君朝鮮といいます。**地上に降臨した天帝の息子・桓雄《ファヌン》が、虎と熊に人間になるための修行をさせます。**虎は途中で逃げ出しますが、熊は21日目に人間の女性に変身。桓雄はその熊女《ウンニョ》を妻とし、生まれた子が檀君です。彼は朝鮮の国名を定め、最初の王になりました。

この話はあくまでも神話で、実在した最古の王朝は衛氏《えいし》朝鮮といいます。燕《えん》(中国北部)から亡命してきた武将・衛満《ウィマン(えいまん)》が建国しました。衛氏朝鮮は、漢の皇帝・武帝に滅ぼされ、朝鮮は中国の影響下に置かれることになります。

朝鮮の建国神話「檀君朝鮮」

高麗時代の高僧一然(1206～1289)が編纂した歴史書『三国遺事』が伝える朝鮮の建国神話。独立後の韓国では愛国心の象徴として檀君をまつる施設が全土につくられ、また檀君が古朝鮮を建国したとされる10月3日の「開天節」は国民の祝日となりました。

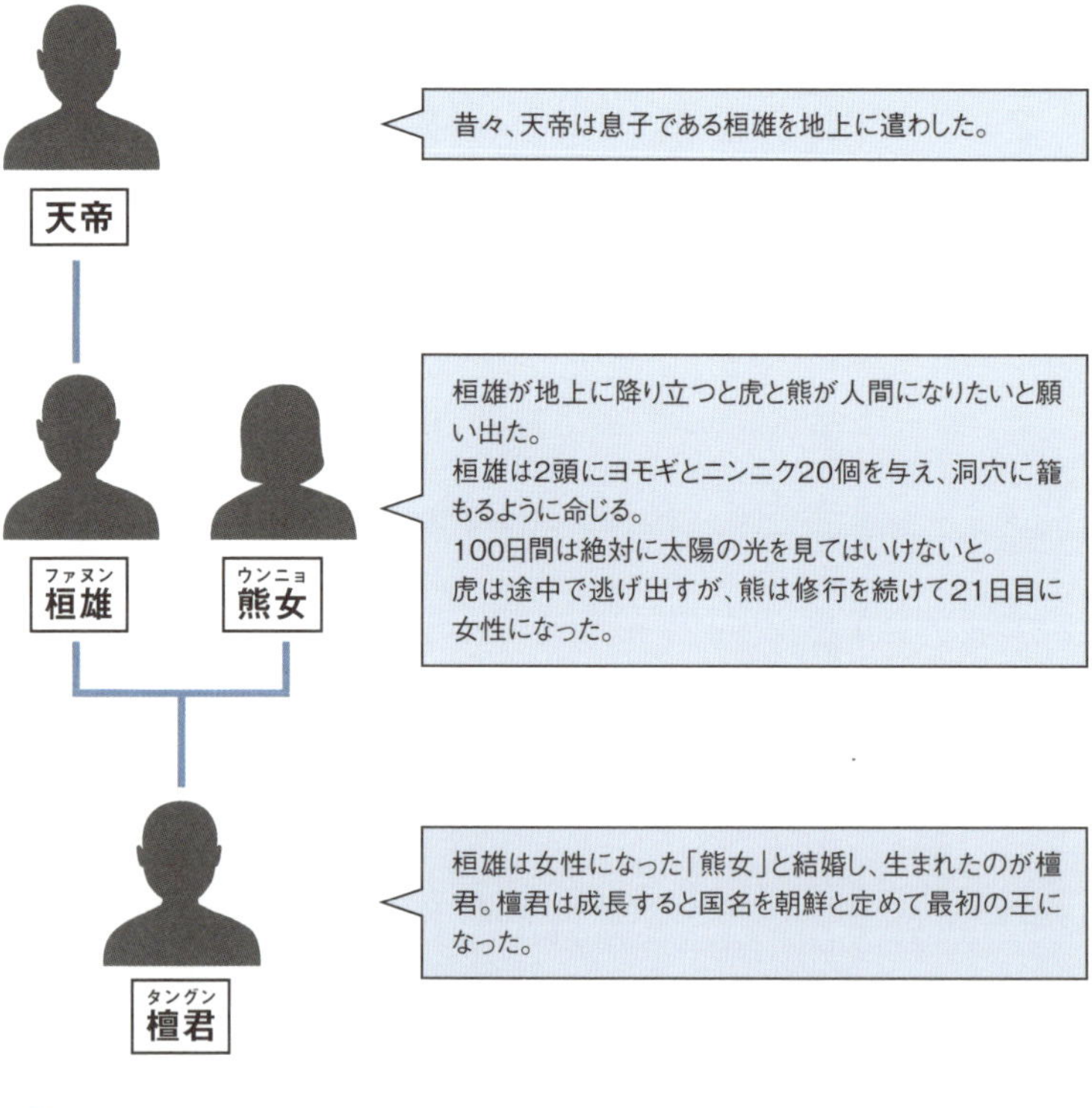

昔々、天帝は息子である桓雄を地上に遣わした。
天帝
桓雄が地上に降り立つと虎と熊が人間になりたいと願い出た。
桓雄は2頭にヨモギとニンニク20個を与え、洞穴に籠もるように命じる。
100日間は絶対に太陽の光を見てはいけないと。
虎は途中で逃げ出すが、熊は修行を続けて21日目に女性になった。
桓雄《ファヌン》
熊女《ウンニョ》
桓雄は女性になった「熊女」と結婚し、生まれたのが檀君。檀君は成長すると国名を朝鮮と定めて最初の王になった。
檀君《タングン》

韓国の人々は冗談で「我々は熊の子孫だから」ということがありますが、それはこの神話を前提にしてのこと。その国を知るうえで、神話の知識はとても大切です。

古朝鮮時代と国家の誕生

檀君朝鮮とそれを継承した箕子(きし)朝鮮、これを滅ぼしたという衛氏朝鮮を合わせて古朝鮮と呼びます。このうち実在が確認できるのは衛氏朝鮮のみです。衛氏朝鮮は漢に滅ぼされますが、それに抵抗した人々が高句麗を建国し、その後三国時代へ突入します。

古朝鮮時代

檀君朝鮮・箕子朝鮮・衛氏朝鮮の時代。神話では檀君朝鮮は紀元前2333年に誕生したとされているが、紀元前10〜5世紀ごろに実在したという説もある。

↓

漢による支配

紀元前108年、漢によって衛氏朝鮮が滅ぼされ朝鮮半島の北方に楽浪郡など四郡を設置して直接統治し、南方は間接統治した。漢の支配に反発した衛氏朝鮮の勢力は朝鮮半島の四方に散っていったという。

↓

高句麗の建国と小国の分立

かつて古朝鮮の小国だったという高句麗は、衛氏朝鮮の滅亡後もその地にとどまり漢に抵抗した。半島南部には三韓(馬韓・辰韓・弁韓)が興り、小国が分立する状況が続いた。

↓

朝鮮半島の三国時代

朝鮮半島の南部にも統一国家の新羅、百済が成立し、高句麗とともに勢力を争う三国時代となる。

建国神話の舞台・白頭山(ペクトゥサン)

北朝鮮にある標高2744mの朝鮮半島で最も高い山。檀君の生誕地であり、建国神話の舞台にもなっていて、古来朝鮮半島に住む民族の象徴的な存在だった。

漢による支配から逃れるために古朝鮮の人々が半島の東や南に移住したことが、小国がいくつもできるきっかけになったんだ。

もっと知りたい +α

古朝鮮の祭礼と文化

古朝鮮の人々は、太陽は天を支配する天帝であり、星は天帝の息子や臣下であると信じていました。古朝鮮の祭礼では、先祖の霊とともに北斗七星などの星座をまつっていました。また、1年を360日余りとする暦を使うなど、天文学も発達していました。檀君神話に登場するヨモギやニンニクは薬用の植物ですが、古朝鮮では薬学の知識も広まっていたことがうかがえます。

2

三国時代

4～7世紀頃

三国が半島の統一を目指して争った

小国がまとまり3つの統一国家が成立

漢がおとろえたころから中国王朝の支配力が弱まり、朝鮮民族の国がつくられるようになります。

朝鮮半島の北部では、高句麗《コグリョ（こうくり）》が建国されました。**中国の侵略を受けやすい高句麗は、軍事に力を入れた強国となりました。**南部では、小国のまとまりである馬韓《マハン》・辰韓《シンハン》・弁韓《ビョンハン》の「三韓」が形成されます。**やがて、馬韓は百済《ベクチェ（くだら）》、辰韓は新羅《シルラ（しらぎ）》という一つの国になります。**一方、弁韓は伽耶《カヤ》（任那）という小国の連合体のままでした。

最終的に、唐《とう》と同盟した新羅が百済・高句麗を滅ぼして統一を果たし、三国時代は終わりました。

三国＋伽耶の勃興と盛衰

新羅・高句麗・百済は半島の支配をめぐって衝突しつつも、独自の文化を開花させました。また、半島の南には伽耶という未統一の地域もありました。7世紀に新羅が高句麗・百済を滅ぼします。

高句麗（紀元前後～668年）
半島北部から満洲に広がる国家。中国（漢）と戦いながら軍事力を発展させ、5世紀には半島中部にも勢力を拡大。壁画古墳や騎馬などの独自の文化は古墳時代の日本に伝来した。

新羅（4世紀～935年）
半島南部の小国家・辰韓を統一し成立。7世紀に唐と同盟を結び、百済・高句麗を滅ぼして半島を統一した。唐から伝来した仏教文化が開花。

百済（4世紀～660年）
建国当初は漢城（ソウル）に都を置いたが、高句麗・新羅との戦いで拠点は南へ移された。広大な平野でつくられた豊かな作物は、日本や中国に輸出された。日本との関係が深い。

伽耶（紀元前後～562年）
大伽耶を中心に10あまりの小国が点在する地域で、各国が独自の文化を守っていた。統一国家にはならず、6世紀前半新羅に侵略されると、小国は相次いで滅亡した。

もっと知りたい ＋α

任那日本府ってなに？

朝鮮半島南部の任那（伽耶）は鉄の産地で、優れた製鉄技術を持っていました。そのため、倭国（日本）をふくむ周辺諸国に鉄製品を輸出して富を得ました。任那は、古代の日本と結びつきが強かったのです。日本の歴史書『日本書紀』には、「任那日本府」という出先機関があったと記されています。ただし任那日本府の実態は謎が多く、倭国の機関があったとする説もありますが、韓国の研究者は否定しています。

広開土王と長寿王による領地拡大（391～491年）

広開土王とその息子である長寿王の時代、高句麗は一気に領土を拡大し、朝鮮半島の大半を支配下に治めました。

高句麗碑
（忠清北道・忠州）
長寿王が南漢江流域まで領土を広げたことを記念して建てた碑。
©韓国観光公社フォトギャラリー Shin Hyeseong

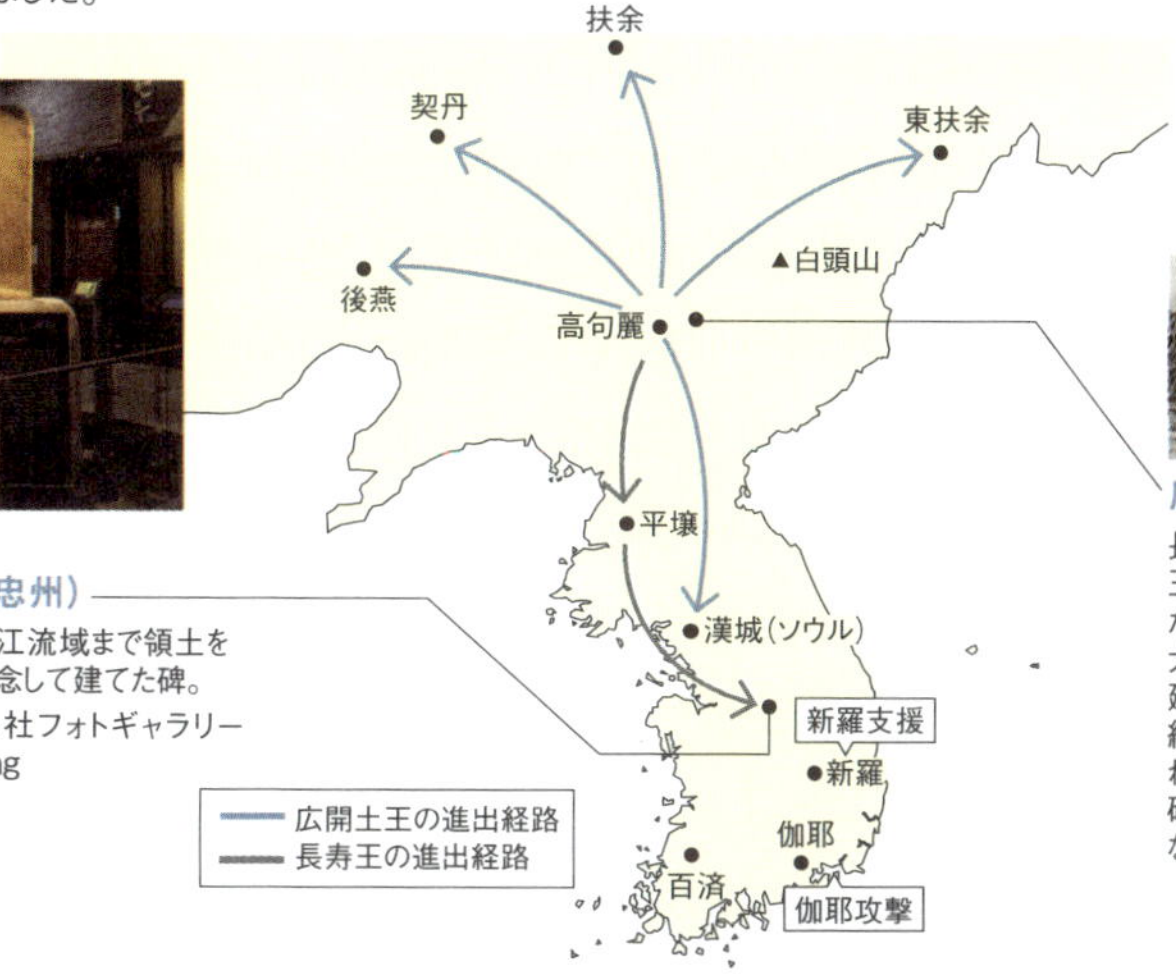
扶余
契丹
東扶余
白頭山
後燕
高句麗
平壌
漢城（ソウル）
新羅支援
新羅
伽耶
百済
伽耶攻撃
広開土王の進出経路
長寿王の進出経路

広開土王碑（中国・集安）
長寿王が父親である広開土王の業績を称えるために建てた碑石。高さ6.3mにもなる巨大なもの。4面には高句麗の建国神話から広開土王の業績や近隣国との関係まで記されており、東アジアの古代史研究においては重要な資料となっている。

映画・ドラマ ドラマ「太王四神記」（2007年、MBC）。広開土王が主役の歴史ファンタジー。当時、大人気だったペ・ヨンジュンの主演で話題になった。音楽は日本の作曲家・久石譲が担当。

中国の統一王朝と戦い続けた高句麗

6世紀末に中国を統一した隋とそれに続く唐は、高句麗にとって脅威となりました。度重なる中国からの攻撃を退けた高句麗でしたが、末期には内紛などもあり弱体化し、唐と新羅の連合軍によって滅ぼされます。

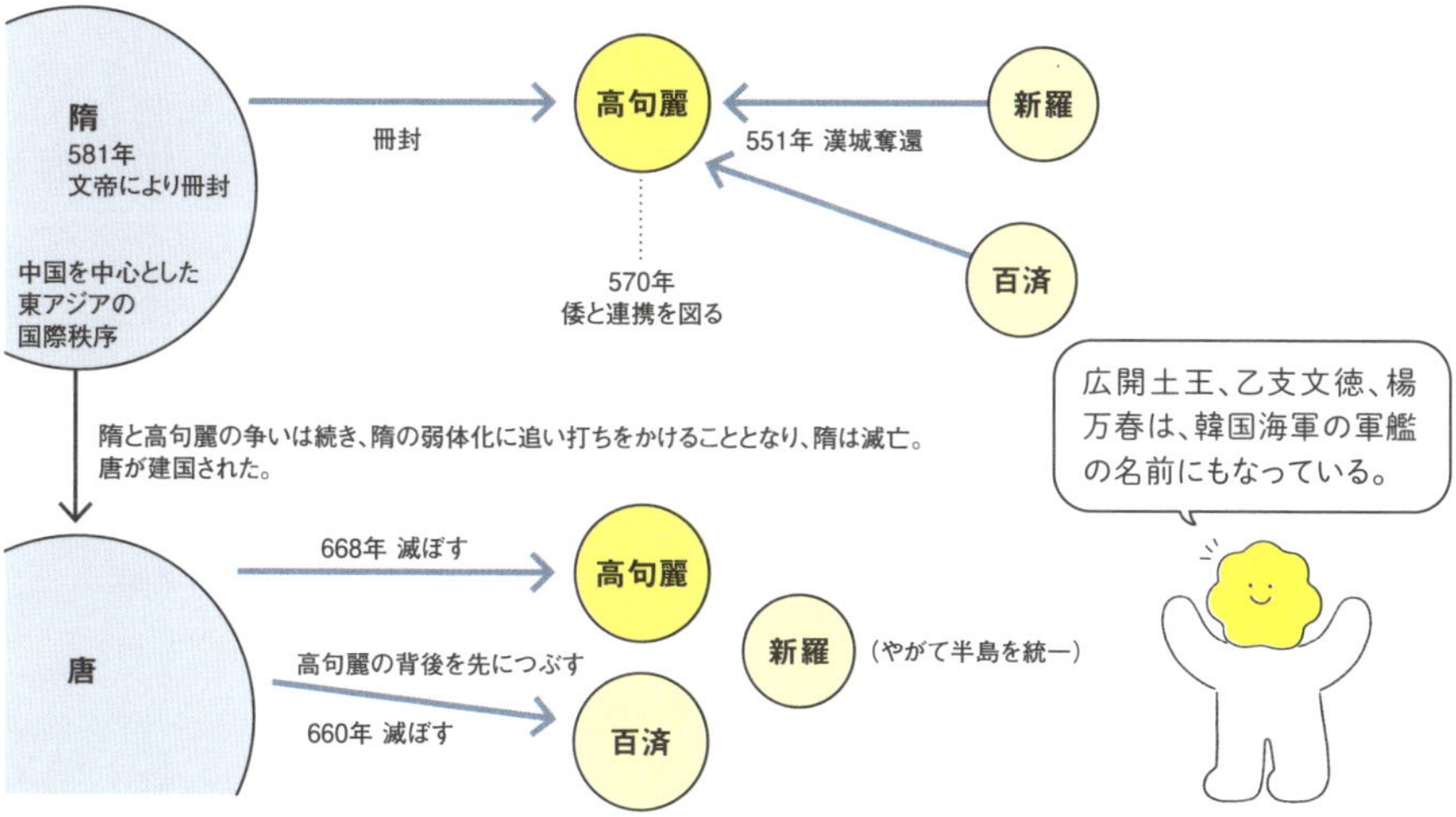
隋
581年
文帝により冊封
中国を中心とした東アジアの国際秩序
冊封
高句麗
新羅
551年 漢城奪還
百済
570年
倭と連携を図る
隋と高句麗の争いは続き、隋の弱体化に追い打ちをかけることとなり、隋は滅亡。
唐が建国された。
唐
668年 滅ぼす
高句麗
高句麗の背後を先につぶす
660年 滅ぼす
百済
新羅
（やがて半島を統一）
広開土王、乙支文徳、楊万春は、韓国海軍の軍艦の名前にもなっている。

映画・ドラマ ドラマ「淵蓋蘇文（ヨンゲソムン）」（2006～2007年、SBS）、「剣と花」（2013年、KBS）、映画「安市城 グレート・バトル」（2018年）など。隋に打ち勝った救国の英雄・乙支文徳、唐から国を守った楊万春（ヤン・マンチュン）など、高句麗時代の英雄たちは韓国時代劇の人気者でもある。

渡来人は日本になにを伝えたのか？

混乱期の朝鮮半島から日本に移住した人々

古代の日本に、大陸から移り住んだ人々を渡来人といいます。おもに朝鮮半島から、進んだ技術や文化が伝えられました。

三国のうち、日本と最も関係が深かったのは百済でした。漢字や儒教を初めて伝えたのは、百済人の王仁《わに》とされます。また、百済の聖王（聖明王）の時代に、日本に初めて公式に仏教が伝えられました。

7世紀後半、百済が新羅に滅ぼされると、日本は百済復興のため出兵。**しかし、白村江《はくすきのえ（はくそんこう）》の戦いで唐・新羅の連合軍に大敗しました。**百済・高句麗が滅ぶと、日本はその難民を受け入れ、定住させました。

仏教はどのように東アジアへ伝来したのか

インドで誕生した仏教は、ガンダーラ・中国・朝鮮半島にかたちを変えながら伝わりました。そして、6世紀に百済から日本に伝来します。

ブッダガヤ 紀元前5世紀ごろ、インドの釈迦（ゴータマ・シッダールタ）が、修行の果てにブッダガヤで悟りを開き、仏教が誕生した

↓

クシャーナ朝 紀元前後に仏教がクシャーナ朝に伝わると、ギリシア・ヘレニズム文化の影響を受け、仏像が生まれた。また、悟りよりも多くの人々の救済が重要と考える大乗仏教が広まっていく

↓

中国 大乗仏教は、1世紀前後に中国（後漢）に伝わった。その後、経典が漢字に訳されて中国の文化に合わせて変化した。5世紀以降、禅宗をはじめさまざまな宗派が生まれる

↓（朝鮮半島）

高句麗 4世紀後半に中国から仏像と経典が伝来した

↓

百済 4世紀後半に伝来し広がった。優れた仏教建築の技術者が生まれ、日本にも技術を伝えた

新羅 仏教を公認したのは6世紀頃。その後、朝鮮半島を統一すると仏教文化が開花した

↓

日本 6世紀に百済から日本に仏像や経典が伝えられた。仏教の受け入れをめぐりヤマト政権の豪族たちは争ったが、仏教を推す蘇我氏が勝利し日本に浸透した

渡来人のルートと日本に伝えたもの

日本の古墳時代ごろにあたる4〜7世紀、朝鮮半島から多くの人々が日本へ渡来しました。5世紀には、高句麗が勢力を拡大させたため、百済・新羅・伽耶の人々が集団で移動したといわれています。彼らのもたらした文化や技術は日本に多大な影響をあたえました。

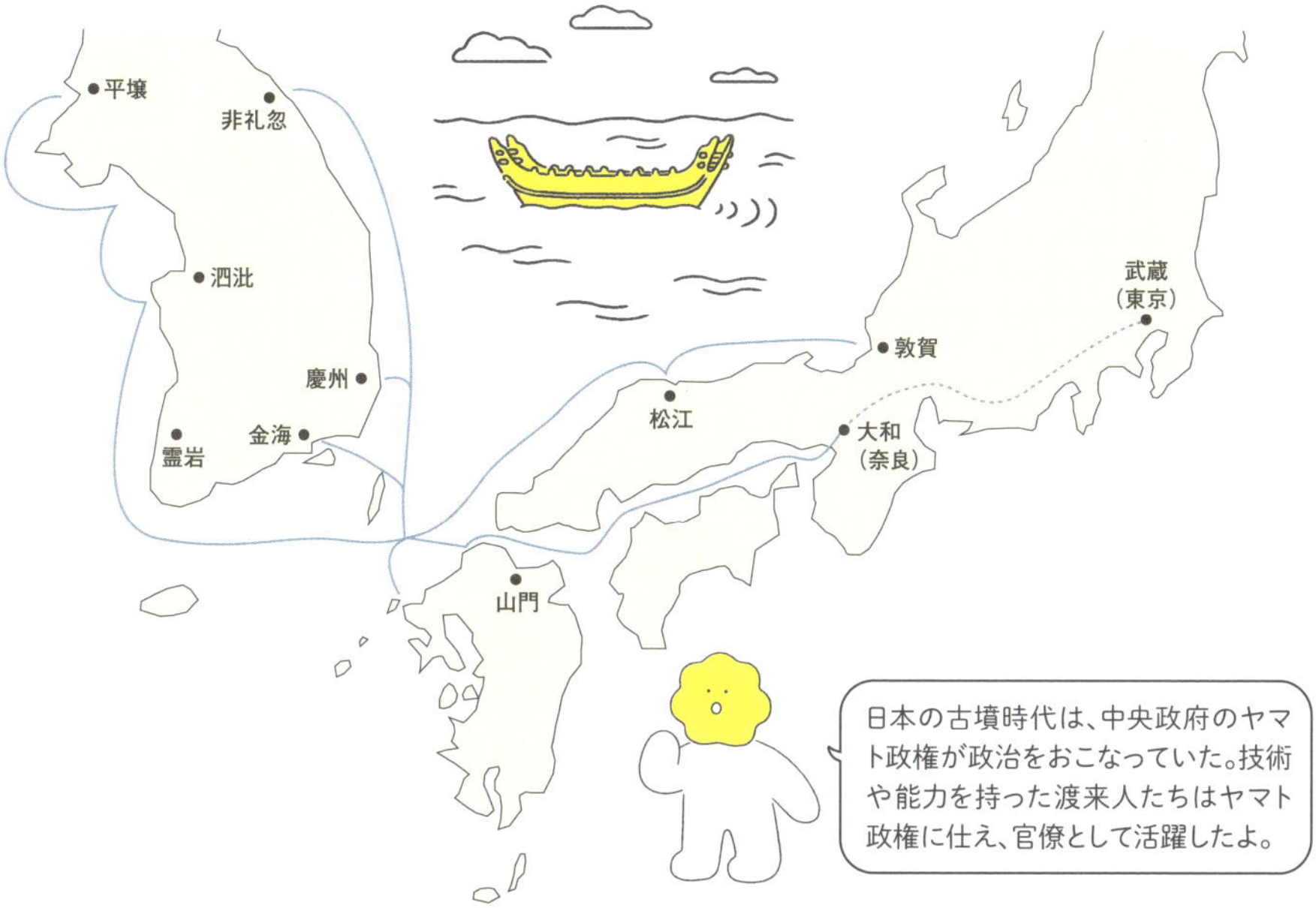
平壌
非礼忽
泗沘
慶州
金海
霊岩
松江
敦賀
武蔵（東京）
大和（奈良）
山門
日本の古墳時代は、中央政府のヤマト政権が政治をおこなっていた。技術や能力を持った渡来人たちはヤマト政権に仕え、官僚として活躍したよ。

渡来人が日本に伝えたもの

◎鉄の鋳造技術
◎養蚕・機織りの技術
◎須恵器の製造技術
◎漢字
◎儒教
◎仏教
◎仏教建築の技術
◎暦・天文
など

須恵器

朝鮮半島から伝来した窯の技術でつくられた土器。従来の野焼きよりも高温で焼き上げることで、硬く丈夫に仕上がる。

東京国立博物館／ColBase

もっと知りたい +α

日本と韓国にそっくりな仏像があるのはなぜ?

右足を左足の膝の上に組んで座り、右手を頬にあてて思索にふける仏像を半跏思惟像といいます。この様式の仏像はインド、中国、朝鮮半島を通り、日本にも伝わりました。なかでも、韓国の国宝となっている6世紀の半跏思惟像は、7世紀につくられたとされる日本の半跏思惟像（中宮寺）と姿がよく似ています。このことから仏教美術においても、日本が韓国の影響を深く受けていたことが分かるのです。

活発化する交易と花開く仏教文化

新羅の統一と北方の国・渤海《バレ(ぼっかい)》の誕生

百済や高句麗を滅ぼした新羅は、続いて同盟者だった唐と対立します。唐が朝鮮半島に影響を及ぼすのを嫌ったためです。**新羅が唐の勢力を朝鮮半島から追い出したことで、統一新羅が成立しました。**

一方、朝鮮半島北部から中国東北部にかけては、高句麗の遺民に靺鞨《まっかつ》という民族が加わり、渤海という国ができました。**渤海は交易で繁栄し、日本とも通交がありました。**

新羅は仏教を保護し、都の慶州《キョンジュ》には壮麗な仏国寺が建てられます。しかし9世紀ごろには政治が不安定となり、朝鮮半島は新羅・後高句麗・後百済に分裂してしまいます。これを後三国時代といいます。

唐を中心とする東アジアの関係性(7〜9世紀頃)

渤海・新羅は唐の冊封体制に組み込まれ、唐の政治・文化に強い影響を受けました。奈良・平安時代の日本は冊封関係を結んでおらず、渤海や新羅とも外交をおこないました。

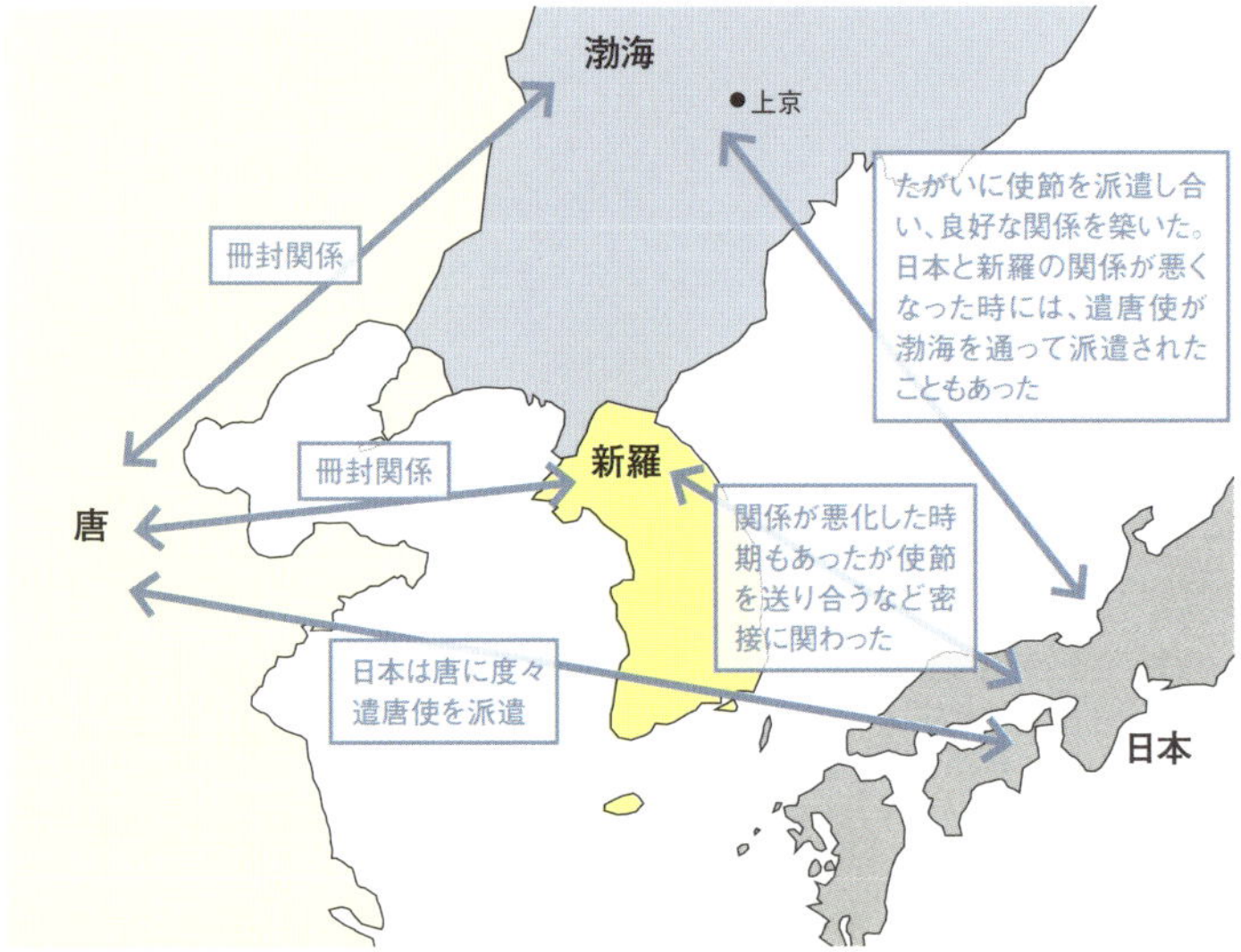

もっと知りたい +α

「朝貢」と「冊封」とは?

近代以前の東アジアでは、中国の皇帝を中心とする国際秩序がつくられました。周辺国の首長が、中国の皇帝に使いを送って貢物を贈り、臣下の礼をとります(朝貢)。皇帝は多額の返礼をするとともに、王の称号を与えて支配権を認めます(冊封)。新羅をふくむ歴代の朝鮮半島の王朝は、中国に朝貢を行い、冊封を受けていました。また、日本は新羅を格下に見て朝貢を要求したため、新羅との関係を悪化させています。

花開く新羅の仏教文化

新羅は三国統一後、多くの僧侶を唐に派遣。そこで学んだ僧侶たちは、仏教の教えを布教し、国家平安の願いをこめて多くの寺を建立しました。都の慶州には、新羅時代の仏教建築物が現在も残っています。

石窟庵

花崗岩を切り出したドーム型の洞窟寺院で新羅美術の最高峰といわれる。阿弥陀仏の住む世界を表現しており、室内には釈迦如来像が鎮座する。

仏国寺

仏教的な理想世界を建物で再現した寺院。現在の建物は8世紀に建てられたものと考えられ、何度も修復されてきた。

仏国寺多宝塔

8世紀に建立された仏塔。高さは10mほどで、仏国寺の大雄殿の前に釈迦塔とともに立ち、どちらも国宝に指定されている。

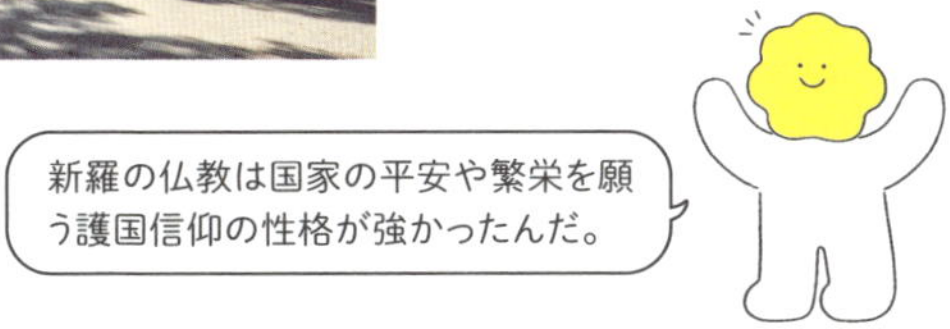
新羅の仏教は国家の平安や繁栄を願う護国信仰の性格が強かったんだ。

仏僧・慧超（えちょう）の大冒険

新羅から唐にわたった仏僧の一人である慧超は、唐から海路でインドにわたり、インド各地を巡礼します。彼は中央アジアを通って唐にもどり、『往五天竺国伝』をはじめとする多数の著作を残しました。この書物は、8世紀前半のインドや中央アジアの様子を示す一級史料として重視されています。

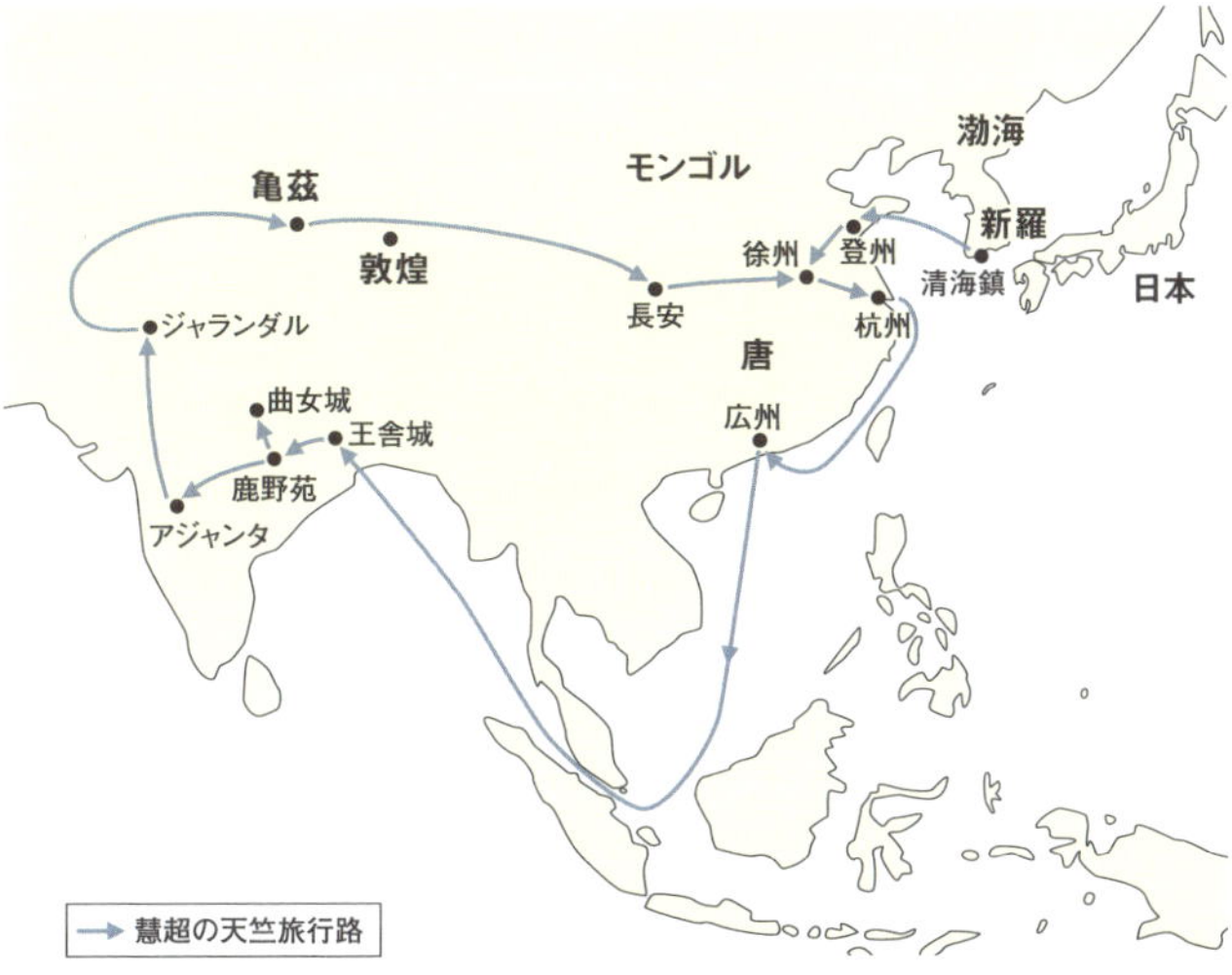
渤海
モンゴル
亀茲
敦煌
新羅
登州
徐州
清海鎮
日本
長安
杭州
唐
ジャランダル
曲女城
王舎城
広州
鹿野苑
アジャンタ
慧超の天竺旅行路

モンゴル軍にどう立ち向かったのか？

高麗とモンゴルの30年にわたる戦争

後三国時代の動乱に入ると、後高句麗の有力武将・王建が台頭。**暴虐な王を打倒し、後継国家として高麗《コリョ（こうらい）》（高句麗の別称）を建国しました。**

12世紀ごろには、文官による政治の腐敗が深刻になり、武官によるクーデターが起きます。こうして成立したのが武臣《ぶしん》政権です。

1231年、高麗はモンゴルの侵攻を受けます。武臣政権は江華島に皇帝を移し、約30年にわたる抵抗ののち降伏しました。しかし、モンゴルへの服属を拒否した三別抄《サムビョルチョ（さんべつしょう）》という勢力の抵抗は続き、1273年にようやく鎮圧されました。モンゴルが日本を攻撃するのはその翌年のことです（文永《ぶんえい》の役）。

仏教と儒教が発達し、豊かな文化が生み出された

高麗時代は仏教と儒教が発達し、それがさまざまな文化の発展につながります。その代表格といえるのが、最先端の金属活字印刷と美しい高麗青磁でした。

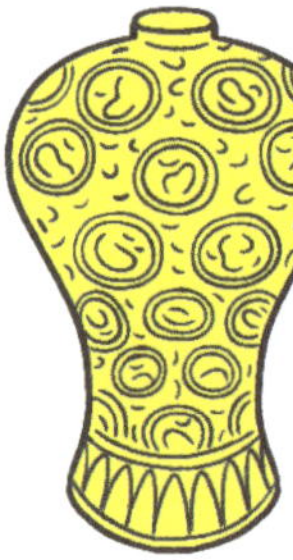

◎高麗青磁
高麗青磁の独特の青は「翡色」（カワセミの羽の色）といわれて、中国などでも絶賛された。

◎高麗仏画
阿弥陀如来、観音菩薩、地蔵菩薩、羅漢などをモチーフにしており、緻密な文様と優美な装飾性が東アジアの仏教芸術の傑作と評価されている。

◎八万大蔵経（世界遺産）
仏の力で国を守ろうと、モンゴル帝国軍の侵攻の際に、撃退を祈願して制作された。韓国南部にある海印寺では今も保管される版木を見ることができる。

◎歴史書
文臣である金富軾らが国王の命で編集した『三国史記』（1145年）と、僧の一然が著した『三国遺事』（1280年頃）は、現存する韓国最古の歴史書である。

海印寺の八万大蔵経
約8万の板に刻まれた仏教の経典『八万大蔵経』を保管する海印寺の蔵経板殿。風通しが良く湿度を一定に保つ工夫がされ、長きにわたり経典を守ってきた。

映画・ドラマ 映画「霜花店（サンファジョム）―運命、その愛」（2008年）。高麗末期、元の政治干渉に苦しむ恭愍王。彼が寵愛した武将との愛を描いたファンタジー映画。チュ・ジンモとチョ・インソンという人気スターの共演で大きな話題になった。

モンゴル帝国（元）による侵攻と支配

13世紀に登場したモンゴル帝国はその圧倒的な強さで、ユーラシアに君臨する大国となります。西は今のウクライナやイラン、東は中国全域を支配しながら朝鮮半島にも攻め入りました。

モンゴル帝国が大々的な侵攻

1231年　モンゴル帝国が大々的な侵略を敢行

1232年　高麗は首都を江華島に移転させる

1235～1239年　3度目の攻撃は5年にわたる長期戦。江華島の高麗王朝とは交渉せずに全土を蹂躙

1251年　5度目の出兵。必死に抵抗するも、全国で大きな被害。高麗の高宗はモンゴル帝国から来朝を求められるがこれを拒否する

国内の対立

1254～1259年　ジャライルタイ（車羅大）による6度目の侵入。甚大な被害

1259年　徹底抗戦派（武臣）と講和派（国王）が対立。結局は講和派の高宗が降伏し、モンゴル帝国に服属する

モンゴル帝国に服属

1270年　三別抄の抵抗運動が始まる

（1271年　モンゴル帝国が国号を「元」に改める）

1351年　31代、恭愍王の即位。恭愍王は、幼少期は元の宮廷で育つ。妃は元の魯国公主

モンゴル帝国（元）支配の一掃

1352年　胡服・辮髪などモンゴル帝国式の風俗を廃止

1356年　モンゴル帝国式の年号・官制を廃止

（1368年　明の成立。元は北京からモンゴル高原へ撤退）

西京
開京
江華島
漢陽（漢城／ソウル）
原州
全州
慶州
羅州
モンゴル軍の進路

ユーラシア大陸一帯に交易を広げるのだ。

フビライ・ハン

モンゴル帝国の皇帝。南宋を滅ぼし、中国全土を統一した。高麗や東南アジア諸国にも兵を送り服属させたが、日本遠征は失敗に終わった。

もっと知りたい ＋α

沈没船から見つかったお宝とは？

1976年、韓国の沖合で14世紀前半（元代）の沈没船が引き揚げられました。その積み荷には、景徳鎮（著名な陶磁器の産地）で製造された白磁などの陶磁器、27トンに及ぶ中国の銅銭などが含まれていました。また、木簡に日本の東福寺の文字が刻まれていたことなどから、中国（元）から日本に向かう途中に沈没した貿易船と推測されます。胡椒など日本向けでない商品もあり、日本以外への寄港も予定していたという見解もあります。

両班《ヤンバン》制が500年の治世を支えた

李成桂《イソンゲ(りせいけい)》のクーデターで朝鮮王朝の時代へ

元がおとろえて明が勃興すると、高麗では元に従うか明に従うかで内部対立が起きます。親明派の**将軍李成桂は、クーデターで実権を握り、高麗王に位を譲らせました。ここに高麗は滅び、朝鮮国が成立します。**

李成桂は、儒学を国教として保護しました。儒学のうちでも、君臣の秩序を重んじる朱子学は支配に都合がよく、特に重視されました。

この頃、**両班という官僚制度が発達しました。**高麗の時代に登場した両班は、文官である文班・武官である武班の総称ですが、文官が上位に置かれました。両班は科挙という試験で選ばれましたが、やがて特権階級化していきます。

儒教にもとづいた朝鮮王朝の身分制度

朝鮮王朝は厳格な身分制社会で、良人は両班・中人・平民に分けられ、賤人もふくめて4つの階級に分けられました。両班になるには、家柄が良いこと、官僚試験である科挙に合格すること、儀礼を重んじていることなど厳しい条件がありました。

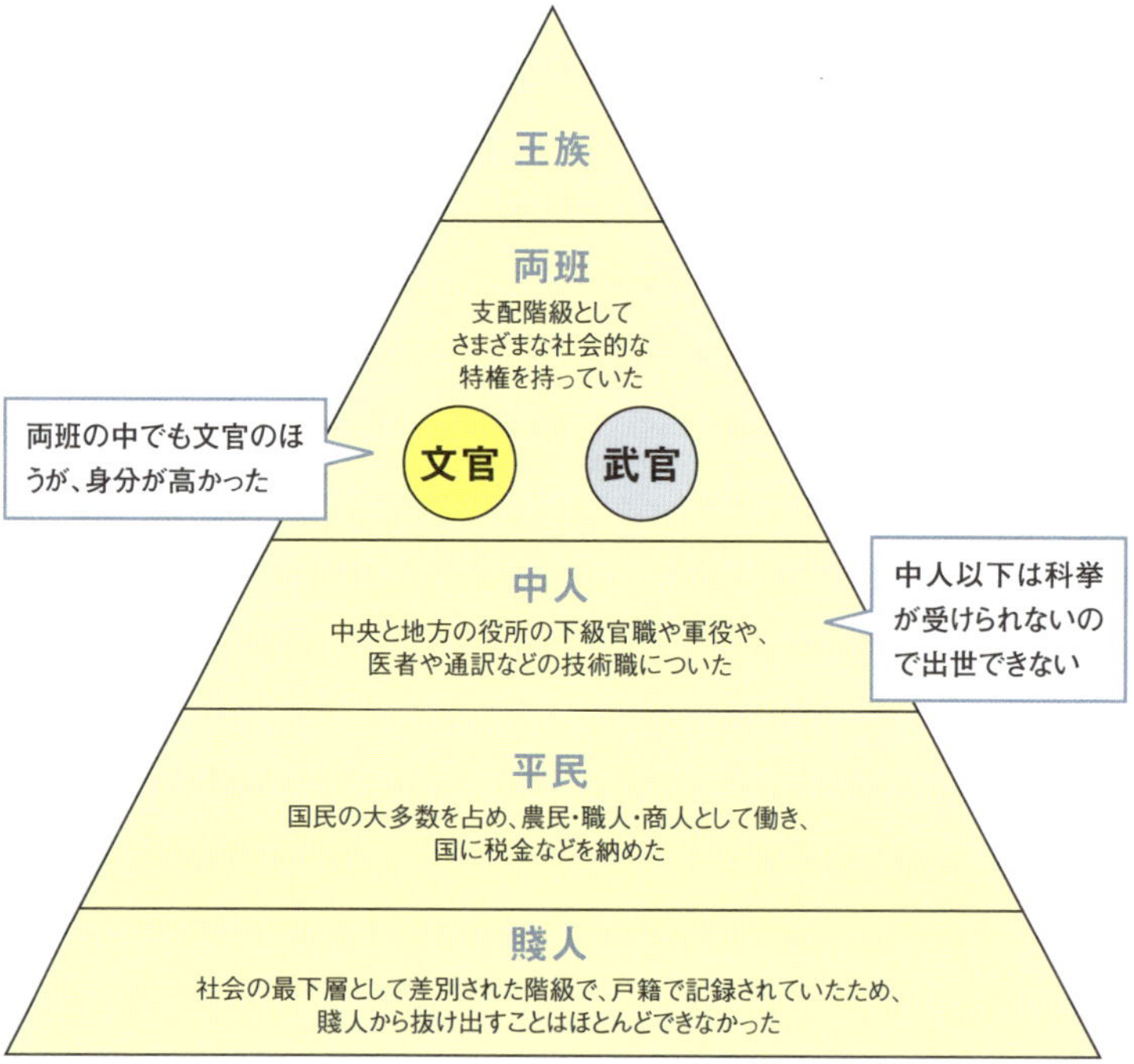
王族
両班
支配階級として
さまざまな社会的な
特権を持っていた
両班の中でも文官のほうが、身分が高かった
文官
武官
中人
中央と地方の役所の下級官職や軍役や、
医者や通訳などの技術職についた
中人以下は科挙が受けられないので出世できない
平民
国民の大多数を占め、農民・職人・商人として働き、
国に税金などを納めた
賤人
社会の最下層として差別された階級で、戸籍で記録されていたため、
賤人から抜け出すことはほとんどできなかった

映画・ドラマ ドラマ「宮廷女官チャングムの誓い」(2003～2004年、MBC)。朝鮮王朝時代、身分差別や男尊女卑に屈せず、低い身分から宮中最高の料理人、さらには女医となったチャングムの生涯を描いたドラマ。

朝鮮王朝の繁栄と華美を伝える世界遺産

約500年の間、朝鮮王朝の都として栄えた漢城（ソウル）や城郭都市である水原（スウォン）。現在もその繁栄ぶりを物語るさまざまな遺構が残されており、その多くが世界遺産に登録されています。

水原の華城（ファソン）

22代の王の正祖が、父をとむらうために築かせた巨大な城郭。西洋の近代的な工法を導入し、着工からわずか2年で完成したという。

昌徳宮（チャンドックン）

15世紀に3代王の太宗によって建てられた離宮。正宮が焼失したため長くここで政務がおこなわれた。何度も火災にあったが修復をくり返し、現在も美しい姿で残っている。

宗廟（チョンミョ）

歴代の王族をまつる霊廟。正殿には功績のある王と王妃を、永寧殿にはそれ以外の王族がまつられている。国王が亡くなるたびに増築され長さは101mにもなる。

宗廟では現在も、祖先をたたえる年に一度の儀式が継承されているよ。

もっと知りたい +α

ハングルを生んだ世宗

朝鮮王朝の4代の王である世宗は、儒学が理想とする王道政治を目指し、優れた学者を集めて王を補佐させる集賢殿を設置しました。『高麗史』の編纂などの文化事業に注力し、朝鮮史上最高の名君として知られます。世宗最大の業績は、朝鮮民族独自の文字である訓民正音（ハングル）の考案を命じたことでしょう。漢字のみで朝鮮語の音を表記するのは難しかったため、10の基本母音と14の基本子音を組み合わせる表音文字がつくられました。

AA 0000000 A
보기
한국은행
만원
見本
10000
10000

紙幣に描かれた世宗

名君で知られる世宗だが、肖像画は残っておらず、一般に知られているのは想像で描かれたもの。10000ウォン紙幣にも採用されている（→p.75）。

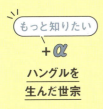

7

壬辰《イムジン》・丁《チョン》酉《ユ》倭乱《ウェラン》

朝鮮王朝
1592～1597年

後世にまで禍根を残した朝鮮出兵

李舜臣《イスンシン(りしゅんしん)》らの活躍で日本軍を撃退

　天下統一を果たした豊臣秀吉は、明を征服する野望を抱き、手始めに朝鮮に対して明への先導を行うよう要求します。対馬の宗《そう》氏を介した交渉は決裂し、2度にわたる朝鮮出兵が起きました。**朝鮮では壬辰・丁酉倭乱（日本では文禄《ぶんろく》・慶長《けいちょう》の役）と呼んでいます。**

　戦いは日本軍が優勢でしたが、**水軍指揮官の李舜臣や、各地でゲリラ戦を展開した義兵、明の援軍の活躍で戦線は膠着します。**秀吉の死によって日本軍は撤退しますが、朝鮮の社会は大打撃を受けました。

　17世紀に入ると、北方の女真が後金（後の清）を建国。朝鮮は女真の侵攻も受け、清に服属しました。

秀吉が朝鮮出兵をおこなった理由とは?

秀吉は、明に代わって東アジアを支配しようと画策し、朝鮮半島を通って攻め入ろうと考えました。そもそもなぜ秀吉は、東アジアを支配しようと考えたのでしょうか。

理由① 日本国を統一したため明に豊臣政権の正統性や通交の承認を求めたが、明がそれを認めなかったことで、自らが東アジアの頂点に立つことを画策した。

理由② 天下統一によりこれ以上領土の拡張ができず、家臣らに恩賞として土地を与えることができなくなったため、海外にその領土を求めた。

理由③ 国内の兵士らは天下統一によって働き場所を失い、出世の機会が失われてしまったため、国外の戦争を兵士らのはけ口とした。

理由④ 秀吉は商業を重視しており、朝鮮半島や明を服属させて、東アジア一帯からインド洋にまで交易圏を広げようとした。

理由⑤ ヨーロッパの列強、特にスペインが日本や東アジアにこれ以上進出しないように、示威行為として対外戦争を実施した。

さまざまな理由により
明を屈服させ
たかったのじゃ。
豊臣秀吉

もっと知りたい +α

捕虜が伝えた貴重な朝鮮文化

朝鮮出兵によって、朝鮮の貴重な記録や美術品が失われ、多くの人が捕虜として連れ去られました。その中の一人である陶工の李参平は、肥前（佐賀県）に技術を伝えて有田焼の祖となります。薩摩焼も、日本に連行された朝鮮の陶工に始まりました。また、養蜂の技術も朝鮮出兵の際に薩摩に伝わったとされています。逆に、日本軍が朝鮮に伝えたとされる唐辛子は、現在は韓国料理に欠かせない調味料になっています。

有田焼

朝鮮を苦しめた日本軍の侵攻と戦い

秀吉は、明に侵攻する道を借りるという口実で朝鮮を侵略。前後7年間にわたる戦争では半島全土が戦乱に巻き込まれ、朝鮮に甚大な損害と社会的混乱を引き起こしました。

朝鮮出兵の日本軍の進路

1592年

壬辰倭乱（文禄の役）

当初、釜山から北上した日本軍は平壌や明との国境付近まで攻め込むが、朝鮮軍と明の援軍による反撃により後退。李舜臣率いる朝鮮水軍によって補給路を断たれ、さらに朝鮮義兵の決起によって日本軍は敗戦が続き、講和にいたる

▼

講和交渉

明と秀吉の交渉で、秀吉は朝鮮半島南部の割譲、朝鮮国王子の人質差し出し、日明貿易の再開などを求めたが、明が受け入れられるものではなく決裂する

▼

1597年

丁酉倭乱（慶長の役）

日本軍は再び朝鮮半島へと侵攻。朝鮮・明の連合軍に進軍を阻まれ、日本式の城郭（倭城）を築き持久戦に臨むも、寒さや兵糧不足により苦境に立たされた。やがて秀吉の死去により撤退する

▼

朝鮮の復興

破綻した農村社会を復旧するため税制改革や産業振興が実施されたが、当初は支配層への反乱も多く、復興には長い月日を要した

日本軍の侵略で、朝鮮の社会は壊滅的なダメージを受けたんだ。

映画・ドラマ ドラマ「不滅の李舜臣」（2004～2005年、KBS）。日本軍を2度にわたり撃退した李舜臣の生涯を描く。

日本軍には絶対に屈しない！

李舜臣
壬辰・丁酉倭乱の際に朝鮮水軍を率いて日本軍と戦い、祖国を守り抜いた。「救国の英雄」と称される。

8 朝鮮王朝と江戸幕府は対等な関係を求めた

朝鮮通信使《トンシンサ》

朝鮮王朝 1603～1867年

友好を伝える朝鮮からの使者

豊臣秀吉の没後、天下人となった徳川家康は朝鮮との国交回復を図ります。**対馬の宗氏を通じた交渉の結果、講和条約として己酉約条《きゆうやくじょう》が結ばれ、貿易も復活しました。**

以後、江戸幕府の将軍が代替わりするごとに朝鮮通信使が日本を訪問することになりました。通信使の人数は400人を超え、対馬から大坂を経て江戸に向かいます。**通信使の宿舎には日本の文人が集まり、詩文などの文化交流が行われました。**

また、釜山には日朝交渉のために草梁《そうりょう》倭館《わかん》が設置されました。倭館の敷地は約10万坪に及び、日朝交渉の担い手だった対馬藩の人員が駐在していました。

朝鮮・日本の国交回復と対馬藩の苦悩

古くから対馬を治め、朝鮮との外交を担っていた宗氏。江戸幕府に朝鮮との講和を命じられると、宗氏は日本の国書を偽造するという策で国交を回復させました。

国内復興が優先！
外交でもめたくない。
仲良くしてくれないと
貿易ができない！
朝鮮とはほどよく
つきあっていこう。

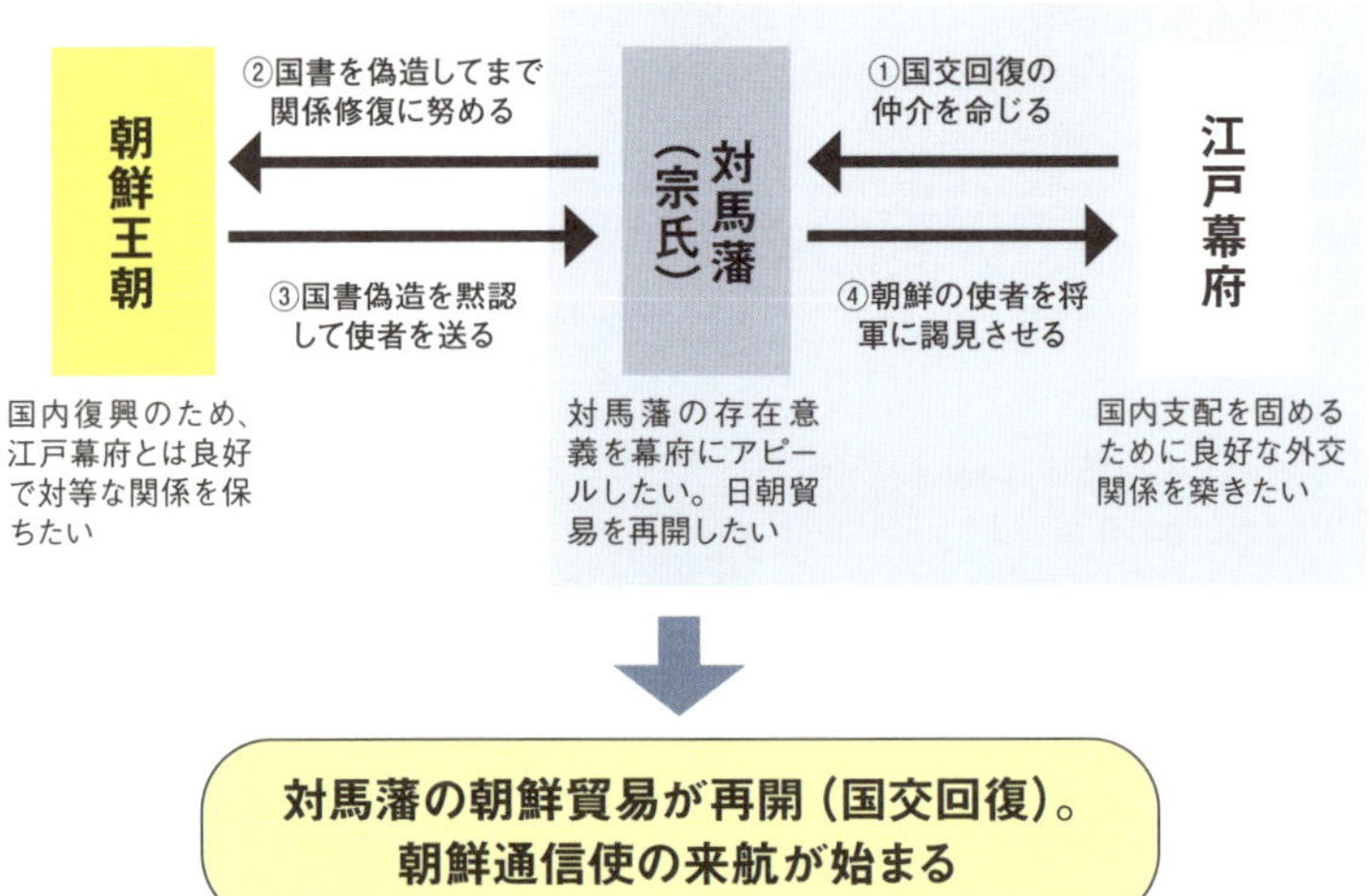
朝鮮王朝
対馬藩（宗氏）
江戸幕府
①国交回復の仲介を命じる
②国書を偽造してまで関係修復に努める
③国書偽造を黙認して使者を送る
④朝鮮の使者を将軍に謁見させる
国内復興のため、江戸幕府とは良好で対等な関係を保ちたい
対馬藩の存在意義を幕府にアピールしたい。日朝貿易を再開したい
国内支配を固めるために良好な外交関係を築きたい
対馬藩の朝鮮貿易が再開（国交回復）。
朝鮮通信使の来航が始まる

江戸時代の朝鮮通信使の経路

朝鮮からの使節団は400人ほどの大所帯で、釜山から船で対馬を経由して瀬戸内海を通り、大坂からは陸路にかえ、約半年間かけて江戸に到着しました。江戸時代に12回来日し、4～6回目の通信使は徳川家康が眠る日光東照宮を参詣しています。下図は1748年に訪日した通信使の経路。

『ビジュアル・ガイド江戸時代館』(小学館)を参照

「朝鮮通信使参着帰路行列図巻」

正使は駕籠に乗り、国書は神輿に入れられて運ばれた。
一行には曲芸師らも加わっており、街道には多くの見物客が押し寄せたという。

九州国立博物館蔵／ColBase

もっと知りたい +α

「誠信外交」を主張した雨森芳洲

雨森芳洲は、対馬藩に仕えた儒学者で、語学に長けていました。互いに面子と形式を重んじる日朝間にはしばしば難題が持ち上がりましたが、そのたびに困難な交渉にあたりました。対馬に朝鮮通詞(通訳)の養成所をつくったり、『交隣提醒』などの著作を遺したりするなど、文化面の業績も多いです。『交隣提醒』では、互いの文化の違いを理解し、誠意と信義をもって交渉することが外交に不可欠であるとする「誠信外交」を説きました。

9

清と日本の間で揺れる朝鮮王朝

壬午軍乱《イモグルラン》

朝鮮王朝 1876〜1882年

近代化した日本が朝鮮に圧力をかける

19世紀に入ると、朝鮮では政治腐敗や飢饉が深刻になり、各地で反乱が相次ぎました。また、欧米列強の船が来航して開国を求めるようになりますが、朝鮮は拒否しました。

一方、日本はペリーの来航によって開国し、明治維新を経て近代化を開始。朝鮮に対しても近代的な外交関係を求めてきます。1875年、**日本は武力で朝鮮に圧力をかけ、翌年に日朝修好条規を結ばせました。**

この頃、朝鮮では国王高宗《コジョン》で保守派の父・大院君《テウォングン》と、高宗の妻で開化派の閔妃《ミンビ》が対立。**1882年の壬午軍乱では清の介入で閔妃の側が勝利します。**これにより、清は朝鮮の内政への介入を強めました。

19世紀後半の東アジア情勢と各国の思惑

朝鮮は古くから、中国の歴代王朝と冊封体制による主従関係を結んできました。それに対抗するように日本は朝鮮への干渉を強めたため、清と日本の対立が表面化しました。

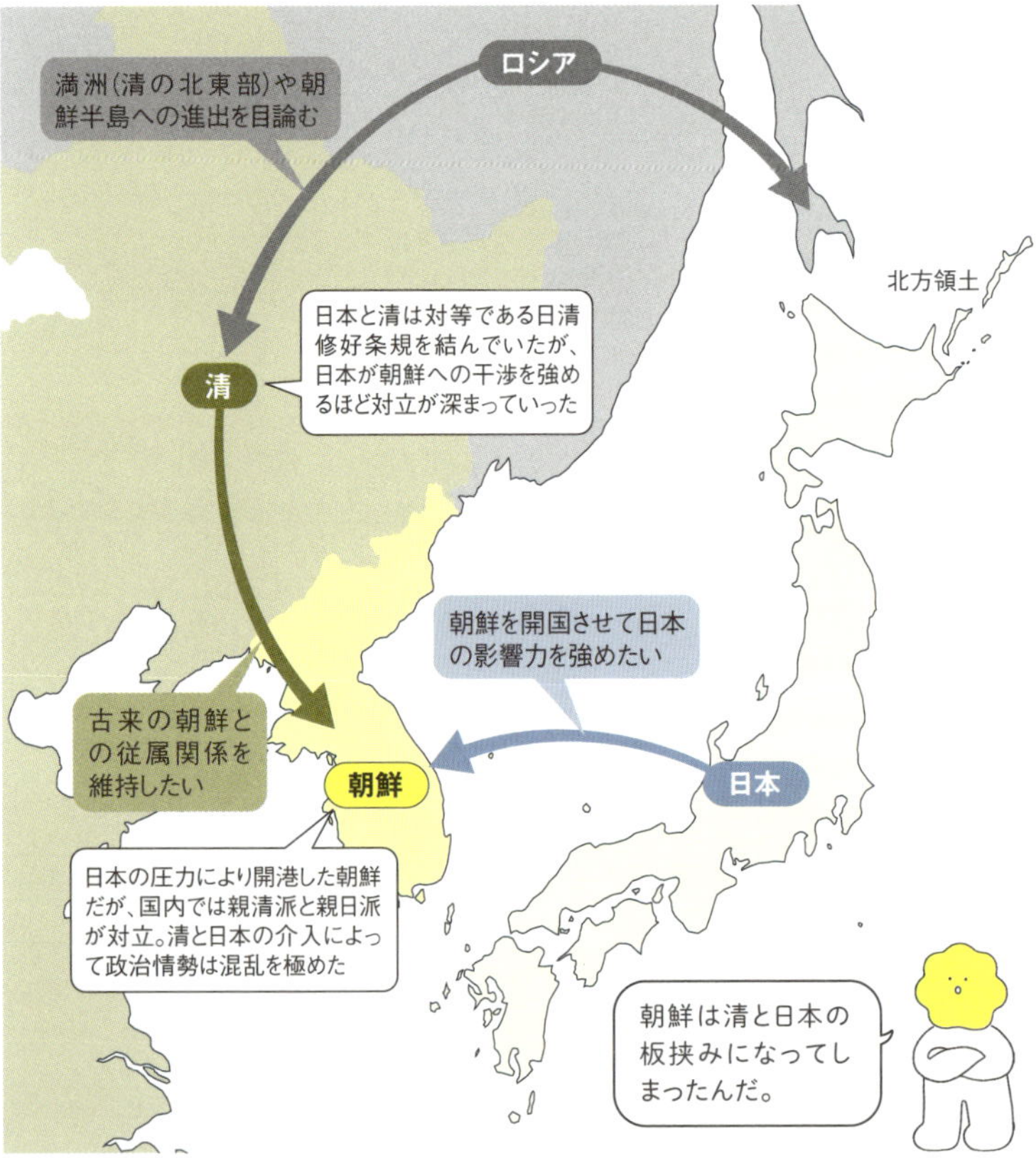

王朝を混乱させた政治対立

朝鮮国王・高宗の王妃となった閔妃の一族は、強い権力を持っていました。改革派の閔氏一族は日本の政治顧問を招いて近代化政策を進めますが、これに高宗の父・大院君が反発して壬午軍乱を起こします。しかしこのクーデターは失敗に終わりました。

大院君（1820〜1898）

高宗に王位を譲った後も実権を握っていたが、閔妃によって失脚。壬午軍乱の際にクーデターを起こすが失敗する

↔ 対立

閔妃（1851〜1895）

大院君の引退後、一族によって政権を牛耳る。日本から顧問を招いて政治改革を進めるが、壬午軍乱後は清への依存を深めた。後に暗殺される

夫婦

高宗（1852〜1919）

父の大院君、その後閔妃によって政権は独占される。清からの独立後、大韓帝国の皇帝となる

親 ― 子

閔妃一族の女性

朝鮮をめぐる日本と清の争い

朝鮮を独立させたい日本と、朝鮮との従属関係を維持したい清は、朝鮮の実権を握る閔氏に接近。はじめは親日派だった閔氏ですが、壬午軍乱以降は清に接近していきます。

清	朝鮮	日本

日本が朝鮮を開国させるなどけしからん！

朝鮮への影響力を強めたい。

日朝修好条規（1876年）

朝鮮が日本と結ばされた不平等条約

開国 ← 強制

↓

朝鮮はわが中国の属国なのだ。

親日だった政権が離れてしまった…

壬午軍乱（1882年）

日本の指導による改革を進める閔妃一族に不満を抱いた大院君がクーデターを起こすが、清の介入を招く

反乱を鎮圧 ⇄ 親清へ転換 ← 影響力強まる

↓

朝鮮の独立など許さん!

一気に朝鮮を独立させてしまおう。

甲申政変（1884年）

親清派の政権に対して朝鮮独立を目指してクーデターを起こす

鎮圧 → 独立党 ← 支援

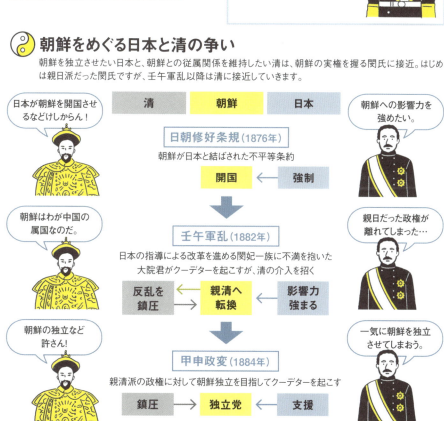

10

日清戦争

朝鮮王朝 1884～1895年

日本の勝利が朝鮮にもたらしたものとは？

農民反乱をきっかけに日清が開戦する

壬午軍乱のあと、閔妃は開化派から親清派に転じました。**不満を持った金玉均《キムオッキュン》ら開化派がクーデターを起こしますが失敗し、日本に亡命します（甲申政変《カプシンジョンビョン》）。**

1894年には、新興宗教の東学《トンハク》を信仰する農民らが甲午《カボ》農民戦争を起こします。朝鮮が清に援軍を要請すると、日本も邦人保護を名目に出兵し、日清戦争が起きました。

戦争中、日本は朝鮮に親日政権を樹立し、反抗する民衆を抑え込みました。戦争は日本の勝利に終わり、講和条約の下関条約が結ばれます。**この条約では、朝鮮は独立国とされ、清を頂点とする冊封体制から切り離されました。**

甲午農民戦争をきっかけに日清戦争が勃発

朝鮮半島で甲午農民戦争が起こると、清・日本が出兵し鎮圧にあたりました。鎮圧後、日本が清に共同で朝鮮の改革をおこなうことを提案しますが、清が拒否したため対立が深まり日清戦争が始まりました。日本はこれに勝利し下関条約を結びました。

独立クーデター（甲申政変）の失敗（1884年）

日清が天津条約を結び、両国軍が朝鮮から撤退する

↓ 社会不安の高まり

甲午農民戦争（東学の乱）（1894年）

東学という新興宗教教団が蜂起。
清と日本の両国が派兵したため一瞬即発の状況に

出兵 → 政府 VS 東学 ← 出兵鎮圧

朝鮮に介入する
日本を追い出したい。

日本の利権を
守るため清に
宣戦布告しよう！

↓ 日本が朝鮮王宮を占領し大院君政権を樹立

日清戦争（1894～1895年）

日本に負けるなんて…
国内の改革を急がなくては…

朝鮮を独立させて
介入を強めたい。

↓ 日本の勝利

下関条約（1895年）

朝鮮の独立が承認される。
以後、日本の朝鮮への内政干渉が強まる

日清戦争の経緯と戦場

近代的な軍備を備えていた日本は、開戦1カ月半で平壌を占領し、黄海海戦に勝利して制海権を掌握しました。その後、遼東半島も制圧し威海衛要塞を占領、戦争は日本の勝利で終わりました。

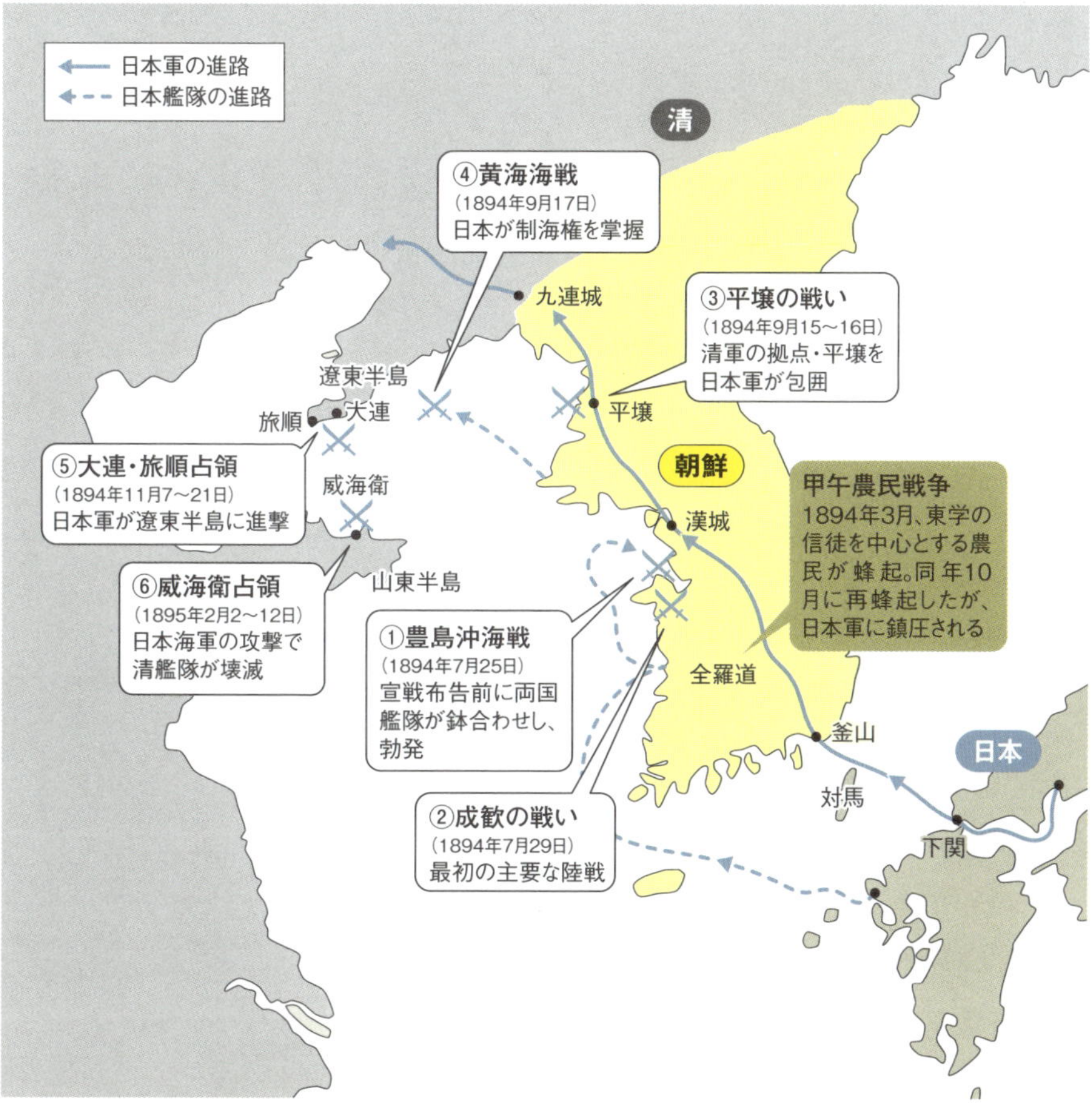
日本軍の進路
日本艦隊の進路
清
④黄海海戦
（1894年9月17日）
日本が制海権を掌握
九連城
③平壌の戦い
（1894年9月15〜16日）
清軍の拠点・平壌を
日本軍が包囲
遼東半島
旅順
大連
平壌
⑤大連・旅順占領
（1894年11月7〜21日）
日本軍が遼東半島に進撃
威海衛
朝鮮
甲午農民戦争
1894年3月、東学の信徒を中心とする農民が蜂起。同年10月に再蜂起したが、日本軍に鎮圧される
漢城
⑥威海衛占領
（1895年2月2〜12日）
日本海軍の攻撃で
清艦隊が壊滅
山東半島
①豊島沖海戦
（1894年7月25日）
宣戦布告前に両国
艦隊が鉢合わせし、
勃発
全羅道
釜山
日本
対馬
②成歓の戦い
（1894年7月29日）
最初の主要な陸戦
下関

もっと知りたい +α

なぜ、閔妃は暗殺されたのか？

日清戦争の直後、ロシアがドイツ・フランスを誘って日本に圧力をかけ、獲得した領土を返還させました（三国干渉）。日本の内政干渉を嫌っていた閔妃（明成皇后）は、これを機にロシアに接近を図ります。朝鮮の日本公使・三浦梧楼らはこれに危機感を持ち、王宮内で閔妃を暗殺してしまいます。日本側はこの事件を朝鮮内部の政変に偽装しようとしましたが、欧米人の目撃者がいたため偽装は失敗に終わっています。三浦梧楼は一時収監されますが、すぐに無罪として釈放されました。

映画・ドラマ　ドラマ「明成皇后」（2001〜2002年、KBS）。波瀾の生涯を送った閔妃（明成皇后）の生涯を、124話を費やして描いたという長大な歴史大河。

11 大韓帝国 1897〜1910年

中国から独立して「皇帝」を名乗る

日露戦争後、日本の保護国となる

伝統的に、朝鮮王は中国の皇帝と君臣関係にありましたが、下関条約で朝鮮は独立国とされました。**高宗は中国と同格の「皇帝」を名乗り、国号を大韓帝国と改めました。**

この頃、満洲や朝鮮半島への影響力をめぐり、日本とロシアが対立。日露戦争が勃発しました。**戦中・戦後に、日本は第一次・第二次の日韓協約を結ばせ、保護国化します。**漢城には韓国統監府が置かれ、伊藤博文が初代韓国統監となりました。

韓国の民衆は、義兵運動で日本に抵抗します。その一人安重根《アンジュングン》は、ハルピン駅で伊藤博文を暗殺。韓国併合に慎重だった伊藤の暗殺は、皮肉にも併合時期を早めました。

日露戦争直前の各国の思惑と大韓帝国

日清戦争後、朝鮮での影響力を強めたいロシアとそれを阻止したい日本の間でつばぜり合いが起きました。朝鮮は国号を大韓帝国と改め、国家の自立を守ろうと近代化政策を進めます。

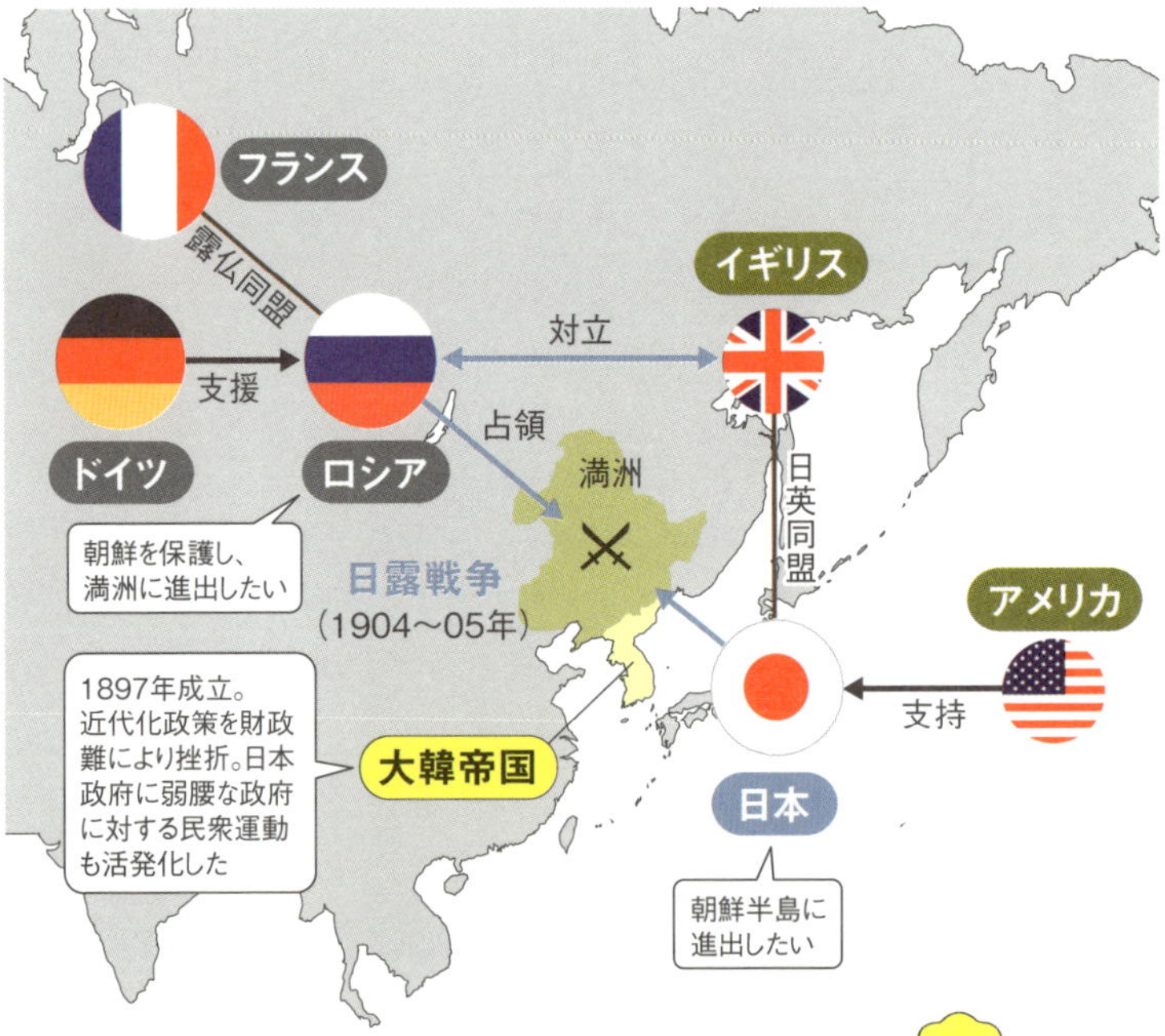

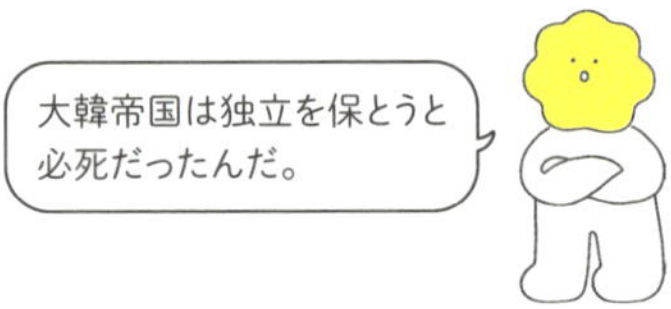

韓国併合（国権剥奪）にいたる経緯

日露戦争に勝利した日本は、朝鮮からロシアを追い出して独占的立場を手に入れました。軍事的脅威を受ける大韓帝国は日本に有利な協約を結ばざるをえず、抗日運動も増していきます。

1895年 下関条約で朝鮮が清から独立

1897年 大韓帝国の成立（親露派政権）

↓

1904年 朝鮮半島の権益をめぐり日露戦争へ → 日本の勝利

↓

1904年 第一次日韓協約 韓国政府内に日本が推薦した財政・外交顧問を置く

↓

1905年 第二次日韓協約 統監府を設置。韓国は外交権を失う（保護国化）

ハーグ密使事件 韓国皇帝・高宗がオランダのハーグで行われていた万国平和会議に使者を送り、外交権回復を訴えた事件。ロシアの裏切りで参加国から拒絶される → 高宗は退位させられる

↓

1907年 第三次日韓協約 韓国の内政権を接収し、韓国軍は解散させられる

義兵運動 抗日運動が拡大し、日本軍により弾圧される

伊藤博文暗殺事件 統監を辞任した伊藤がハルピンで安重根に暗殺される

↓

1910年 韓国併合条約 韓国は日本に併合され、朝鮮総督府が設置される。韓国では「国権剥奪」とも呼ばれる

日本の圧力に耐えて独立を保たねば…
高宗

もっと知りたい＋α 朝鮮との懸け橋になった柳宗悦

日本の美術評論家・柳宗悦は、民芸（民衆がつくった工芸品）が持つ美しさに着目し、民芸運動を展開したことで知られます。宗悦は、朝鮮で日本語教師をしていた浅川伯教に朝鮮陶磁器を贈られ、朝鮮の美術に興味を持ちました。その後、自らも朝鮮にわたり、陶磁器などの工芸品を収集します。彼は京城（ソウル）に朝鮮民族美術館を設立するなど、朝鮮美術の保存に努めました。また、日本の厳しい植民地政策については批判的でした。

映画・ドラマ 映画「ラスト・プリンセス 大韓帝国最後の皇女」（2016年）。皇帝・高宗の王女、徳恵翁主の生涯を描く。その幼なじみであるキム・ジャンハンは日本軍に加わる一方、朝鮮独立運動に尽力する。

12

皇民化政策

1910〜1945年

朝鮮の人々を苦しめた日本の統治

35年におよんだ日本の植民地支配

1910年、**韓国併合条約が結ばれ、500年以上続いた朝鮮王朝は滅亡しました。**統治機関としては朝鮮総督府が置かれます。

第一次大戦後、世界各地に民族主義運動が広がります。朝鮮もその影響を受け、三・一独立運動が起きますが、武力で鎮圧されました。

日中戦争から太平洋戦争の時期には、**朝鮮民族の特色を抹殺し、完全に日本人に同化させる皇民化政策が行われ、氏名を日本風にする創氏改名などが行われます。**

日本の敗戦により、植民地支配も終わりました。日本の終戦記念日である8月15日は、韓国では「光復節《クァンボクチョル》」として祝われています。

帝国日本による植民地化と独立運動

帝国日本の統治に韓国の人々は激しく抵抗し、上海では臨時政府も誕生しました。国内でも抗日運動は続きましたが、それに対しては徹底した弾圧が加えられました。一方で戦時下では労働者・軍人・軍属として、日本のために命を落とした人々も数多くいました。

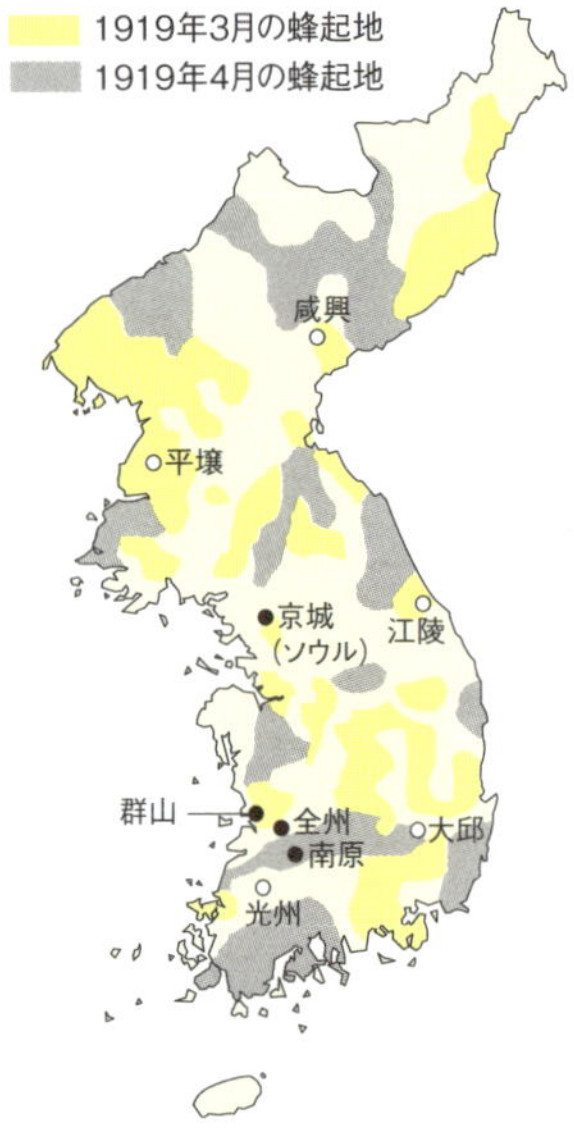

1919年3月の蜂起地
1919年4月の蜂起地
咸興
平壌
京城
(ソウル)
江陵
群山
全州
南原
大邱
光州

- 1905年　第二次日韓協約(外交権の剥奪)
- 1909年　安重根による伊藤博文の暗殺
- 1910年　日本による韓国併合
- 1919年　三・一独立運動と大韓民国臨時政府の樹立
- 1923年　関東大震災下の朝鮮人虐殺
- 1927年　独立運動組織「新幹会」の結成
- 1929年　光州で学生が主導する大規模な抗日デモ
- 1937年　(日中戦争の本格化)神社参拝の強要などの皇国臣民化政策
- 1938年　朝鮮教育令を改正し、教育現場で朝鮮語を随意科目とし、実質的に日本語の常用を強要
- 1940年　創氏改名
- 1942年　朝鮮語学会事件
- 1944年　朝鮮半島でも徴用令の実施、日本軍への入隊も志願兵制から徴兵制へ
- 1945年　日本の敗戦

もっと知りたい +α

三・一独立運動

日本側では小規模デモと報じられましたが、実際には3〜4月の間に韓国全土でのべ202万もの人々が参加した空前の独立運動でした。日本の官憲は徹底的な武力弾圧を行い、朴殷植(パク・ウンシク)の『朝鮮独立運動の血史』によれば、死者約7500名、負傷者約1万6000名、逮捕者約4万7000名となっています。

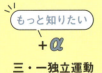

日本の植民地政策の転換

日本は朝鮮における植民地政策を、武断政治、文化政治、皇民化政策と情勢に応じて転換させました。また、同時に鉄道の敷設や道路の建設などインフラ整備も行いました。

武断政治（1910～1919年）

植民地支配の基礎を固めるため、
言論や表現の自由を奪い、結社や集会を禁止した。

↓

文化政治（1919～1931年）

朝鮮の人々の不満が高まり「三・一独立運動」が起こると、
日本は政策を転換。制限つきで表現や集会の自由を認めた。

↓

植民地支配の強化と皇民化政策（1931～1945年）

満洲事変以降、日本は朝鮮を中国進出の軍事拠点とし、
再び強圧的な統治に切り替えた。
さらに朝鮮人の日本人化を強要する皇民化政策を展開した。

国外で抵抗運動を行った人々

朝鮮での独立運動は弾圧を受けたが、一部の人々は国外に逃れて日本に抵抗しようとした。その一つが、1919年に上海で結成された大韓民国臨時政府だ。初代大統領の李承晩はアメリカへの留学経験があり、アメリカの支援を引き出そうと工作した。また、ソ連の支援を受けて抗日運動に身を投じる社会主義者もいた。金日成は、第二次大戦中に抗日ゲリラを率いたことで頭角を現した。

皇民化政策とはどのようなものだったのか？

皇民化政策では朝鮮人を「天皇に身をささげる日本臣民」に改造するため、日本語の常用や神社参拝が強制されました。朝鮮の伝統や文化を無視した支配は、戦後の日韓関係に暗い影を落としています。

●日本語常用の強要

学校での朝鮮語教育を廃止し、日本語の使用を強要した。さらに「教育勅語」の朗読などを強制した。

●神社参拝の強制

すべての町や村に必ず神社が置かれ、強制的に参拝させられた。

●創氏改名

朝鮮式の姓名を廃止し日本式の氏名に変更させた。例えば姓が「金」なら「金田」などに変えた。

●徴兵制と学徒兵

太平洋戦争の兵力確保のため朝鮮の学生が徴兵された。また、軍隊は志願兵制から徴兵制となった。

●徴用令

日本国内の労働力を補うために朝鮮人が日本へ送られ、炭坑採掘や土木工事などに従事させられた。

●従軍慰安婦

朝鮮の女性が戦地の施設に送り込まれ、日本人兵士との性行為を強制させられた。

朝鮮での日本語教育

朝鮮の村人に日本の文化や言語を教えている。

朝鮮神宮

京城（ソウル）の朝鮮神宮。天照大神と明治天皇がまつられていた。

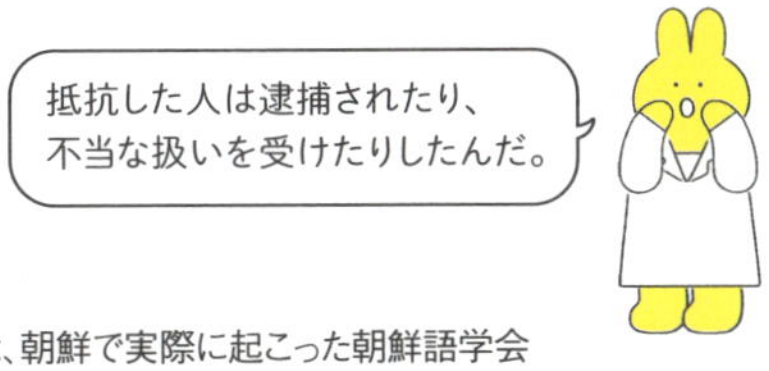
抵抗した人は逮捕されたり、
不当な扱いを受けたりしたんだ。

映画・ドラマ 映画「マルモイ」（2019年）。日本統治時代、朝鮮で実際に起こった朝鮮語学会事件をもとにした歴史映画。

新しいアングル③

韓国を今も悩ます 地政学的な難しさとは?

ソウルの西大門独立公園の片隅にそそり立つ独立門。パリの凱旋門をモデルにしたこのモニュメントは、日本が清に勝利した日清戦争後、朝鮮王朝が清から独立を果たしたことを記念して造営されました。つまりそれ以前の朝鮮は、長きにわたり中国の王朝の属国という扱いだったのです。中国を君主、朝鮮を家臣とする関係が続いてきました(こうした東アジア独自の国際関係を「冊封《さくほう》体制」と呼びます)。

なぜ朝鮮半島の国は、中国の属国という立場をとり続けてきたのでしょうか。それは中国との距離の近さ、そして半島という地形的特徴に理由があります。日本列島と中国は海に隔てられているため、人も文化も軍隊もその行き来が大幅に制限されます。一方で朝鮮半島と中国は陸続きに接しているため、人や文化も入ってくる量が多く、軍隊も攻めてきやすいのです。

その上、半島は三方が海に囲まれているため、陸から攻められると袋のねずみになってしまいます。海に逃げた場合でも、日本列島が行き先を塞ぐように横たわっているため、逃げ場がありません。例えば13世紀にモンゴル帝国に攻められたとき、当時の高麗は一時、王朝を江華島《カンファド》に遷《うつ》しますが、そこから先の逃げ場はなく、結局モンゴル帝国に服属せざるをえませんでした。このような侵攻を受けないためにも、中国の王朝に従うというのは、朝鮮の現実的な判断だったのです。

近代以降に目を向けると、朝鮮半島は中国に加えてロシアや日本という強国に囲まれることになり、朝鮮王朝は従来通り中国との関係を続けるか、ロシアや日本に近づくかという選択を迫られることになりました。強国の板挟みとなってしまう点も、半島の特徴であるといえます。現在の韓国も親米と親中の間で揺れ動いていますが、それは朝鮮半島の宿命的な課題であるということができるでしょう。

(かみゆ歴史編集部)

chapter

4

現代史

長らく大国の思惑に左右されてきた朝鮮半島。
独立、分断、軍事化、民主化と激動の歴史を解説していきます。

韓国現代史・関連年表

年	出来事
1945	8月15日　日本の無条件降伏により植民地支配終了決定
	8月17日　北緯38度線を境に朝鮮半島の南側を米国が、北側をソ連が分割占領することが決定
	8月24日　ソ連軍が平壌《ピョンヤン》に進駐
	12月　米英ソ三国外相会議により、米英中ソによる最長5年間の信託統治案が合意。信託統治反対運動が始まる
1948	4月　済州島《チェジュド》四・三事件〈南側のみの単独選挙に反対する島民による武装蜂起〉
	8月15日　大韓民国が樹立
	9月9日　朝鮮民主主義人民共和国が樹立
1950	6月25日　朝鮮戦争勃発
	6月28日　朝鮮人民軍がソウルを占領
	9月15日　米軍がマッカーサー指揮下で仁川上陸作戦敢行
	9月28日　米国、英国、韓国軍を中心とした国連軍がソウルを奪還
	10月　中国の人民志願軍が参戦
1951	1月　朝鮮人民軍が再びソウルを占領
	7月　休戦会談が始まる
1953	板門店《パンムンジョム》で朝鮮戦争休戦協定調印。軍事境界線（38度線）が確定
1960	四月革命
1961	朴正熙《パクチョンヒ》が五・一六軍事クーデターを起こす
1963	朴正熙が大統領に就任
1964	韓国軍がベトナムに派兵
1965	6月　日韓基本条約調印
1972	朴正熙が「大統領特別宣言」を発表（十月維新）
1973	金大中拉致事件
1974	朴正熙夫人、陸英修《ユクヨンス》がテロにより殺害される（文世光事件）
1979	10月　朴正熙が暗殺される

	12月　全斗煥《チョンドゥファン》、粛軍クーデターを起こす
1980	5月　5・18光州民主化運動（光州事件）
1987	盧泰愚《ノテウ》が「六・二九民主化宣言」発表
1988	ソウルオリンピック開催
1991	国際連合に北朝鮮と同時加盟
1993	金泳三《キムヨンサム》が第14代大統領に就任
1994	聖水《ソンス》大橋崩落事故
1995	三豊《サンプン》百貨店崩壊事故
1996	韓国がOECD（経済協力開発機構）に加盟
1997	通貨危機により韓国政府がIMF（国際通貨基金）へ支援要請
1998	金大中《キムデジュン》が第15代大統領に就任
2000	金大中大統領が平壌を訪問、金正日《キムジョンイル》総書記と初の南北首脳会談
2002	5月　日韓共催サッカーワールドカップ開催
2003	盧武鉉《ノムヒョン》が第16代大統領に就任
2005	「戸主制」廃止のため家族法改正〈2008年施行〉
2008	李明博《イミョンバク》が第17代大統領に就任
2010	「女性家族部」発足
2013	朴槿恵《パククネ》が第18代大統領に就任
2014	旅客船セウォル号が全羅南道珍島《チョルラナムドチンド》沖で沈没
2017	3月　憲法裁判所が朴槿恵大統領の罷免を決定、即日罷免
	5月　文在寅《ムンジェイン》が第19代大統領に就任
2018	板門店において第三次南北首脳会談実施。「板門店宣言」署名
2022	尹錫悦《ユンソンニョル》が第20代大統領に就任

1

南北分断

米ソにより南北が分断されてしまう

解放の喜びもつかの間 米ソ対立で南北分断へ

日本の植民地支配が終焉すると、韓国の人々は手に手に太極旗を取り、街に繰り出しました。 1945年8月15日夜のうちに建国準備委員会が結成され、9月には「朝鮮人民共和国」の樹立を宣言。しかし米進駐軍はそれを認めず、また38度線の北側にソ連軍が進駐して共産主義者を中心にした体制が組織されていきます。

このままでは**南北で違う国ができてしまうと危惧した人々は、統一政府の樹立を呼びかけ、国連もまた総選挙の実施を議決**しましたが、ソ連と北朝鮮はこれを拒否。そこで李《イ》承《スン》晩《マン》と米国は南側だけで単独選挙を実施し、南と北に別々の国家が樹立してしまいます。

踏みにじられた解放の喜び

解放を迎えると同時にソウルでは建国準備委員会が組織され、朝鮮人民共和国の樹立が宣言されました。ところが遅れて仁川に上陸した米軍は、これを認めませんでした。

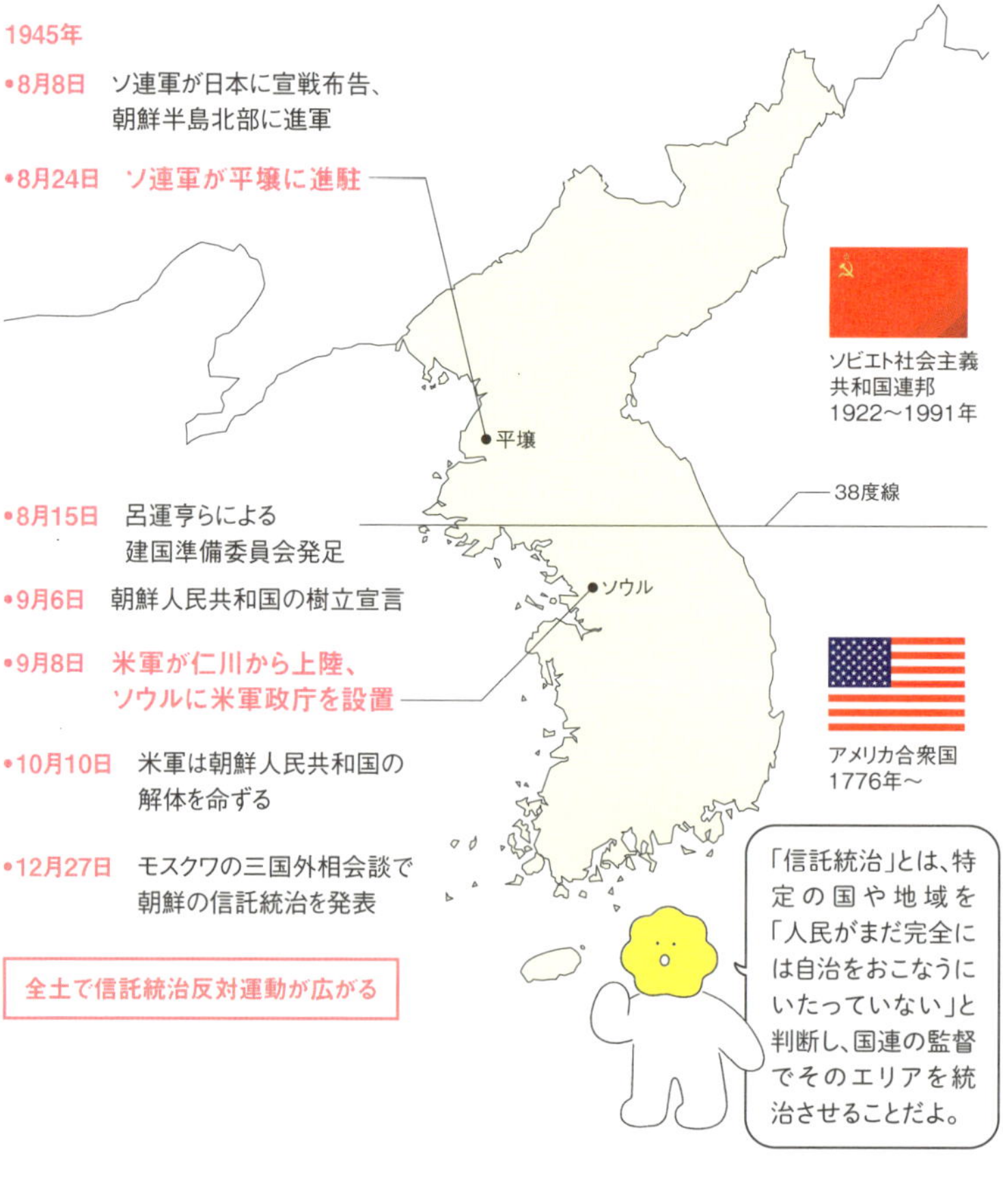

1945年
•8月8日 ソ連軍が日本に宣戦布告、朝鮮半島北部に進軍
•8月24日 ソ連軍が平壌に進駐
平壌
ソビエト社会主義共和国連邦 1922〜1991年
38度線
•8月15日 呂運亨らによる建国準備委員会発足
ソウル
•9月6日 朝鮮人民共和国の樹立宣言
•9月8日 米軍が仁川から上陸、ソウルに米軍政庁を設置
アメリカ合衆国 1776年〜
•10月10日 米軍は朝鮮人民共和国の解体を命ずる
•12月27日 モスクワの三国外相会談で朝鮮の信託統治を発表
全土で信託統治反対運動が広がる
「信託統治」とは、特定の国や地域を「人民がまだ完全には自治をおこなうにいたっていない」と判断し、国連の監督でそのエリアを統治させることだよ。

米ソの分割占領vs 統一政府への動き

解放を喜んだのもつかの間、朝鮮半島は北にソ連軍と左派である金日成（キム・イルソン）、南に米軍と右派である李承晩というように、米ソの影響もあって南北の分断が色濃くなっていきます。呂運亨（ヨ・ウニョン）らは統一国家樹立のために左右合作のための協議を進めました。

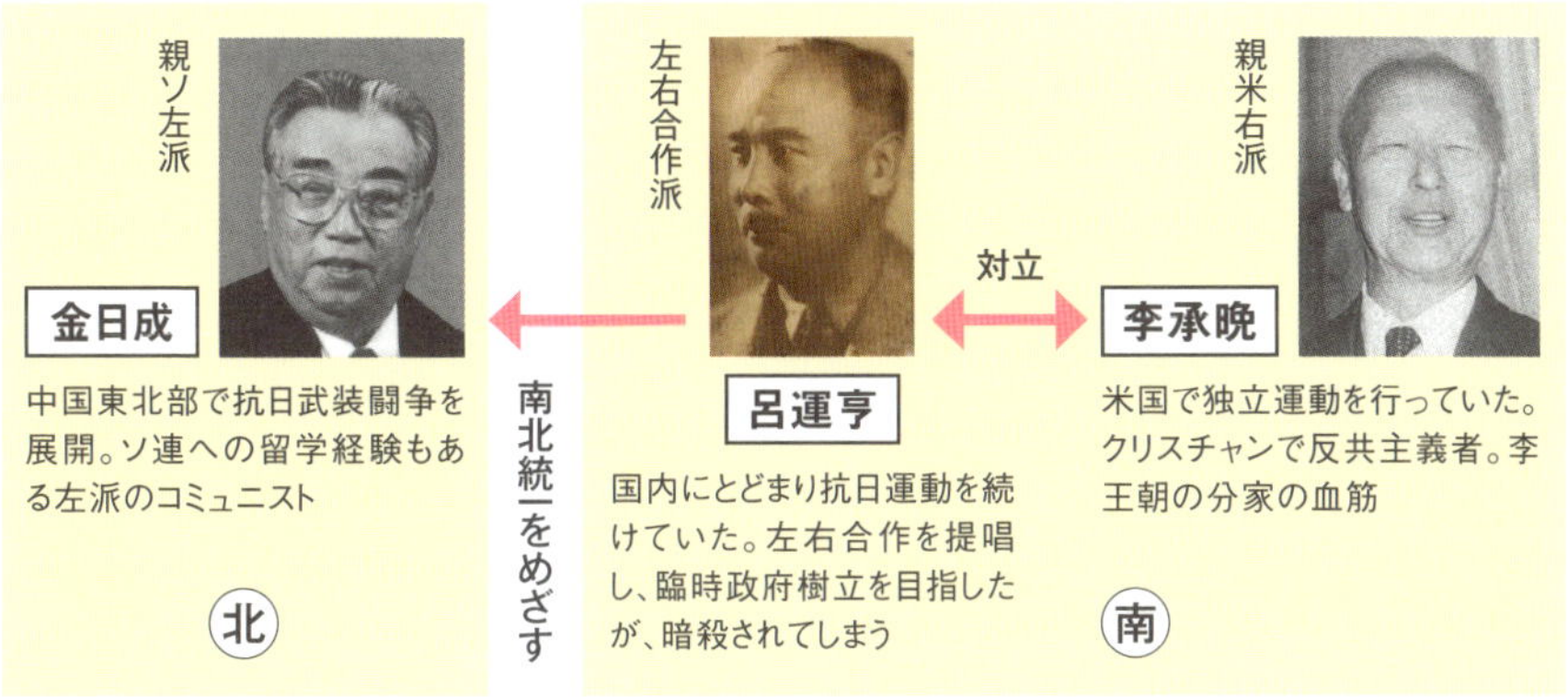

大韓民国と朝鮮民主主義人民共和国の設立

米ソ共同委員会での臨時政府樹立の話し合いが不発に終わると、米国は朝鮮の独立問題を国連に持ち込みます。国連では南北の総選挙を実施して政府を樹立する案が決議されましたが、北朝鮮とソ連がこれを拒否します。李承晩と米国は多くの反対を押し切って南側だけで単独選挙を行い、大韓民国を成立させます。

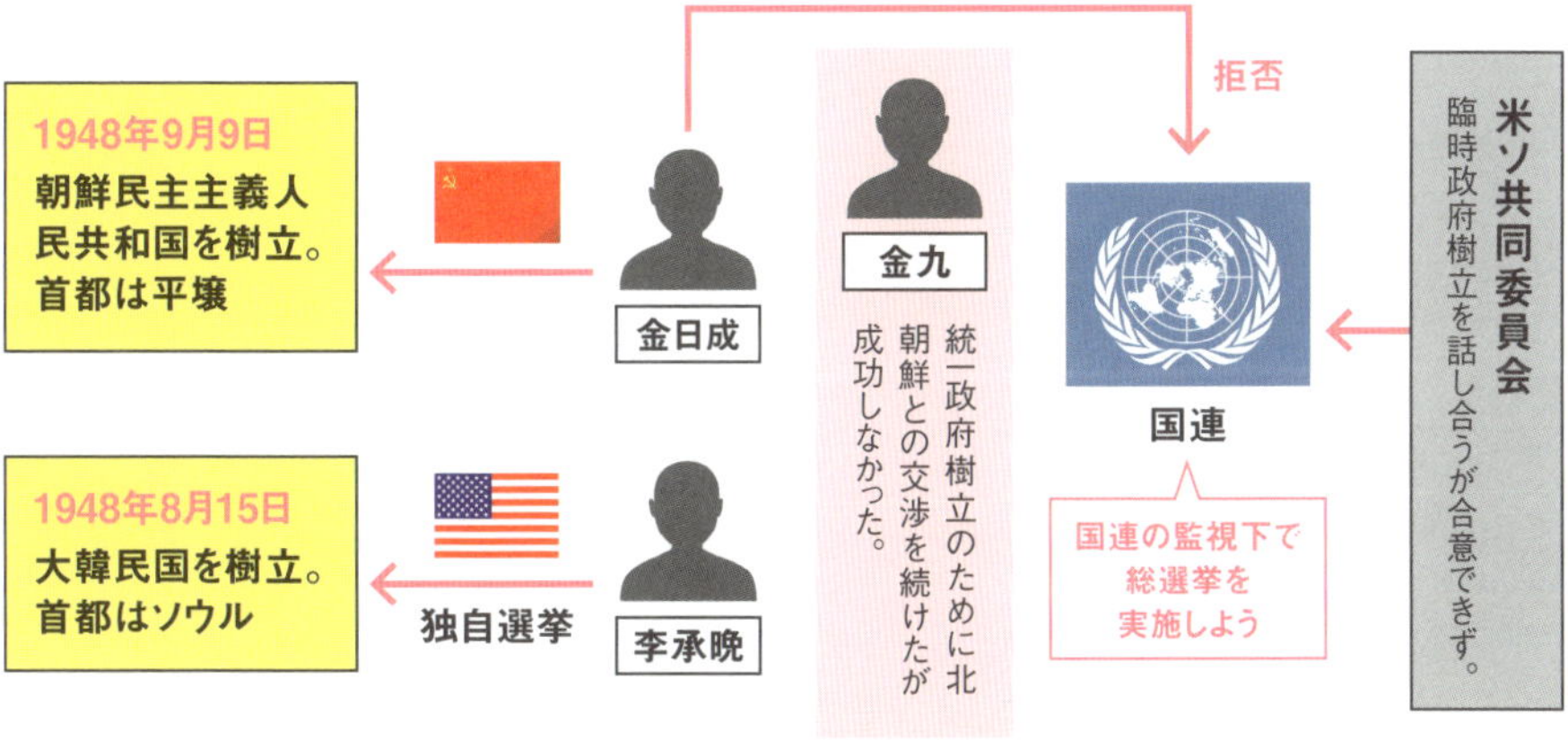

もっと知りたい +α

金九（キム・グ）って誰？

三・一独立運動に参加した後は上海に亡命し、大韓民国臨時政府の代表となりました。民族主義者であり、解放後は統一運動を展開しましたが、李承晩と対立しました。のち暗殺されています。韓国人の間では人気があり、お札の肖像候補にもあがる人物です。

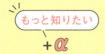

2

米軍政府と李承晩政権

李承晩大統領 1948～1960年

最大のタブーとされた、済州島四・三事件

統一した独立国家への願い それに対する無差別虐殺

1948年5月に予定された**南だけの単独選挙には、このままでは南北が分断されてしまうかもしれないと、多くの人が心配をしていました。**選挙が1カ月後に迫った4月3日、済州島ではついに武装蜂起が起こり、選挙が阻止されます。

メンツをつぶされた**米軍当局と李承晩の報復**は凄まじいものでした。米国の後押しで大韓民国の樹立が宣言され、李承晩が初代大統領に就任すると、若者は無差別に殺され、村がまるごと焼きはらわれて、老人や子どもまでが犠牲になりました。

それは**ジェノサイド**であり、人口28万人の島で2万5000人から3万人の命が奪われたとされています。

米軍政庁と李承晩政権による弾圧

「済州島四・三事件」という名称は4月3日の武装蜂起に依っていますが、事件はその日に限定されません。韓国政府は事件の期間について、1947年3月1日の警察による発砲事件を起点とし、1954年9月21日の漢拏山（ハルラサン）への禁足令解除までとしています。

1947年3月1日	統一独立を求める島民らの集会で**警察隊が発砲** 15歳の少年を含む民間人6名が死亡
	▼
	南労党員らの指導で**島民がゼネスト**
	▼
	米軍政庁による島民の**大量検挙**、右翼団体「西北青年会」による**暴行**
1948年4月3日	南労党員らを中心メンバーとした**武装隊が蜂起**
1948年5月10日	単独選挙の反対派が**選挙を実力阻止** （8月15日に李承晩が大統領就任）
1948年10月	「疎開令」　島民は海岸村への強制移動、反抗した者は銃殺
1948年11月～49年3月	「焦土化作戦」　ジェノサイドで多くの島民が犠牲になった
	▼
	武装隊はほぼ鎮圧されていたが、朝鮮戦争が始まると、再び島民の拘束や処刑が行われた
1954年9月	討伐作戦終了、漢拏山への禁足令の解除

海に投げ捨てられた多くの遺体は対馬にも流れ着き、島民たちによって埋葬されたそうです。

もっと知りたい ＋α

済州島はどんなところ?

済州島は韓国南部にある風光明媚な島です。島の中心に漢拏山という火山があるため、島の土は火山灰を含んだ独特の色をしています。韓国随一の人気リゾート地で、レジャーシーズンには観光客でにぎわいます。

李承晩政権の左翼弾圧、保導連盟事件

済州島での事件などを受けて、共産主義関係者を管理し、転向・再教育するために「国民保導連盟」が組織されます。しかし、李承晩は朝鮮戦争が始まると、連盟に登録された人々を危険分子として処刑命令を出します。

1949年6月5日 国民保導連盟を組織
- 南労党員や元共産主義者とその家族を登録
- 食料配給を目当てに一般の人々も加盟

▼

約30万人ともいわれる人が「再教育」のために組織された

▼

1950年 全国各地で保導連盟に登録していた人々が拘束・処刑される

犠牲者の数は数万人とも数十万人とも言われています。

済州島でも国民保導連盟加入者と四・三事件関連者が予備検束され虐殺されました。

警察に協力した実績をつくるために、無関係な人も登録されたんだって。

もっと知りたい +α

南労党とは?

正式名称は南朝鮮労働党。日本の植民地時代に結成された朝鮮共産党の流れをくむ組織で、「統一独立」を目標として米ソの信託統治や南だけの単独選挙に反対していました。

映画・ドラマ 映画「南部軍 愛と幻想のパルチザン」(1990年)

本格的な真相究明は2000年代から

済州島四・三事件の真相究明が本格的に行われたのは、金大中(キム・デジュン)政権下の2000年からです。その後、盧武鉉(ノ・ムヒョン)政権下の2003年に政府による公式謝罪がなされ、被害者たちの名誉も回復されることになりました。

2000年	四・三真相究明及び犠牲者の名誉回復に関する特別法(金大中)
2003年	「済州四・三事件真相究明調査報告書」
2006年	犠牲者慰霊祭に盧武鉉大統領が出席
2008年	四・三平和記念館がつくられる
2019年	軍と警察が公式に謝罪
2021年	済州四・三事件真相究明及び犠牲者名誉回復に関する特別法成立
2022年	犠牲者1人当たり9千万ウォンの支払いが始まる

日本にも済州島出身者は多く、そのなかには四・三事件から逃れてきた人々もいたよ。在日コリアンの作家の金石範は生涯にわたってこの事件について書き続け、また詩人の金時鐘は実際に四・三事件に参加した当事者なんだ。

映画・ドラマ 「スープとイデオロギー」(2021年)。ドキュメンタリー映画。四・三事件のサバイバーであるヤン・ヨンヒ監督の母親と家族の物語が描かれている。

3

朝鮮戦争

李承晩大統領 1948〜1960年

朝鮮戦争は未だ休戦中

1950年6月 戦争は突然、始まった

6月25日午前4時、北緯38度線付近で北朝鮮軍の砲撃が開始され、30分後には約10万人の兵力が38度線を越えてきました。**突然の侵攻に韓国軍は反撃らしい反撃もできないまま、3日後にはソウルは北朝鮮軍に占領されてしまいます。**李承晩大統領は首都を放棄して南下、ソウル市民もあわただしく避難します。

北朝鮮の猛攻が釜山近郊まで迫ったところで、**米軍が仁川に上陸。戦況は逆転して、韓国軍はソウルを奪還。**ところが**中国軍の参戦でまた戦況が変化**し、その後に38度線付近で戦線は硬直します。1951年7月に休戦交渉が始まり、1953年7月に休戦協定が締結されます。

ソ連の支援を受けた北朝鮮が起こした戦争

戦争をしようと思ったのは北朝鮮の金日成ですが、GOサインを出したのはソ連のスターリンです。2人の勝算は「米軍は参戦しない」という読みにありました。結果的にはそれが外れて、予想外の大混戦となってしまったのです。

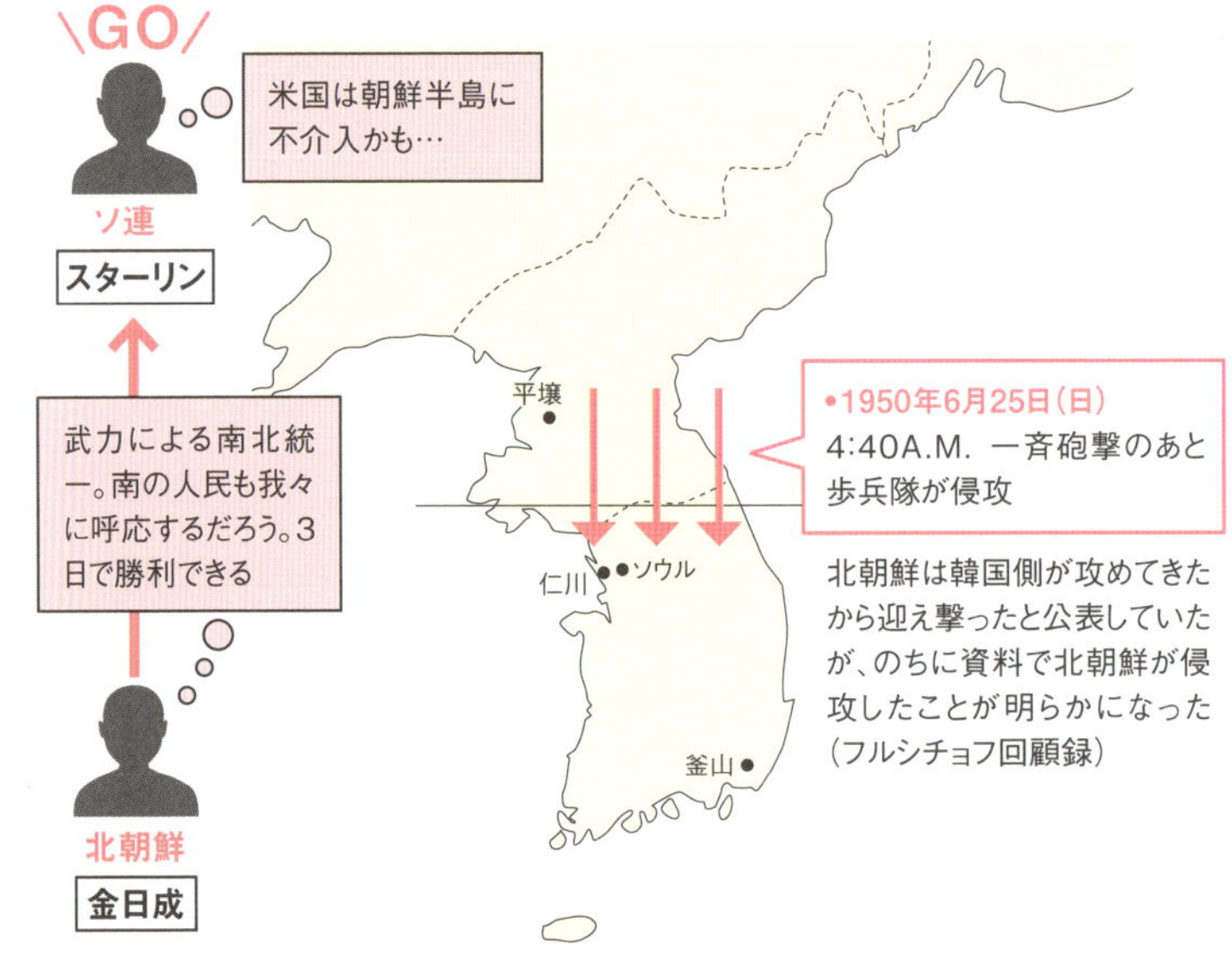

\GO/
米国は朝鮮半島に不介入かも…
ソ連
スターリン
武力による南北統一。南の人民も我々に呼応するだろう。3日で勝利できる
北朝鮮
金日成
平壌
仁川
ソウル
釜山
•1950年6月25日(日)
4:40A.M. 一斉砲撃のあと歩兵隊が侵攻
北朝鮮は韓国側が攻めてきたから迎え撃ったと公表していたが、のちに資料で北朝鮮が侵攻したことが明らかになった(フルシチョフ回顧録)

もっと知りたい +α

朝鮮戦争の呼称はさまざま

朝鮮戦争の呼称は国によって違います。韓国では「韓国戦争」、または開戦の日付をとって「ユギオ(625)」、北朝鮮では「祖国解放戦争」となります。中国では「抗美援朝戦争」、つまり美(米)国に抗い朝鮮を援助する戦争という意味です。

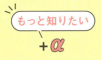

朝鮮戦争の各国の関係図

朝鮮戦争が勃発した際、ソ連が国連を欠席したため、米国主導で国連軍が組織されました。司令部は日本の横田基地、司令官はマッカーサーとされました。

金日成

李承晩

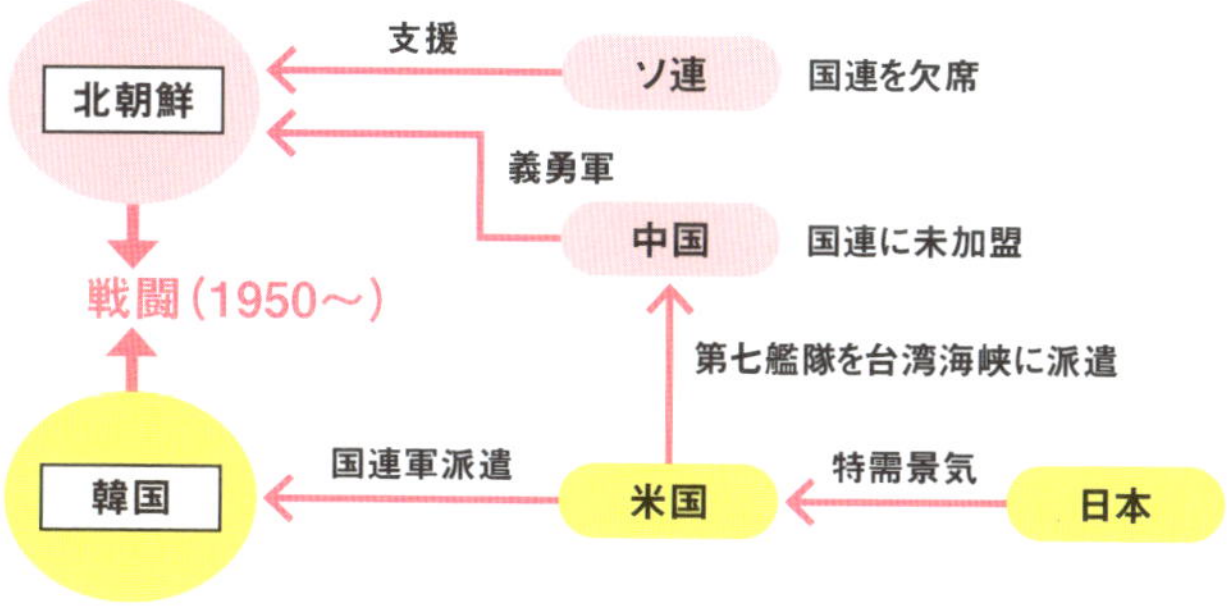

ソウルはたびたび陥落。戦闘以外の犠牲も

ソウルは占領と奪還がくり返され、そのたびにスパイの摘発などが行われ、戦闘以外の理由でも市民に多くの犠牲者が出ました。戦争中に離れ離れになった家族は1000万人とも言われています。

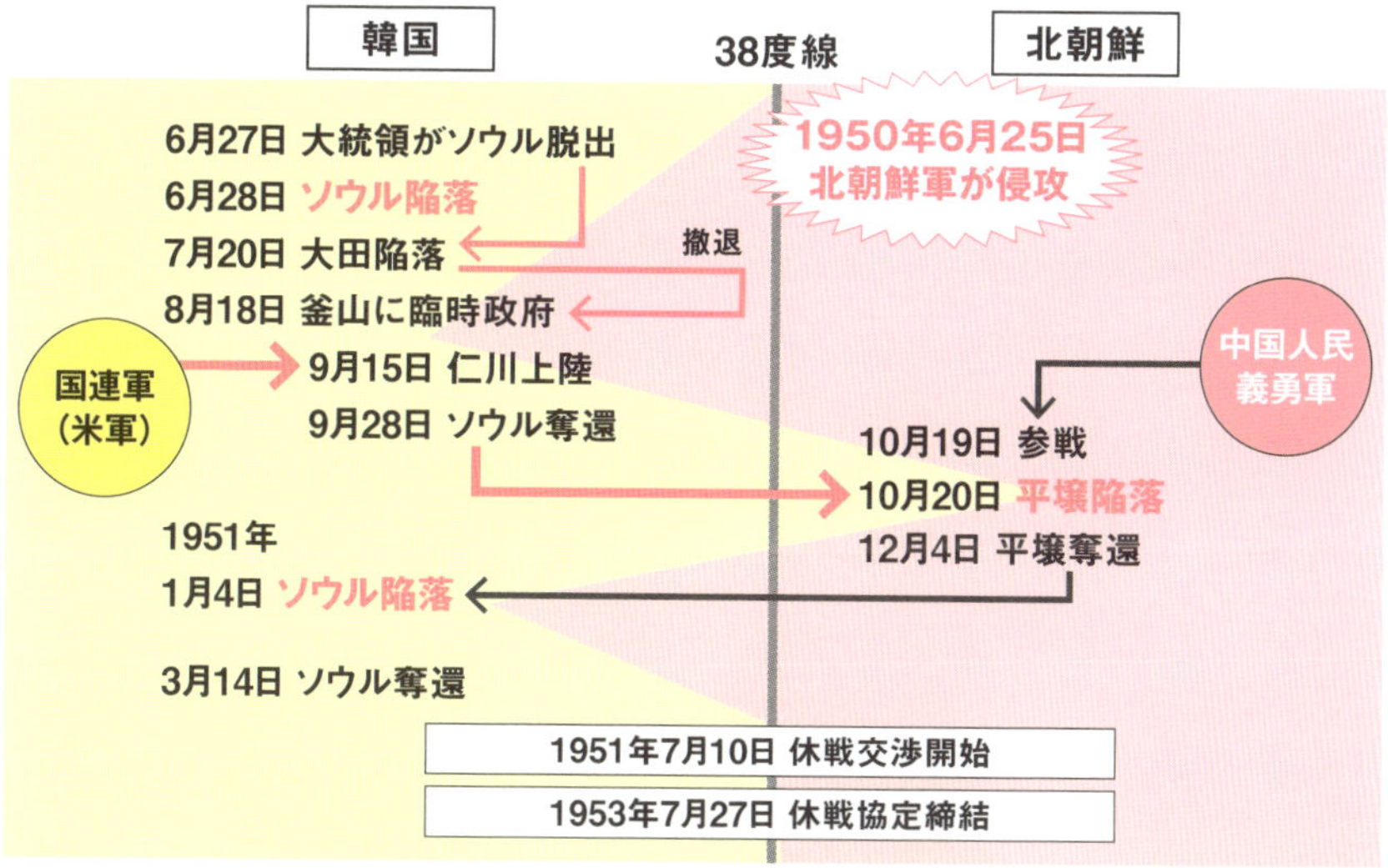

もっと知りたい +α

日本では朝鮮特需と再軍備への足がかりに

日本では朝鮮戦争の時期、米軍からの大量の軍事物資の発注により、朝鮮特需と呼ばれる好景気が訪れます。また警察予備隊という名の軍隊が結成され、それが後の自衛隊となります。

映画・ドラマ 映画「ブラザーフッド」(2004年)、「戦火の中へ」(2010年)、「高地戦」(2011年)

韓国民主主義の理念となった、四月革命

不正選挙に怒った学生たち大統領はハワイに亡命

李承晩大統領は朝鮮戦争後にますます独裁色を強め、政府に批判的なメディアや野党政治家を弾圧します。迎えた1960年3月大統領選挙、84歳となった李承晩でしたが、大胆な不正によって当選を果たします。**堪忍袋の緒が切れた人々は、反政府デモに繰り出します。**4月19日には10万を超える学生・市民が大統領官邸を包囲、そこに警察が発砲して流血の事態となります。**デモは全国に広がり、李承晩大統領は退陣してハワイに亡命します。これを「四月革命」と言います。**一方で近年、李承晩を描いた映画「建国戦争」が製作されるなど、一部に功績を再評価する動きもみられます。

徹底した不正で大勝した与党「自由党」

5月の予定だった選挙が、3月に変更されたのは、対立する野党民主党の趙炳玉候補が病気療養のために渡米中だったからです。そこから始まった与党側の不正は前代未聞のひどさで、地域によっては得票数を下方修正したほどでした。

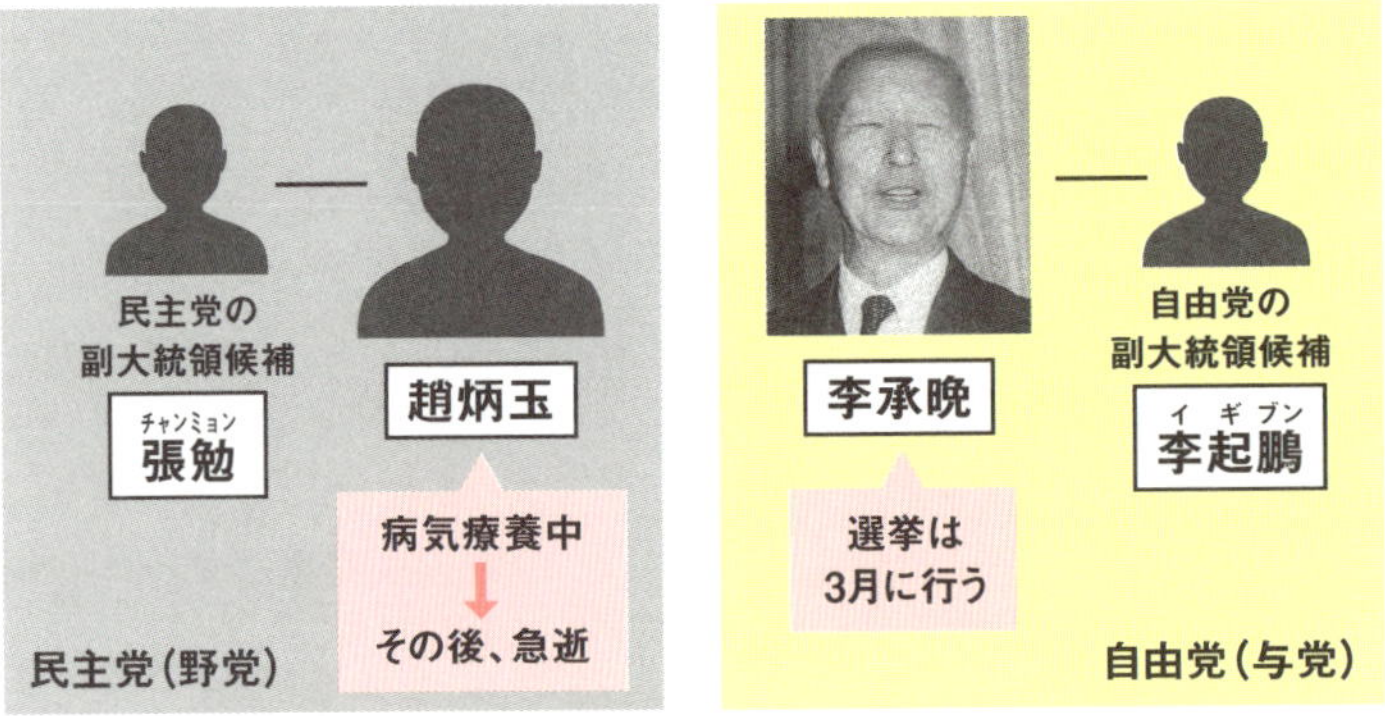
民主党の
副大統領候補
張勉《チャンミョン》
趙炳玉
病気療養中
その後、急逝
民主党（野党）
李承晩
選挙は
3月に行う
自由党の
副大統領候補
李起鵬《イギブン》
自由党（与党）

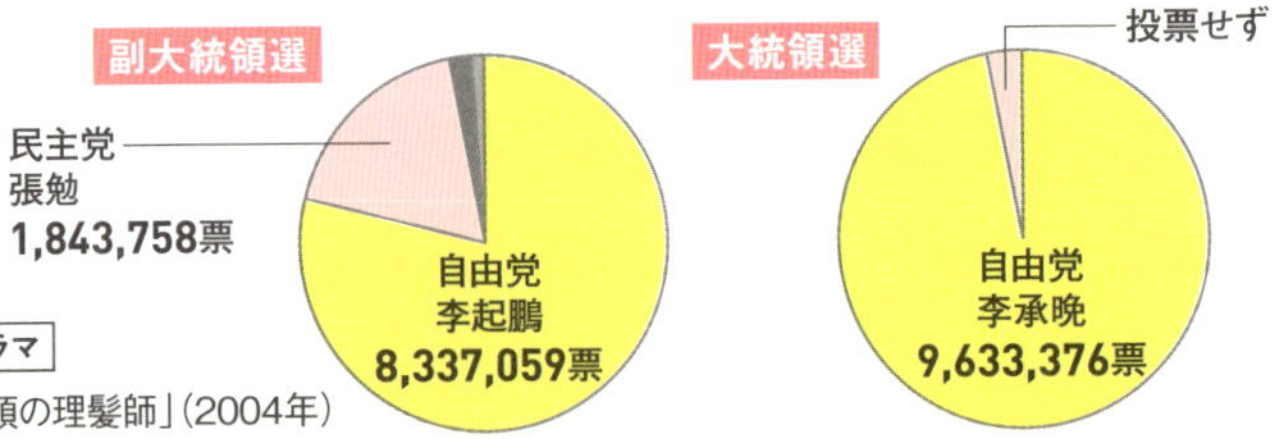
副大統領選
民主党
張勉
1,843,758票
自由党
李起鵬
8,337,059票
大統領選
投票せず
自由党
李承晩
9,633,376票

映画・ドラマ

映画「大統領の理髪師」（2004年）

もっと知りたい +α

李承晩ラインと竹島

1952年、李承晩は「海洋主権宣言」を行って、「李承晩ライン」を国際法に反して一方的に設定し、同ラインの内側の広大な水域の漁業管轄権を一方的に主張するとともに、そのライン内に竹島（独島）を取り込みました。

大統領の不正に抗議して立ち上がった学生たち

抗議デモは不正選挙が行われた3月から各地で激化していましたが、4月19日には学生や市民が大統領官邸を取り囲みます。そこに警察が発砲して流血の事態となりました。

1960年

3月15日 馬山投票所

野党の立会人が投票所から退去させられる
↓
デモ隊が抗議
↓
警官隊が発砲、8人死亡
高校生も犠牲に
→

4月18日 国会議事堂

馬山での事件に怒った高麗大の学生が国会前で座り込み
↓
学生たちが大統領派の暴徒に襲撃される
→

4月19日 大統領官邸

怒ったソウルの学生ら数万人がデモ
↓
数千人の学生が警官隊と衝突
↓
この事件を受け、全国でデモ
186人死亡、6026人負傷

観光 国立4・19民主墓地
1963年、ソウル市江北区に開園。犠牲者の墓地としてだけでなく、四月革命の記念塔や記念館なども建立される。

韓国では「4・19学生革命」、あるいは日付だけをとって「サイルグ(4・19)」という呼び方がされる。

李承晩の退陣とハワイへの亡命

李承晩は学生や市民の退陣要求を暴力で抑えつけようとして、多くの犠牲者を出しました。米国の国務長官からも批判された李承晩は、自ら大統領職を辞してハワイに亡命します。

4月25日
大学教授259人もデモに合流
→
4月26日
デモ隊、市民が大統領の退陣を要求
→
李承晩

← 米国からも辞任への圧力

5月29日
ハワイへ亡命

もっと知りたい +α

2023年5月、韓国の4・19革命(1960年、四月革命)と東学農民革命(1894年、甲午農民戦争)がユネスコの「世界の記憶」(世界記憶遺産)に登録されました。

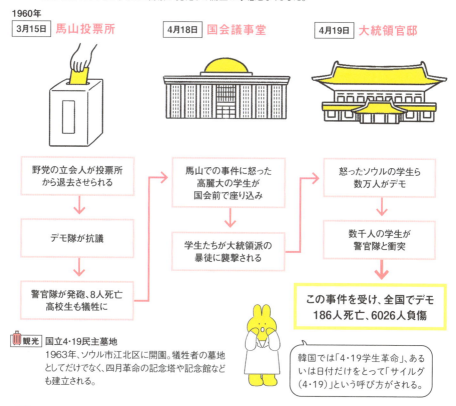

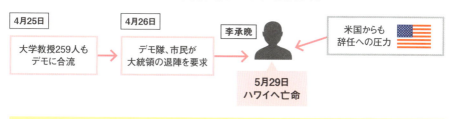

朴正熙《パクチョンヒ》による軍事政権の始まり

クーデターで政権を掌握 軍部出身の朴正熙大統領

李承晩政権が四月革命で倒れた後、民主的な政権が発足しましたが、その後、政権を取ったのは軍の少将だった朴正熙でした。

1961年5月16日、朴正熙をリーダーとする青年将校たちは、国営放送であるKBSを占拠し、国民に向かって「軍事革命委員会が司法・立法・行政の三権を掌握した」という宣言をします。

クーデターで権力を握った朴正熙は国家再建最高会議の議長に就任、反共と経済再建、腐敗一掃などの「革命公約」を掲げて、より国家権力を強化した体制づくりに着手しました。**翌62年には大統領権限代行、63年には選挙を実施して大統領**となります。

クーデターで権力を掌握、反共体制の強化

軍事政権が初めに着手したのは、四月革命で盛り上がった学生や市民の運動や、南北統一への動きを抑え込むことでした。そのために「中央情報部」(KCIA)の結成や「反共法」の制定など、反共体制が強化されました。

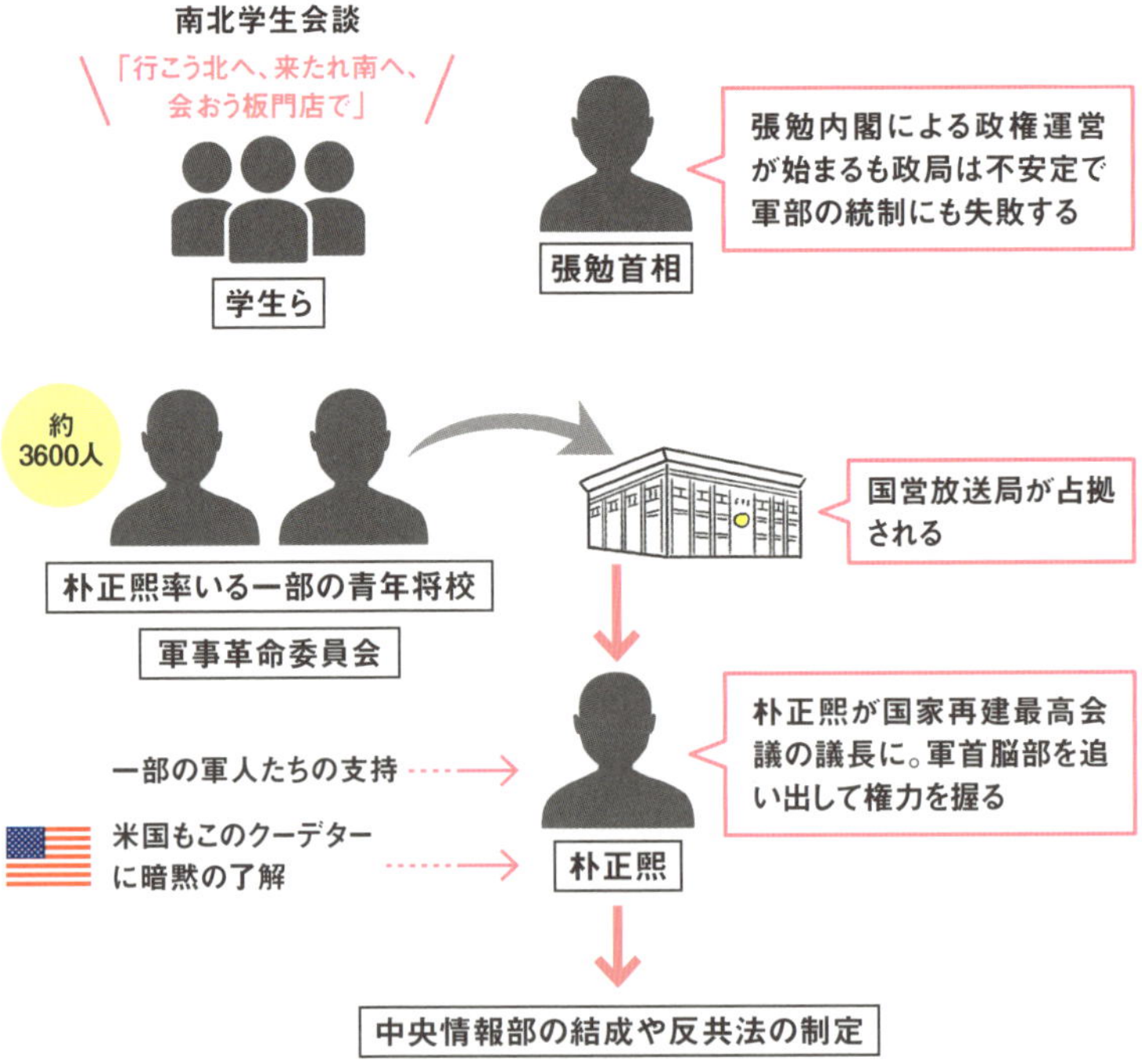
南北学生会談
「行こう北へ、来たれ南へ、会おう板門店で」
学生ら
張勉首相
張勉内閣による政権運営が始まるも政局は不安定で軍部の統制にも失敗する
約3600人
朴正熙率いる一部の青年将校
軍事革命委員会
国営放送局が占拠される
朴正熙が国家再建最高会議の議長に。軍首脳部を追い出して権力を握る
一部の軍人たちの支持
米国もこのクーデターに暗黙の了解
朴正熙
中央情報部の結成や反共法の制定

反共法とは?

軍事政権は北朝鮮だけではなく共産主義陣営やその思想全般を敵とみなし、それらとの関わりを徹底的に取り締まりました。マルクス・レーニン主義に関する学術的な書物なども規制の対象となり、政治活動はもちろんのこと言論・出版の自由も厳しく制限されました。

軍服を脱いで大統領に

朴正熙はクーデターの翌年には軍事政権から民政移管して大統領権限代行に就任します。その後、軍人を退役し、1963年には大統領選挙に出馬して尹潽善前大統領を約15万票差で破り、「選挙で選ばれた大統領」として信任されます。

国家再建最高会議（軍政） → 民政移管して大統領に

朴正熙は退役し、民主共和党から立候補

政権の正統性を確保するため大統領選挙をし、民政化するとしていた。

民主共和党
朴正熙
第5代大統領に

470万票

約15万票差
予想外の僅差

454万票

民政党
尹《ユン》潽《ボ》善《ソン》

朴正熙とはどのような人物か

日本の植民地下の1917年、朴正熙は慶尚北道の農家に生まれました。小学校から日本式の教育を受け、師範学校を卒業したのち、軍人に憧れて日本軍の中尉にまでなりました。大統領就任後も日本との関係を重視し、経済発展を成功させたと評価される一方で、「親日派」と批判されることも多い人物です。

1932年　大邱師範学校入学 軍事教練で優秀な成績を修める

1937年　小学校で教師を務める

1939年　軍人に憧れ 満洲にある士官学校予科へ

1944年　本科卒業後、大日本帝国陸軍の関東軍に配属

1945年　日本降伏後、韓国の光復軍へ

一時、南朝鮮労働党に入党し、逮捕されるも釈放され、朝鮮戦争では韓国軍の少佐として従軍役へ

韓国で「親日派」は決して良い意味ではない。日本の植民地支配に協力した人物を指す言葉であり、「民族の裏切り者」や「売国奴」という意味で使われていた。現在も、「知日派」がフラットな言い方だよ。

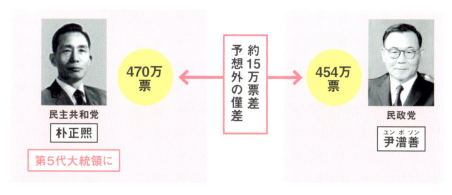

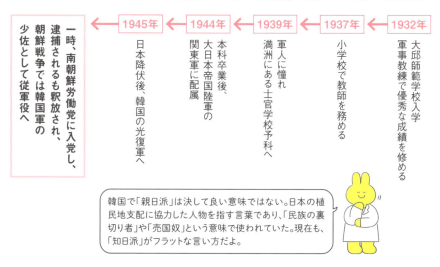

6

独裁政権下の韓国

韓国軍のベトナム派兵と経済発展

朴正煕大統領 1963〜1979年

のべ32万人を派兵 経済発展の契機にも

米国政府が「共産主義と戦う自由ベトナムの支援」を他国にも呼びかけた時、最も積極的な反応を示したのは朴正煕政権下の韓国でした。派兵の大きな理由は韓米関係を強固なものにすることでした。当時は北朝鮮のほうが経済力も上回っており、在韓米軍の縮小も検討されているなか、韓国にとって米国の軍事支援がいま以上に必要だったのです。

また、経済的な意味合いも大きく、**のちの財閥グループの多くがこの時期に土台を形成しました。**一方で韓国軍によるベトナムでの民間人虐殺なども発生しており、のちに韓国メディアや市民団体による告発と謝罪活動が行われました。

4度の派兵でのべ32万人

韓国軍はベトナムに4度にわたる派兵を行っています。最初は医療班130人とテコンドーの教官10人という非戦闘員から始まり、その後に「青龍」「猛虎」「白馬」といった本格的な戦闘部隊を投入しました。その数は32万人余りになります。韓国が太平洋地域における対社会主義陣営の前線国家だったという地政学的な背景もありました。

- 1964年7月　第一次派兵可決→サイゴンへ
- 1965年1月　第二次派兵可決→リインへ
- 8月　第三次派兵可決→クイニョンへ
- 1966年3月　第四次派兵可決＜医療部隊、青龍部隊、猛虎部隊、白馬部隊など
- 10月　朴正煕大統領の南ベトナム訪問
- 1971〜1973年　撤退

戦死者

ベトナム兵　146万人
ベトナム民間人　450万人
米兵　5万人
韓国兵　約5千人

映画・ドラマ　映画「ホワイト・バッジ」(1992年)、「あなたは遠いところに」(2008年)

もっと知りたい＋α

そもそもベトナム戦争とは何だったのか

第二次世界大戦後、フランスはベトナムの独立を認めずに軍隊を派遣して戦争となりましたが、1954年のディエンビエンフーの戦いに大敗してしまいます。休戦協定では北緯17度線を境に南北が分断。アジアにおける共産主義の拡大を恐れる米国は、南ベトナムに強力なテコ入れを開始、北ベトナムとの戦争に発展しました。1964年から1973年までの10年間に米国が派遣した兵力はのべ870万人超という、文字通りの泥沼化した長期戦となったのです。

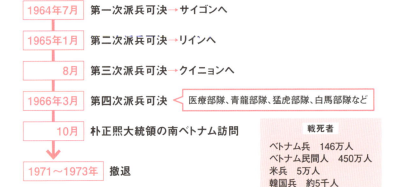

ベトナム戦争が韓国にもたらした恩恵

当初ベトナム派兵を積極的に米国に働きかけたのは韓国政府側でした。その狙いのひとつには「経済的な特需」と「派兵の見返り」としての援助にあったといわれています。戦争による特需のモデルは、朝鮮戦争の時の日本でした。

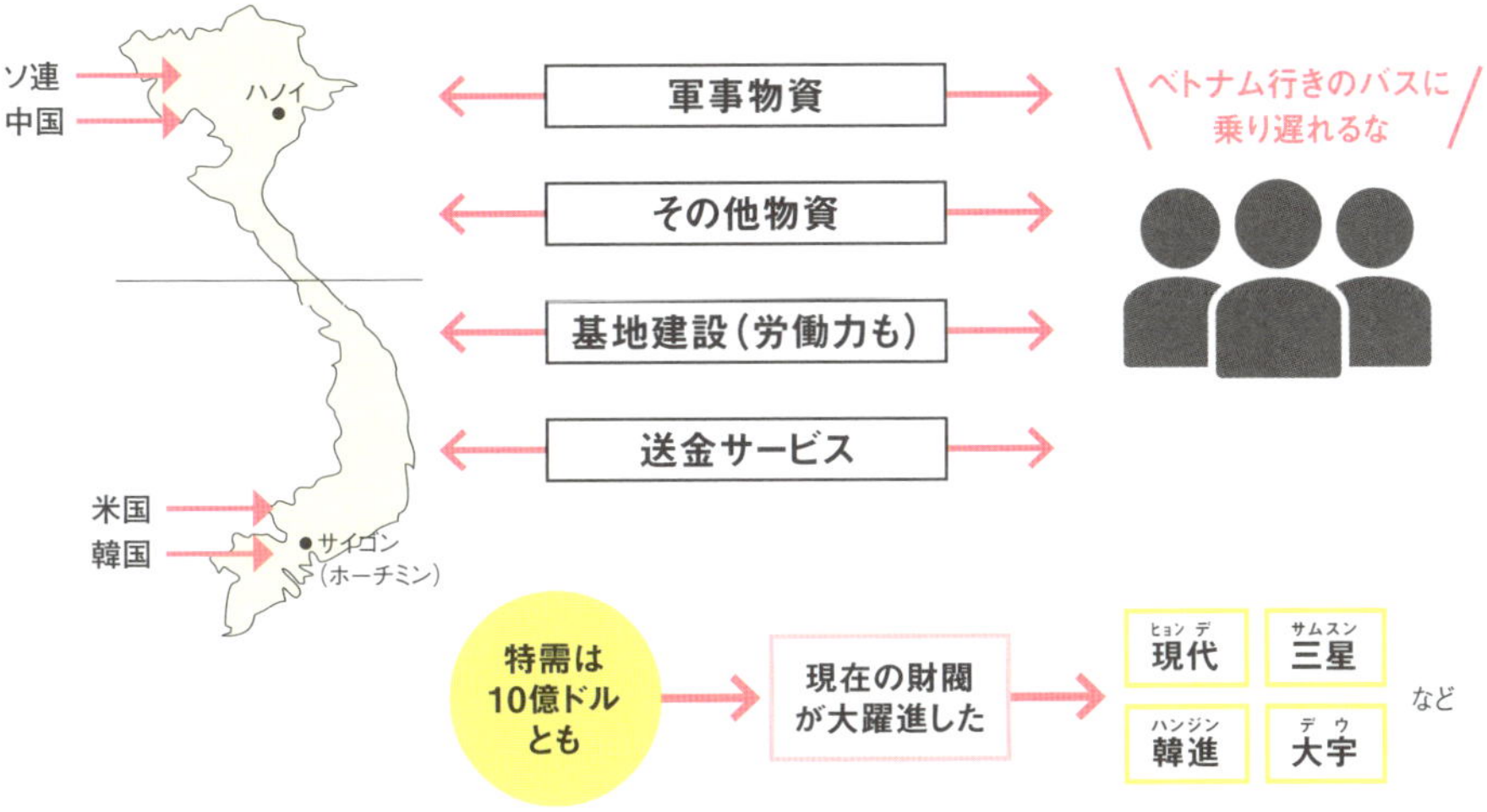

韓国のメディアが暴いた、ベトナムでの虐殺行為

それまでタブーとなっていた韓国軍のベトナムにおける蛮行が、1999年から韓国メディアの報道などで明らかにされていきました。一部の帰還兵や保守系の団体は反発しましたが、市民グループを中心にベトナムへの謝罪と被害者支援の運動が広がりました。

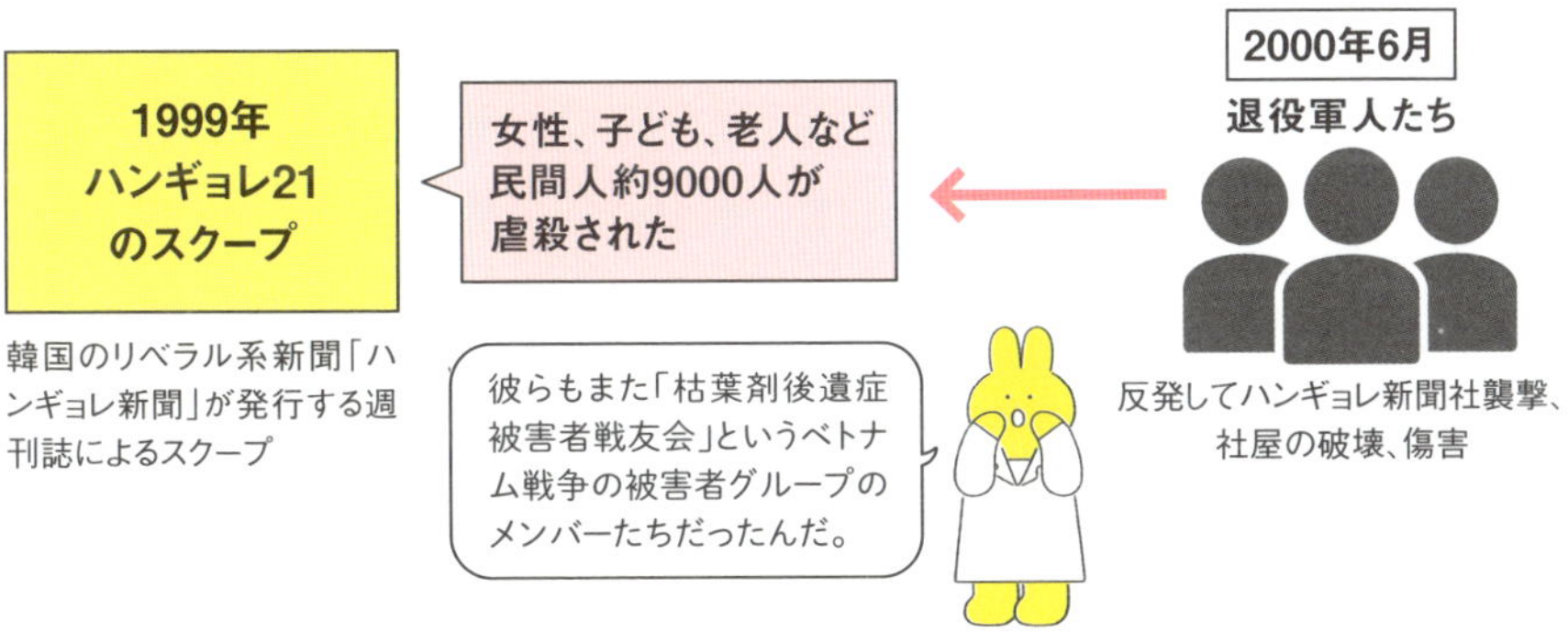

もっと知りたい +α

韓国軍の虐殺問題

2023年2月、ベトナム戦争での虐殺被害者の女性が、韓国政府を相手に起こした国家賠償訴訟に勝訴しました。訴訟を支援する韓国の人々は「日本の過去を糾弾する以上、自分たちの過去にも誠実に向き合うべきだ」と考えているのです。

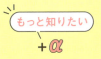

7

独裁政権下の韓国

朴正熙大統領 1963～1979年

日韓の国交が結ばれた、日韓基本条約調印

独裁政権下の国交樹立 その後の日韓関係に禍根

第二次世界大戦後、**日本と韓国は長らく正式な国交のない状態**でした。朝鮮戦争中から国交正常化に向けた予備交渉が行われてはきましたが、協議が難航した最大の理由は、**双方の植民地支配に対する認識の隔たり**でした。

それが一挙に進展したのは、朴正熙政権が発足してからでした。1962年の金鍾泌《キムジョンピル》中央情報部部長と大平正芳外相の秘密会談で、難航していた対日請求権問題にも決着がつけられ、**65年には日韓基本条約が調印**されました。ただし**韓国側では学生を中心に激しい反対運動**が起きており、韓国政府は強権でそれを押し切った形となりました。

日韓基本条約とは何か?

日韓基本条約とは日本と韓国の外交関係における基本的なルールを示したものです。問題となったのは、1910年の「韓国併合条約」の取り扱いでした。「併合」が条約によって合法的に行われたという立場の日本と、そもそも条約は無効であったという韓国側の主張は一致せず、条文は曖昧なものとなりました。

(外交及び領事関係の開設)
第一条
両締約国間に外交及び領事関係が開設される。両締約国は、大使の資格を有する外交使節を遅滞なく交換するものとする。また、両締約国は、両国政府により合意される場所に領事館を設置する。

(旧条約及び協定の効力)
第二条
千九百十年八月二十二日以前に大日本帝国と大韓帝国との間で締結されたすべての条約及び協定は、もはや無効であることが確認される。

韓国併合条約が最初から無効だったのか、有効だったのが無効になったのかが曖昧

(韓国政府の地位)
第三条
大韓民国政府は、国際連合総会決議第百九十五号(III)に明らかに示されているとおりの朝鮮にある唯一の合法的な政府であることが確認される。

朝鮮民主主義人民共和国(北朝鮮)を国家として認めない

もっと知りたい +α

日韓請求権協定とは?

日韓基本条約とともに締結されました。日韓請求権協定では「日本国は大韓民国に対し、無償3億ドル、有償2億ドル」(第1条)の経済協力が約束されました。また、元徴用工などに対する未払いの賃金などの請求権問題も「完全かつ最終的に解決された」(第2条)と理解されてきました。

条約は屈辱的！ 学生を中心とした反対デモ

当時、北朝鮮よりも遅れていたと言われる韓国経済を立て直すために、朴正熙政権は何よりも「外貨」を必要としていました。そのために日本との妥協もやむなしと考えていました。学生たちはそれを「屈辱外交だ」と強く反発し、四月革命以来で最大規模の反対デモが繰り広げられました。

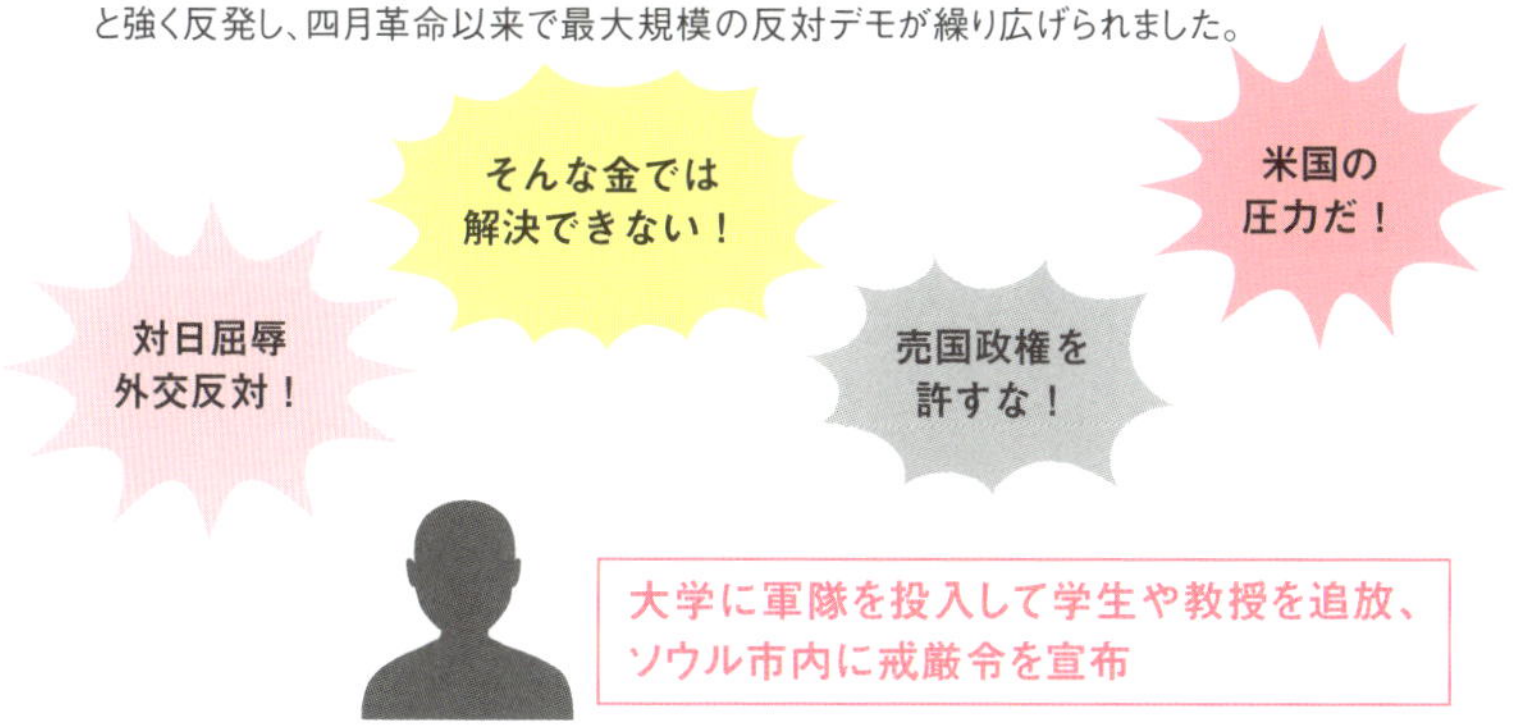
そんな金では
解決できない！
米国の
圧力だ！
対日屈辱
外交反対！
売国政権を
許すな！
大学に軍隊を投入して学生や教授を追放、
ソウル市内に戒厳令を宣布

当時、高麗大学の学生会長だった李明博（のちの大統領）は、デモの主導者として逮捕され、刑務所に収監されました。

経済協力金と漢江《ハンガン》の奇跡

1965年頃の韓国は世界でも最貧国の一つでした。日本から「経済支援金」や「独立祝賀金」の名目で提供された資金は、高速道路やダムなどのインフラ整備、あるいは製鉄会社の建設などに使われ、それは「漢江の奇跡」と言われた経済成長につながりました。

10年にわたり支払い

- 高速道路
- ダム
- 製鉄所

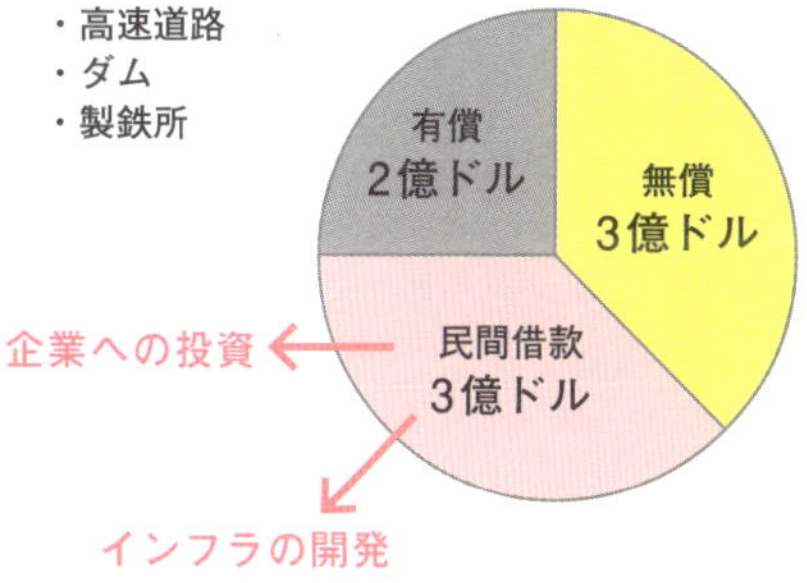
有償
2億ドル
無償
3億ドル
民間借款
3億ドル
企業への投資
インフラの開発

経済協力金はどのように使用されたか?

- 京釜高速道路
- 昭陽江ダム
- 浦項製鉄所（現ポスコ）

無償3億ドルは「それに等しい円の価値をもつ日本の生産物および日本人の役務の無償供与」と定められていました。

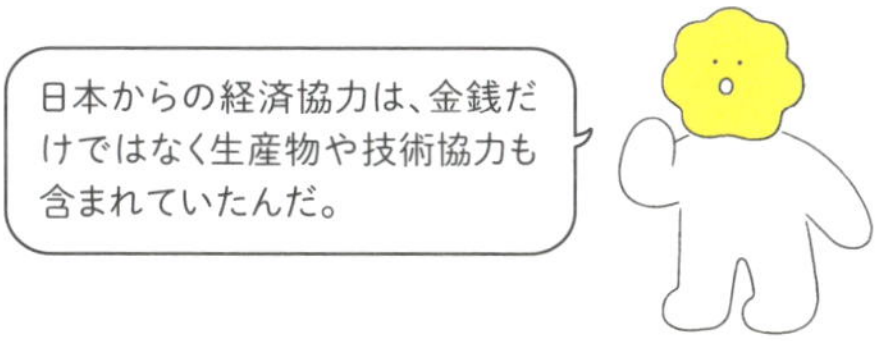
日本からの経済協力は、金銭だけではなく生産物や技術協力も含まれていたんだ。

もっと知りたい +α

「慰安婦問題」は取り上げられていなかった?

韓国で元従軍慰安婦の女性が名乗り出て被害を訴えたのは1990年代になってからです。それ以前は韓国社会の差別意識などもあり、被害女性たちは声を上げることができませんでした。この「慰安婦問題」のほか、「韓国人被爆者」と「サハリン残留韓国人」なども日韓基本条約締結の際の議論から抜け落ちていました。

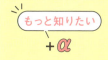

8

独裁政権下の韓国

朴正煕大統領 1963〜1979年

農村近代化をめざしたセマウル運動

朴正煕政権の看板となった、「新しい村」運動

「セマウル」とは「新しい村」という意味です。1970年代に韓国政府は「私たちも豊かに生きてみよう」というスローガンのもと、「セマウル運動」という農村改革運動を推進しました。当時、農業は韓国の主要産業だったにもかかわらず、農村は貧しく、干ばつや洪水の被害も頻発していました。

韓国政府はそこに政府予算を投入し、農家の屋根の改良をはじめ、道路や河川の整備などを行いました。セマウル運動は精神論的な側面も強いのですが、農村の環境改善に大きく貢献したことは間違いなく、農村部における朴正煕大統領の人気を高めることにもなりました。

農村の再建をはかる3つの考え

「勤勉」「自助」「協同」という3つのセマウル精神は、政府のキャンペーンで全国的に広がりましたが、現在の韓国ではすでに記憶の彼方に押しやられています。

文在寅大統領が任期中に「われわれが『奇跡』と呼ばれるほどの高速成長を成し遂げたのはセマウル運動のおかげ」と語って話題になったよ。

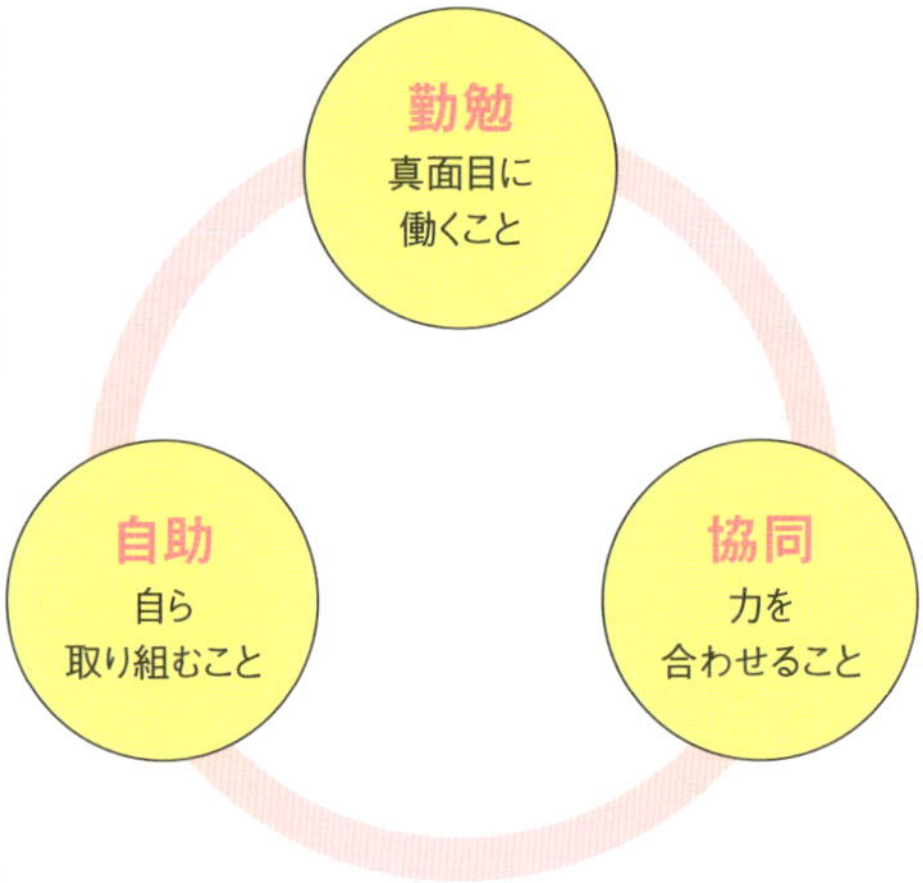

勤勉
真面目に働くこと
自助
自ら取り組むこと
協同
力を合わせること

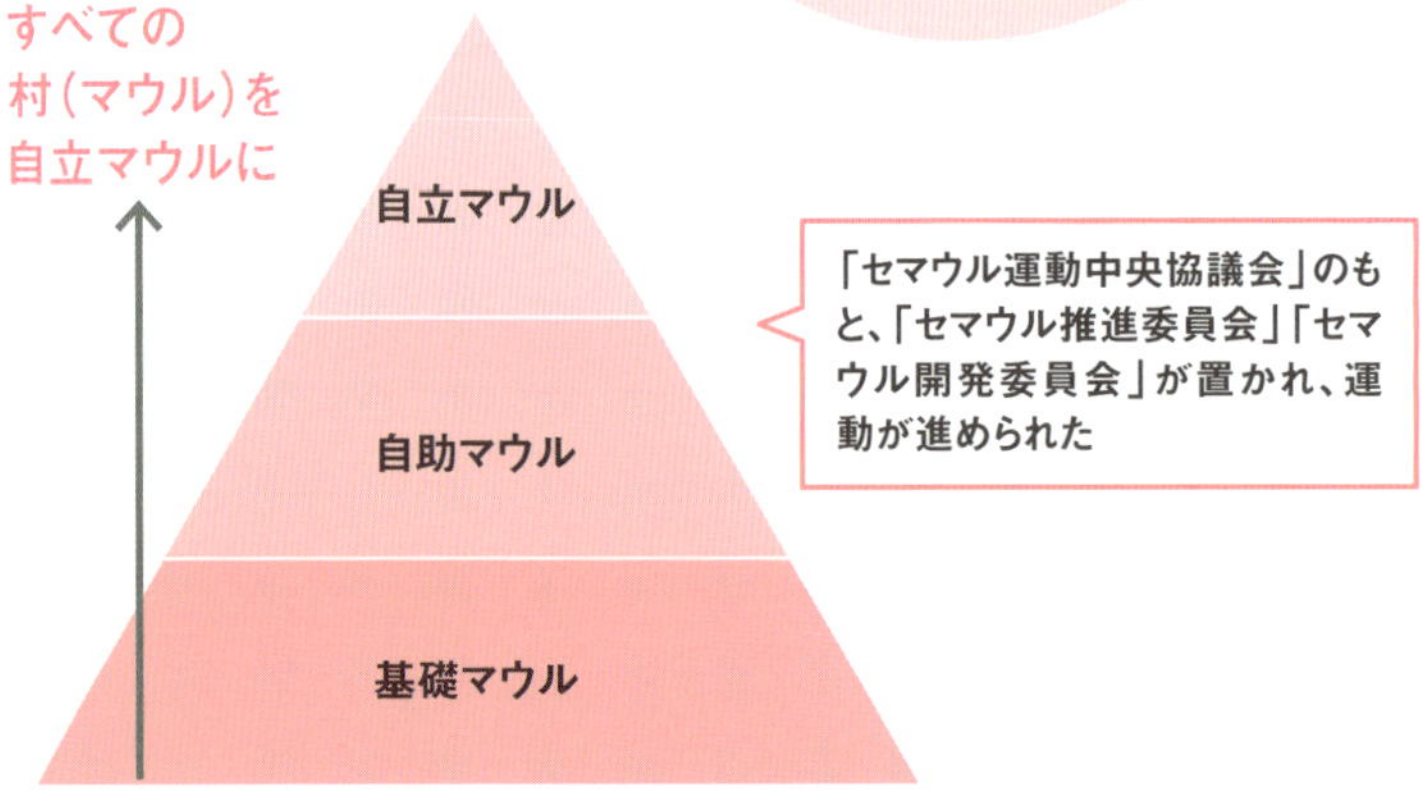

すべての村(マウル)を自立マウルに
自立マウル
自助マウル
基礎マウル
「セマウル運動中央協議会」のもと、「セマウル推進委員会」「セマウル開発委員会」が置かれ、運動が進められた

朝はセマウルの歌から始まった

セマウル運動といえば、まずその歌を思い出すという人たちがいます。暗かった農村が明るくなっていった時代、その歌は国家的なイベントを象徴するものでした。

茅ぶき屋根をトタンやスレートぶきに	井戸や河川の整備	村の道の整備	⇒	インフラは整ったが、やがて強制的にやらされることへの反発が起こる

セマウルの歌（抜粋）

夜明けの鐘が鳴ったね　新しい朝が明けるよ
きみもぼくも起きて　新しい村を育てよう
住みよい我が村　我らの力でつくろう

運動を広めるため、朴正熙大統領自ら作詞作曲したんだ。

セマウル運動の隠れた目的

朴正熙大統領は1972年に維新憲法を発布して、独裁体制を強化します。ちょうどセマウル運動が軌道に乗った時期であり、その関連性について指摘されています。セマウル運動は朴正熙の独裁体制を支えたとも言われています。

金大中や金泳三などの野党議員が国民に人気を得ていた

重農政策を掲げるも旱害などもあり農村で不満がたまっていた

政治 → 国民の反発を抑えるため → 維新憲法 → 維新体制

朴政権の課題

農村 → 農業の近代化 → セマウル運動 → 維新体制

もっと知りたい +α

農村から都市への人口流出

セマウル運動以前の1960年代には貧困から逃れるため多くの人々が農村から都市に流れ込みました。ソウルなどでは都市スラムが形成され、また小中学校を出たばかりの少年少女が劣悪な環境の中で長時間労働を強いられました。農村の疲弊は都市貧民層を生み出したのです。

映画・ドラマ　実話をもとにした映画「美しい青年、全泰壱（チョン・テイル）」（1995年）

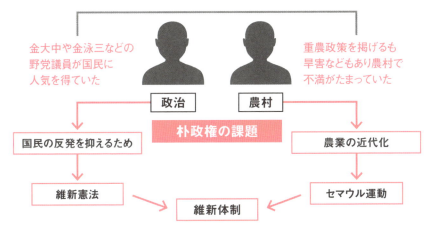

9

独裁政権下の韓国

朴正熙大統領 1963〜1979年

維新体制と民主化運動の弾圧

朴正熙による維新クーデター 憲法改正で独裁体制の確立

1969年の憲法改正で大統領の3選を可能にした朴正熙ですが、71年の選挙で対立候補の金大中に95万票差にまで迫られます。**危機感を抱いた朴正熙は72年10月、非常戒厳令を宣布して「大統領特別宣言」を発表します。**国会を解散させ、政治活動を禁じ、憲法も改正、「十月維新」は上からのクーデターでした。

この時から朴正熙が暗殺される1979年までを「維新体制」と呼びます。**「維新憲法」と呼ばれる新憲法は、長期の独裁体制を可能にし、言論の自由や政治活動に大きな制限を加えました。**反対する学生や文化人の中には拘束され、死刑を含む重刑に処された人々もいました。

1971年の大統領選挙 朴正熙（民主共和党）VS金大中（新民党）

1971年の大統領選挙に朴正熙は勝利しますが、その差はわずかなものでした。しかも首都ソウルでは野党の金大中が59%を得票し、朴正熙の40%を大きく上回っていたのです。与党による圧力や買収があったうえでの、この選挙結果は当時としてはセンセーショナルなことでした。

思いがけないほどの僅差に危機感

南北交流などを訴え支持を集める

	朴正熙 民主共和党	金大中 新民党
得票数	6,342,828	5,395,900
得票率	53.2%	45.3%

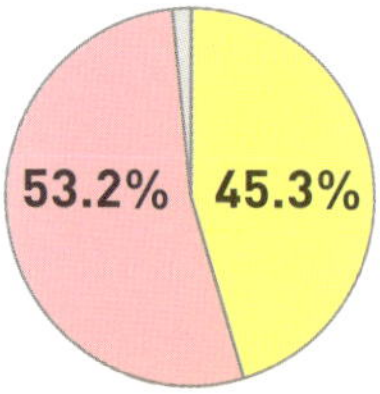

映画・ドラマ

映画「キングメーカー 大統領を作った男」(2022年)
金大中が政治家として頭角を現し始めた1960〜70年代の選挙を描いた映画。

もっと知りたい +α

金大中とは誰か?

1924年生まれの野党政治家。朴正熙の独裁政治に反対して政治の民主化をかかげ、大統領選挙に挑戦。1971年の選挙では僅差で敗れるも、民主化運動のシンボルとなります。政界や官庁では冷遇されている全羅道の出身。

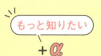

「維新憲法」を制定、その目的とは?

1972年の新しい憲法(維新憲法)では、大統領は有権者による直接選挙ではなく、新たに設置された「統一主体国民会議」による間接選挙での選出となりました。これは朴正熙大統領が確実に選ばれるためのシステムで、長期の独裁政権存続を可能にするものでした。

大統領の再選を制限なしに

統一主体国民会議による間接選挙

大統領の※緊急措置権を認める

↓

長期の独裁体制へ

※ 緊急事態において戒厳令の宣布、緊急命令権、緊急財政処置などの権限を有する。

もっと知りたい +α

なぜ「維新」という言葉を使ったのか?

朴正熙は日頃から日本の明治維新を大きく評価しており、それは韓国にとってモデルと考えていました。ただし実際の「十月維新」に際しては、朴正熙はそのことを表に出さず、政府も中国の古典から引用して「維新」の意味を説明したそうです。

自由と民主主義の弾圧

維新体制下で朴正熙政権は「緊急措置」を乱発して、社会運動や労働運動などを弾圧しました。さらに文化や芸術活動も制限され、ロックやフォークなどの多くが禁止曲となりました。

これらの事件の多くは捏造であり、現在は名誉回復されて、国家賠償の対象となっているよ。

民青学連事件
↓
反政府運動に関係したとして180人が軍法会議に起訴され、主謀者は無期懲役などの重刑とされた

朴政権を批判する詩人・金芝河に死刑判決
↓
日本でも大江健三郎らにより釈放運動が起こる

人民革命党事件
↓
8名は死刑判決の18時間後に処刑されてしまった

学園浸透スパイ団事件
↓
母国留学をした在日韓国人が「北朝鮮のスパイ」にでっち上げられて逮捕・起訴され、死刑を含む有罪判決を受けた

ほかにも日常的な自由の弾圧が…

- 政府を批判する出版物などは発行禁止
- ソ連や中国など社会主義国の作家の著作の閲覧禁止
- 男性は長髪禁止 警察に髪を切られる
- 映画や演劇も事前検閲制
- ロックも退廃的だという理由で放送禁止
- 映画館では上映前に起立して国歌を歌う

など

10

独裁政権下の韓国

朴正熙大統領 1963〜1979年

金大中拉致事件の衝撃

日本のホテルから白昼堂々野党指導者が連れ去られた！

維新体制下で日韓両国を震撼させたのは、**1973年の金大中拉致事件と翌年の文世光事件**でした。なかでも金大中事件が日本政府と国民に与えた衝撃はとても大きなものでした。**日本の首都にあるホテルから韓国の野党指導者が、白昼堂々連れ去られてしまったのです。**しかも事件には韓国の中央情報部が関わっているらしいということで、「これは明確な主権侵害だ！」と大騒ぎになりました。

一方、翌年には韓国の首都ソウルで文世光事件が起きて、大統領夫人が亡くなってしまいます。当初犯人は日本人と伝えられたこともあり、反日感情が一気に高まりました。

金大中に何が起きたか?

1973年8月8日、滞在先のホテルグランドパレス（東京・九段下）から忽然と姿を消した金大中は、5日後にソウル市内の自宅付近で解放されます。事件直後から韓国の中央情報部の関与が疑われていましたが、2007年、当時のKCIA部長の李厚洛が主導した組織的な犯行だったとする報告書を発表し、政府の関与を公式に認めました。

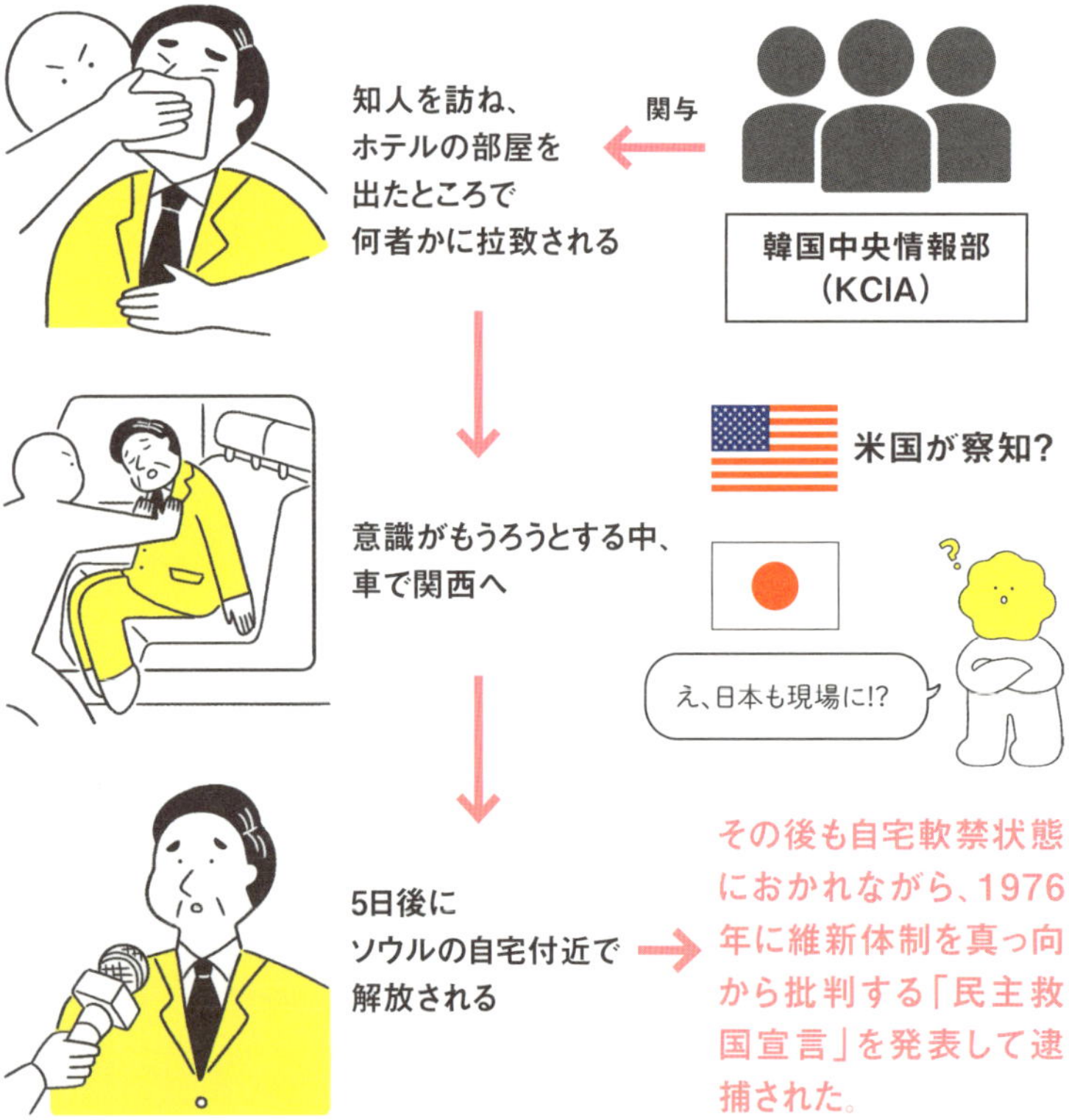

知人を訪ね、ホテルの部屋を出たところで何者かに拉致される
関与
韓国中央情報部（KCIA）
米国が察知?
意識がもうろうとする中、車で関西へ
え、日本も現場に!?
5日後にソウルの自宅付近で解放される
その後も自宅軟禁状態におかれながら、1976年に維新体制を真っ向から批判する「民主救国宣言」を発表して逮捕された。

日韓関係を悪化させた

日本に対する明らかな主権侵害行為に対して、日本政府は「事件の真相究明」と「金大中の再来日と原状回復」の2つを原則に交渉を開始します。しかし、韓国側は関与を否定。当時の自民党は韓国政府との結びつきが強く、野党の強い反対にもかかわらず事件は「政治決着」されてしまいます。

［韓国側の動き］

10月26日 金大中の自宅軟禁を解除して自由にする

11月1日 外交交渉は終わったとして、在日韓国大使館の金東雲書記官を免職

11月2日 金鍾泌首相が来日し、当時の田中角栄首相に朴正煕の親書を渡して謝罪した。金品授受の疑惑あり

［日本側では］

自民党の政治決着に対して、野党もメディアも大反発

↓

その後、金大中は再び自宅に軟禁されてしまう

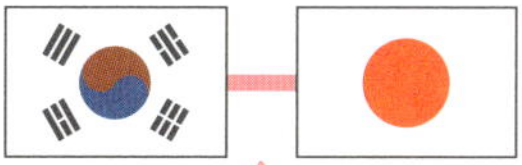

日韓関係は一時的に悪化するが、すぐに両国の密使が行き来して政治決着となる

当時は「日韓癒着」といわれるほど両国政府の関係は強固であり、むしろ反発したのは日本国内の世論だった。野党は日本国家への主権侵害と金大中への人権侵害の両面から、安易な政治決着に反対していたよ。

日韓関係を悪化させたもう一つの事件

1974年8月15日の光復節の記念式典で、大統領夫人が銃で撃たれて亡くなるという事件が起こりました。犯人は当初日本人だと伝えられ、韓国で反日感情が爆発します。しかし犯人の文世光（ムン・セグァン）は日本生まれの在日韓国人2世であり、在日社会に大きな衝撃が走りました。

［韓国側］

- 拳銃は日本の交番で盗まれたもの
- 日本のパスポートで入国していた
- 犯行には日本で活動する北朝鮮関係組織の関与が明白である

↓

- しかし日本政府はそれを明確に認めず

↓

- 日韓関係は最悪となり、国交断絶寸前までに

警護員が発砲した流れ弾で女子高生が1人亡くなった。

もっと知りたい +α

国民に人気だったファーストレディ

亡くなった陸英修（ユク・ヨンス）夫人は国民にとても人気がありました。また孤独な独裁者であった朴正煕大統領にとっても唯一心を許せる相手であり、大統領の落胆は激しかったそうです。その後、ファーストレディの代役は娘の朴槿恵（パク・クネ、のちの大統領）が務めました。

11

独裁政権下の韓国

朴正熙大統領 1963～1979年

大統領が暗殺される

維新体制の終焉と民主化への期待

反対派を暴力的に抑えつけ、強権政治を推し進めてきた朴正熙大統領ですが、**1970年代後半になるとあちこちでほころびが出てきます。**

民主化勢力は米国や日本などの海外メディアを通して政府批判を繰り広げ、金泳三ら野党政治家もそれらのパイプを通して発言を強めていきました。

そして**1979年10月26日には、朴正熙大統領が部下によって暗殺される**という大事件が起こります。人々の衝撃ははかりしれなく社会は騒然としますが、一方で**これまで抑えつけられてきた民主化への期待も高まります。**この時期を韓国では「ソウルの春」と呼んでいます。

暗殺の引き金となったとも言われる、釜馬民主抗争

当時の韓国で最大野党だった新民党総裁の金泳三（キム・ヨンサム、のちの大統領）は、維新政権批判と民主主義実現を内外に訴えるなどの積極的な活動をしていました。その金泳三が国会から除名されたことを発端に、彼の地元である釜山とその近隣の馬山（現在の昌原市）で大規模な反政府デモが発生します。

1979年

10月16日 → 10月17日 → 10月18日 → 10月20日

- 10月16日：釜山大学の学生7000人が「維新体制反対」のデモ
- 10月17日：市民も参加してデモが拡大
- 10月18日：政府は戒厳令を発動してデモを弾圧　デモは馬山に飛び火
- 10月20日：軍隊がデモを鎮圧

10・16釜馬民主抗争は、四月学生革命（1960年）、5・18光州民主化運動（1980年）、6月民主抗争（1987年）と並ぶ韓国の4大民主化抗争だよ。

もっと知りたい +α

金泳三とは?

維新体制下で民主主義のために闘った野党政治家として、金大中と並び称される人物。朴正熙は金大中を恐れていましたが、最終的には金泳三の処遇をめぐる内部対立などが発端となり、部下の銃弾に倒れることになります。

側近の銃弾に倒れた大統領

1979年10月26日に朴正煕は中央情報部部長の金載圭（キム・ジェギュ）に撃たれて死亡します。この事件で流行した替え歌のフレーズ「一番信じていた載圭に」のように、犯人は最側近と言われた金載圭でした。なぜ撃ったのか？ 多くが語られぬまま彼も命を絶たれます。

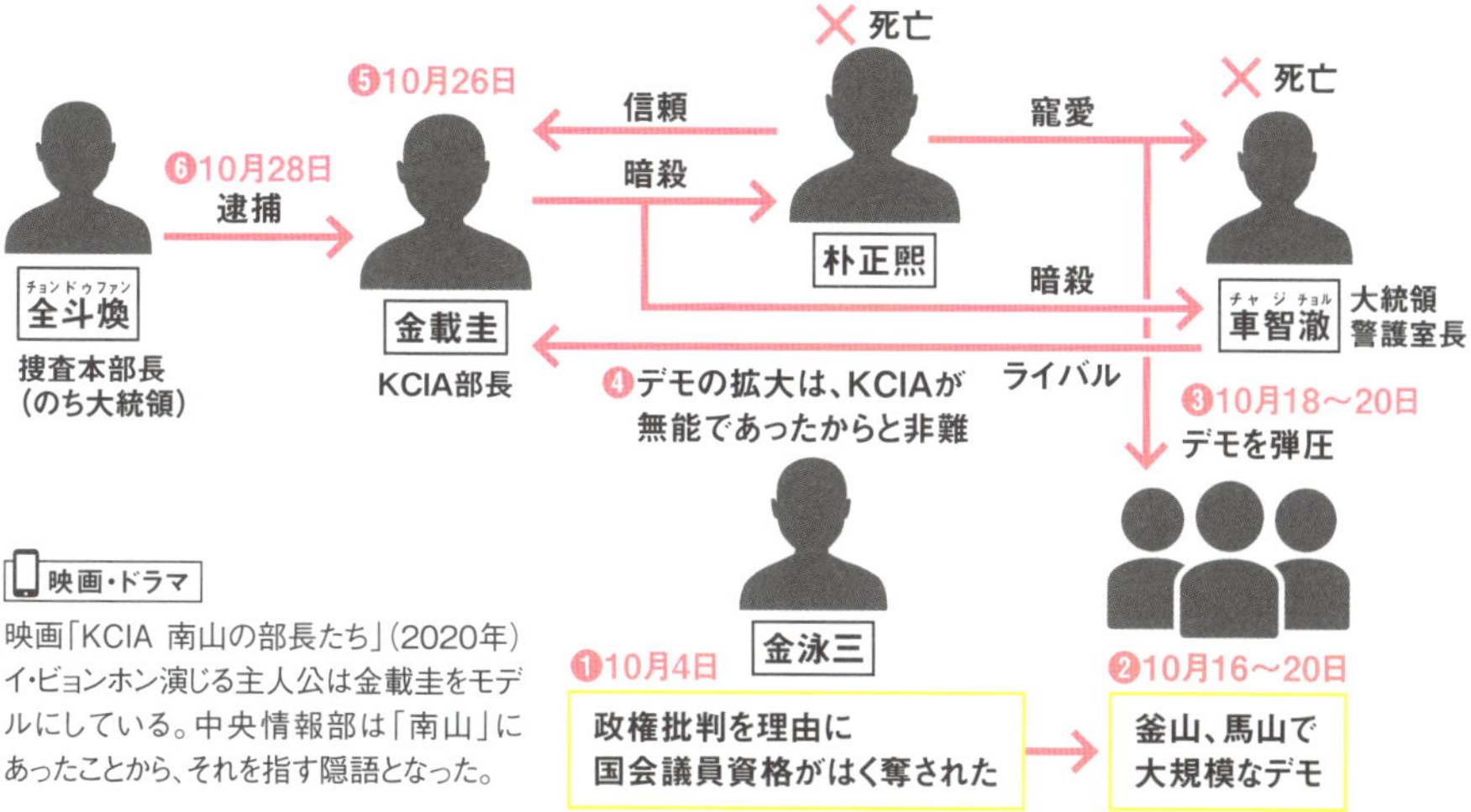

映画・ドラマ

映画「KCIA 南山の部長たち」（2020年）イ・ビョンホン演じる主人公は金載圭をモデルにしている。中央情報部は「南山」にあったことから、それを指す隠語となった。

「独裁者がいなくなり、民主主義の世の中になる」と、当時の学生たちはこっそり集まって祝杯を挙げた。かたや一般国民には嘆き悲しむ人々も本当に多かったそう。のちにこの事件をテーマにした映画「ユゴ 大統領有故」で金載圭役のペク・ユンシクは、当時のインタビューで「あってはならないこと。本当に不幸な国だと思った」と語っていたよ。

民主化への期待――「ソウルの春」

朴正煕の死は民主化への期待をもたらします。大統領権限代行を経て大統領となった崔圭夏（チェ・ギュハ）大統領は年末の就任式で「1年以内に憲法を改正して大統領選挙を行う」ことを約束します。年が明けた1980年2月には金大中らが復権します。

早期の民主化を求める学生集会なども活発に行われた。ちなみに「ソウルの春」という言葉は、「プラハの春」へのオマージュだよ。

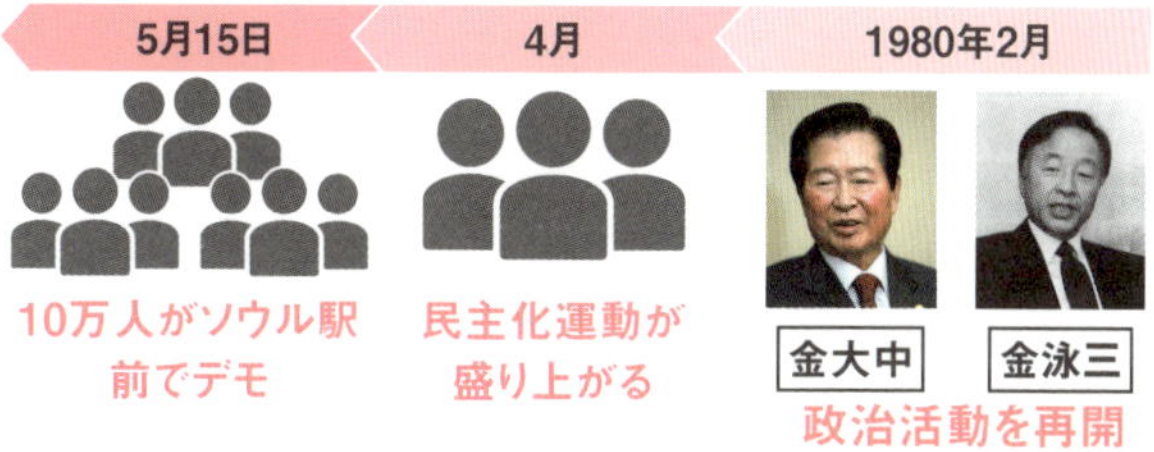

もっと知りたい +α

12・12粛軍クーデターと映画「ソウルの春」

朴大統領暗殺後の12月12日、軍内部で全斗煥によるクーデターが決行されます。参謀総長だった鄭昇和（チョン・スンファ）が逮捕され、全斗煥が軍内のトップの座につきます。2023年にこの事件をテーマにした映画「ソウルの春」が韓国で公開され、銃撃戦の場面などが大きな話題となりました。

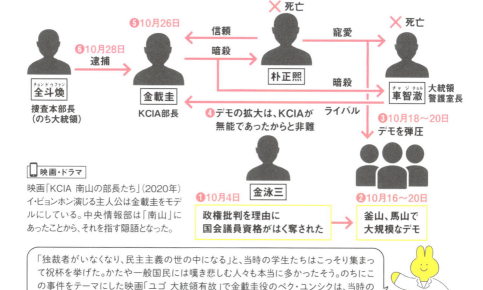

12

独裁政権下の韓国

5・18光州民主化運動と「新軍部」による弾圧

全斗煥大統領 1980〜1988年

新軍部による民主化運動の弾圧 光州における学生と市民の決起

束の間の「ソウルの春」に吹き出した**民主化の芽を摘み取ったのは、新たに軍を掌握して権力を握った全斗煥ら「新軍部」勢力でした。**

彼らは1980年5月17日、非常戒厳令を全土に拡大し、金大中ら野党政治家や民主化運動のメンバーを逮捕。大学は休校令が出されてデモの鎮圧部隊が配置されます。

翌18日、全羅南道**光州市では、デモをする学生を戒厳軍が激しい暴力で抑え込みました。**怒った市民は傷ついた学生たちをかばい、抗議行動を起こしました。こうして始まった光州民主化運動では多くの一般市民が犠牲になりましたが、その真実は長らく国民に知らされませんでした。

一般市民が立ち上がった、光州民主化運動

光州民主化運動は当初は市民の怒りによる自然発生的なものでしたが、空挺部隊による無差別的な暴力に対抗する過程で組織化されていきます。武器を取り市民軍を結成し、市民の自治によるコミューンが作られます。

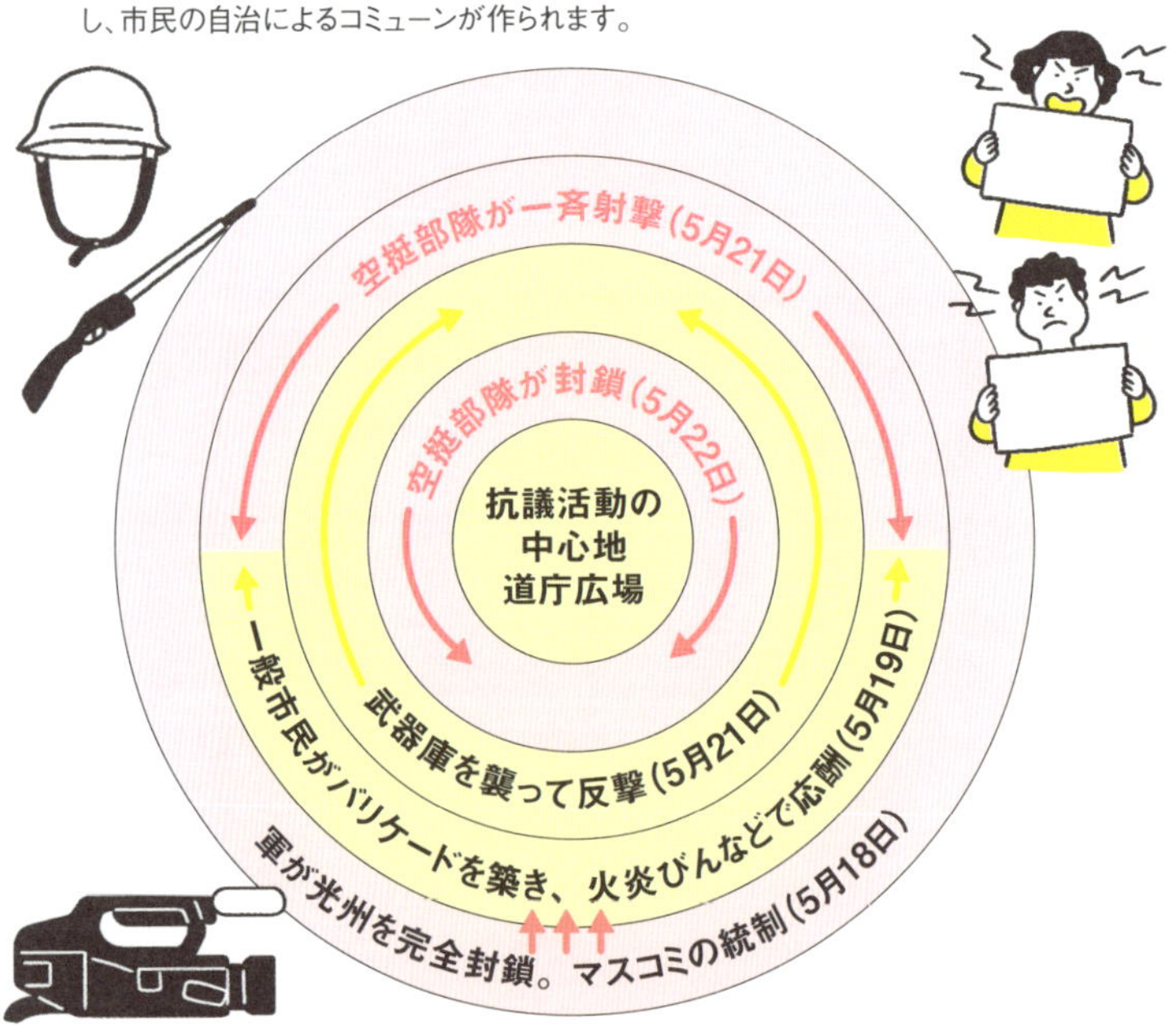

海外のメディアは事件を報道するも、統制されたマスコミにより韓国国内では事実は知らされず、「一部の暴徒による暴動」と報じられた

映画・ドラマ 映画「ペパーミント・キャンディー」（2000年）、「光州5・18」（2007年）、「タクシー運転手 約束は海を越えて」（2017年）、日本映画「自由光州」（1981年）、ドラマ「砂時計」（1995年、SBS）など。

全斗煥ら新軍部による、新たな独裁体制

全斗煥ら「新軍部」は朴正煕ら「旧軍部」と同じく、クーデターの後に独裁体制の構築を試みます。軍法会議で金大中に死刑判決を下し、また金泳三も自宅軟禁し、民主化のための運動を一気に抑え込んだうえで1981年3月、全斗煥は大統領に就任します。

金大中

1980年9月17日
内乱陰謀などの嫌疑で死刑判決

1981年1月23日
無期懲役に減刑
→恩赦で懲役20年に

1982年12月23日
刑の執行が停止され、
米国へ亡命

救出運動で刑が軽減

金泳三

1980年5月20日
自宅軟禁（〜翌年4月30日）

1982年5月31日
第2次自宅軟禁

1983年5月18日〜
断食闘争（23日間）の末に、
軟禁が解かれて
政治的な自由を得る

日本、米国、ドイツなどの国々で、韓国系住民や文化人などを中心に始まった運動は各国政府をはじめ、ローマ教皇までも動かした。新しく大統領として出発しようという全斗煥にとって、それは大きなプレッシャーとなったと思う。

死刑判決を下された金大中を救ったのは、海外で広がった「金大中救出運動」だったんだね。

語り継がれる、光州の悲劇

光州で起きたことは、長らく韓国ではタブーとなっていました。直後には「一部暴徒による暴動」と伝えられ、北朝鮮の策動という言い方がされたこともあります。多くの韓国人が真実を知ったのは、1987年に民主化宣言が行われたあとのことでした。

全斗煥政権
暴徒 ＋ 「アカ」
レッテル貼り、軍の弾圧を正当化

←

1990年
真相究明と名誉回復の動き、さらに責任者処罰の動きが本格化

←

1995年
12月3日 全斗煥への逮捕状
12月19日「5・18民主化運動などに関する特別法」

←

1997年
5月18日を国家記念日に制定。初めて政府主催の記念式典が始まる

2011年には当時の資料がユネスコの世界記憶遺産に登録される

韓国の人々は後になってから、テレビドラマ、映画、小説などを通して「光州で起きたこと」を知りました。光州には「5・18民主化運動記録館」や「国立5・18民主墓地」などもあり、日本からの訪問客もあります。

©Pioneerhy-Wikipedia

13

北朝鮮によるテロ事件

世界を震撼させた大韓航空機爆破事件

全斗煥大統領
1980〜1988年

目的はソウルオリンピック阻止？
33年目の機体発見報道

1987年11月29日、バグダッド発ソウル行きの**大韓航空858便が、最初の経由地であるアブダビを発った後にインド洋上で爆発し、115名が死亡しました。**犯人はバーレーンで身柄を確保された際に自殺した男性と、金賢姫《キムヒョンヒ》という女性。2人は日本のパスポートを所持していましたが、女性は取り調べで「北朝鮮の工作員」であることを自供します。

それにより爆破は北朝鮮によるテロとして断定され、**金賢姫は韓国の法廷で裁かれることになります。**一方で機体の捜索はうまく進まず、事件の謎が完全に解明されたとは言えません。**家族会は今も真相究明を求める活動を続けています。**

乗客乗員115人が亡くなった

日本の偽造パスポートが使用されたため日本政府は犯人の引き渡し要求をしましたが、韓国の被害のほうが甚大でした。亡くなった乗客のほとんどは中東で働いていた韓国人の建設労働者たちで、全員が行方不明のまま、遺体や遺品も見つかっていません。

〈2人の足取り〉

ハンガリーからオーストリアを経てユーゴスラビアへ

爆発物受け取り

↓

イラクのバグダッドまで爆発物を運ぶ

↓

バグダッド発のソウル行き大韓航空機に搭乗

↓

アラブ首長国連邦のアブダビで降機

↓

アンダマン海上で爆発

2人はアブダビからバーレーンに入国したところで拘束された

金賢姫

服毒自殺を図るも一命をとりとめ、韓国に引き渡される

写真:Fujifotos／アフロ

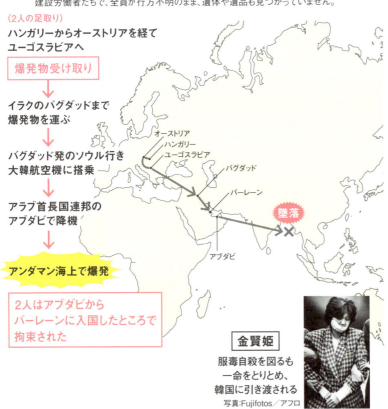

事件の背景

事件が発生した1987年の11月末の韓国といえば、6月民主抗争時に約束した大統領選挙を目前に控えて、政治的にとても緊張した状態でした。このタイミングでの「北朝鮮のテロ」は軍人出身の与党候補に有利に働くこともあるため、さまざまな憶測が飛び交いました。

1987年 11月29日
事件発生
北朝鮮は関与を否定
「韓国政府の自作自演ではないか」という陰謀論がささやかれた

北朝鮮の動機は？
・経済発展する韓国の国際的信用を失墜させるため
・大統領選前の韓国社会を混乱させるため
・日韓関係の悪化を狙った
・社会主義国のオリンピック参加を見送らせるため
・ソウルオリンピックの開催そのものを妨害するため
などが考えられた

12月16日
盧泰愚が大統領に当選

12月23日
金賢姫が「北朝鮮の工作員である」との自供をはじめる

1988年 9月17日
ソウルオリンピック開催
12年ぶりに米ソ両国が参加した

1990年
金賢姫の死刑が確定するが、盧泰愚大統領による特赦

1997年、金賢姫は安企部の捜査官だった男性と結婚したんだ。

韓国の情報機関は「中央情報部（KCIA）」→「国家安全企画部（安企部）」→「国家情報院（国情院）」と名称を変更してきました。

韓国人はどう受け止めた？ 今もくすぶる疑惑と新たな発見

犯人の自白をもとに犯行の経緯などが次々に発表される一方で、行方不明者に関する情報はほとんどありませんでした。さまざまな疑惑も提起される中、2019年になって家族はあらためて真相究明のための調査を申し入れ、メディアも再取材を開始しました。

2020年
ミャンマーのアンダマン海底でKAL858便の胴体と推定される残骸が発見されたという報道

2019年
大邱MBCが、32周年を迎えたこの事件に関する連続報道をしながら、事件を再検証

2019年2月19日
遺族が犠牲者115人の遺骨と遺品の捜索を要求する記者会見

もっと知りたい +α

全斗煥政権時代のもう一つのテロ事件、ラングーン事件

ラングーン事件は、韓国ではアウンサン廟事件と呼ばれています。1983年、ビルマ（現ミャンマー）を訪れた全斗煥大統領が、訪問先のアウンサン廟に到着する直前、仕掛けられた爆弾が爆発し、副首相ら閣僚4人を含む21人が死亡したものです。ビルマ警察は北朝鮮の工作員3人のうち1人を射殺、2人を逮捕しました。2人は犯行を自供し、ビルマは友好国であった北朝鮮との国交を断絶したのです（後に回復）。

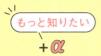

14

民主化への大きな一歩

ついに民主化へ、6月民主抗争

全斗煥大統領 1980～1988年

ついに勝ち取った民主化！6月民主抗争

全斗煥政権下でも、**民主化運動の先頭には常に闘う学生たちがいました。**それは四月革命の伝統を継承するものであり、彼らには自由と民主主義の実現こそが韓国社会の発展につながるという確信がありました。その意味で彼らは常に愛国者でした。

ところが**全斗煥政権はそんな願いも暴力で踏みにじります。**1987年1月にはソウル大学の学生が拷問で亡くなり、その半年後にはデモに参加した延世大学の学生が催涙弾で命を落とします。**若い命の犠牲は大人たちの決起をうながしました。**民主化運動は韓国全土に広がり、ついに民主化の約束を勝ち取ることに成功したのです。

大学生の犠牲に国民が怒った

きっかけとなったのは若者の犠牲でした。「オリンピックを翌年に控えた国で、こんなことがあっていいのか」と、衝撃を受けた人々は民主化を求めて街頭に繰り出します。全斗煥はそれに対しても強硬手段を取ろうとするのですが、内外から説得されて渋々、民主化要求を受け入れることになります。

1987年

- 1月　民主化運動に参加していたソウル大生の朴鍾哲（パク・ジョンチョル）が拷問によって死亡
- 4月　大統領直接選挙制を求める国民の要求を拒否して、改憲の先送りを発表
- 6月9日　民主化運動が全国に拡散。デモで催涙弾の直撃を受けた延世大学生の李韓烈（イ・ハニョル）が意識不明に（7月5日死亡）
- 6月10日　朴鍾哲の大規模な追悼式が開かれる
- 6月26日　全国で数十万人が参加する国民平和大行進。背広を着た「サラリーマン部隊」もデモの隊列へ
- 6月29日　**盧泰愚による民主化宣言**
  - 大統領直接選挙制と憲法改正による平和的な政権移譲
  - 金大中の赦免および復権と政治犯の釈放
  - ← 金大中や金泳三らによる改憲交渉
- 10月　大統領を5年単任制とする憲法改正
- 12月　維新憲法により中断されていた大統領直接選挙

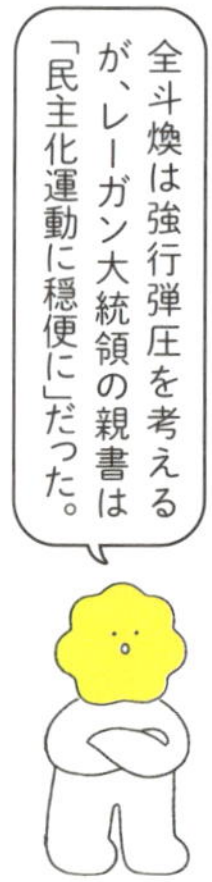
全斗煥は強行弾圧を考える
が、レーガン大統領の親書は
「民主化運動に穏便に」だった。

もっと知りたい +α

盧泰愚（ノ・テウ）とは？

1987年6月の時点で与党の代表であり、次期大統領候補。全斗煥とは陸軍士官学校の同期であり、1979年12月粛軍クーデターを共に決行した仲間です。

しかし政権交代は叶わず——痛恨の野党分裂

1987年12月、維新憲法によって中断されていた大統領直接選挙がついに実施されました。投票率は89.2%、国民の関心の高さがわかります。ところが民主化勢力にとっては痛恨の結果に。野党が候補者一本化に失敗し、大統領は与党の盧泰愚に決まってしまったのです。

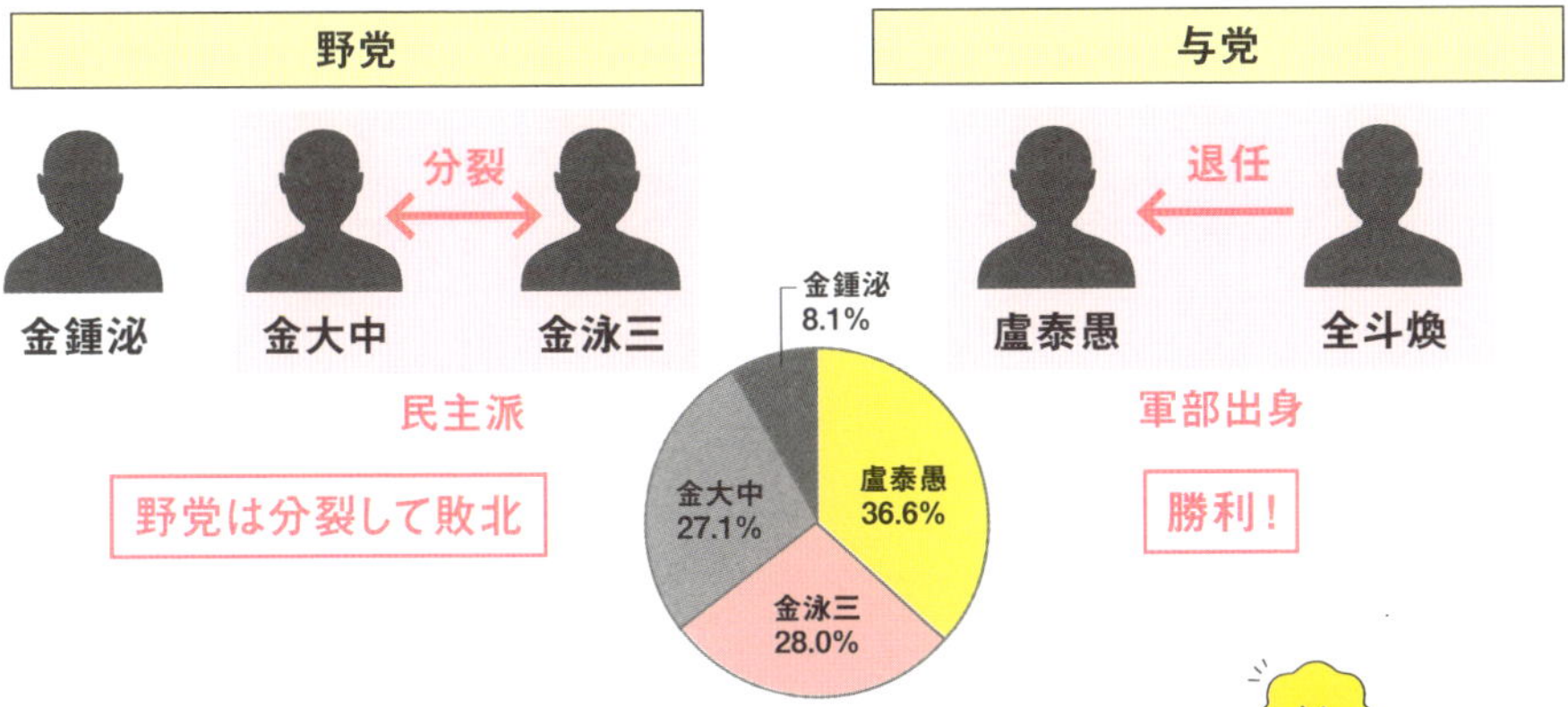

金泳三と金大中を合わせた得票率は55.1%で、盧泰愚の36.6%を大きく上回った。野党は敗北したものの、国民の民主化への期待は鮮明であり、盧泰愚政権はそれを無視することはできなかったんだ。

全斗煥の転落

選挙で勝ったものの、得票数としては野党に大きく差をつけられた盧泰愚政権は出足から不安定でした。民主化勢力の批判をかわすために、全斗煥は在任中の過ちを認めて国民に謝罪します。政治資金や個人資産などの私財を国庫に献納し、妻とともに江原道の寺で隠遁生活を送りました。

戦後初めて大統領として来日し、日米と連携して経済成長を実現している。オリンピックの誘致や、任期を守って退任し1971年以来の大統領直接選挙を実施したことなど評価されることもあるけど、汚職や民衆弾圧などで韓国では現在でも評価は最悪。

全斗煥

- 謝罪
- 返納
- 山寺へ隠遁

しかし、その後も汚職が次々と発覚

もっと知りたい +α

6月民主抗争のシンボルとなった2人の大学生

朴鍾哲　1965年、釜山生まれ。1浪してソウル大学に合格。自由で平等な社会の実現を願って活動をしていた。享年21。

李韓烈　1966年、全羅南道生まれ。延世大学入学後に光州事件の真相を知って衝撃を受け、民主化運動に参加した。享年20。

映画・ドラマ　「1987、ある闘いの真実」(2017年)は、朴鍾哲と李韓烈の非業の死をモチーフに、6月民主抗争を描いた映画。カン・ドンウォンやキム・テリなどの人気俳優らが出演、エンディングロールには当時の記録フィルムも使用されている。

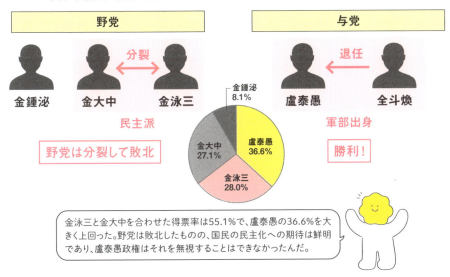

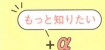

15

ソウル五輪開催、国際社会へのデビュー

明るい時代の幕開け

全斗煥大統領 1980～1988年

東西陣営がみごとに集結 大成功したソウル五輪

1980年のモスクワ五輪はソ連のアフガニスタン侵攻に抗議する西側諸国のボイコット、84年のロサンゼルス五輪は東側諸国のボイコット、そして1988年のソウル五輪はそもそも分断国家での開催です。**東側諸国と国交関係もない韓国**に果たしてまともな五輪ができるのか？　しかも前年の1987年には大規模な反政府デモが続いていました。

ところが**ソウル五輪は大成功。**それを予感させたのは、1986年のアジア大会でした。中国に次ぐメダル数、選手や観客の明るい笑顔はそれまでの韓国のイメージを払拭し、続く本大会は**東西陣営が揃って参加する史上最大の大会**となったのです。

3S政策から五輪開催へ

軍事独裁政権のイメージが強い全斗煥ですが、国民サービスには力を入れました。1982年1月には夜間通行禁止令の撤廃、そしてプロ野球も始まります。いわゆる「3S政策」は社会問題から目をそらす意図もありましたが、ソウル五輪の成功につながります。

3Sとは、スクリーン、セックス、スポーツのこと。

❶スクリーン
カラーテレビの放映が始まった。1970年代初頭に10％未満だったテレビの普及率が、1980年には97.6％と100％近くになった

❷セックス
維新政権時代は禁止されていたポルノ映画もOK

❸スポーツ
1982年プロ野球リーグ、1983年サッカーのスーパーリーグ（現在のKリーグ）創設

もっと知りたい +α

夜間通行禁止令とは?

米軍占領下の1945年9月にソウルと仁川から始まった夜間通行禁止令（通称「通禁（トングム）」）は、朝鮮戦争開始後に全国に広がりました。深夜0時から4時までは移動禁止。違反者は警察につかまりました。36年余り続いた「通禁」の解除は、今も語り継がれる大ニュースでした。

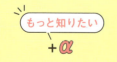

12の金メダルを含む大会4位のメダル数

1988年9月17日に開幕したソウル五輪は、韓国の人々を存分に楽しませただけでなく、12年ぶりに東西両陣営が参加する史上最大の大会となりました。韓国選手の活躍は国民の誇りとなり、それまで国交のなかった中国やソ連の参加は韓国外交の自信となりました。

国・地域	金	銀	銅	計
1 ソ連	55	31	46	132
2 東ドイツ	37	35	30	102
3 米国	36	31	27	94
4 韓国	12	10	11	33
5 西ドイツ	11	14	15	40

※日本は14位。金4、銀3、銅7の計14であった。

実は南北統一チーム結成に向けた努力もあったよ。結果として北朝鮮はボイコットしてしまうが、開催が決まった当初には北朝鮮の参加はもちろん、南北統一チーム結成の提案などもIOCや南北の組織委員会から出ていたんだ。

このとき公開競技として採用されたテコンドーは、シドニー五輪（2000）から正式種目になった

映画・ドラマ　ドラマ「応答せよ1988」(2015～2016年、tvN)。邦題は「恋のスケッチ～応答せよ1988～」。

オリンピックの経済効果

オリンピックは韓国にも大きな経済効果をもたらしました。1981年から1988年までの年平均GDP成長率は9.3%を達成し、特にオリンピック直前の3年間（1986～1988）は12%の年平均成長率となりました。また韓国総合株価指数は五輪前年の87年に93%、そして88年には73%の上昇を見せました。

ソウル五輪と韓国総合株価指数の変化

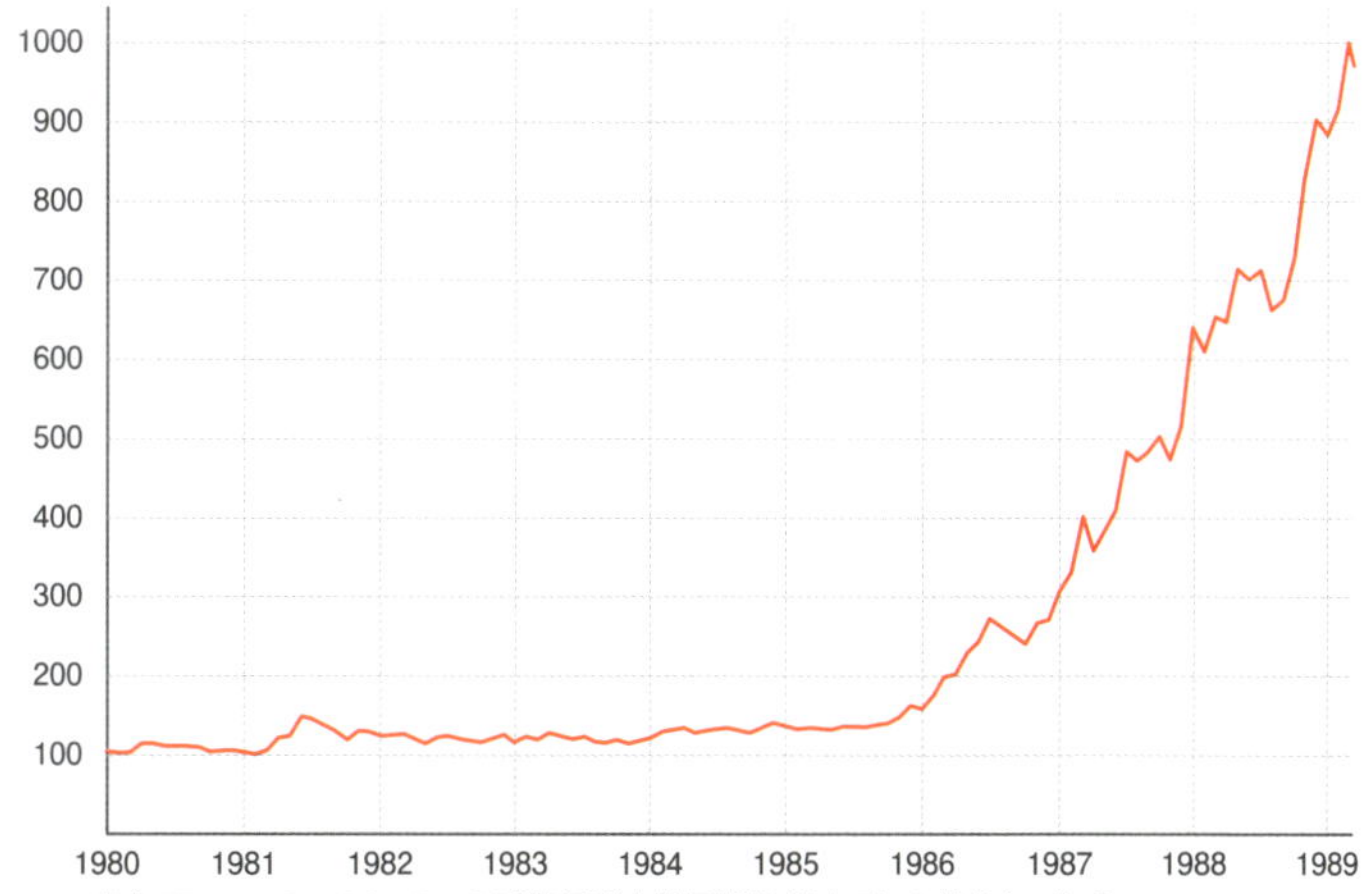

出典:TRADING ECONOMICS「韓国総合株価指数 過去データ」をもとに作成

全世界に先進国の仲間入りをアピールできたことが大きな成果だったんだ。

16

国際社会の中の韓国

盧泰愚政権の北方外交

盧泰愚大統領
1988〜1993年

東西冷戦の終結 中ソとの国交樹立へ

ソウル五輪を通して、韓国の人々の視界は一気に広がりました。折しも翌1989年にはベルリンの壁が崩れ、欧州では東西冷戦が終結を迎えます。盧泰愚政権はこのチャンスを逃しませんでした。**これまで国交のなかった社会主義国と積極的に外交関係を結んでいきます。**

なかでも1990年にソ連と、つづく1992年に中国との間で国交を樹立したことは画期的でした。**北朝鮮に強い影響力を持つ両国と関係を結ぶことは、朝鮮半島の安定化につながると考えられたのです。**その過程で韓国と北朝鮮の国連同時加盟が実現し、南北関係改善のための協議もスタートしました。

体制が違う国とも仲良く！ ——盧泰愚政権の「北方外交」とは

1988年2月、盧泰愚大統領は就任式で「北方外交」について語りました。体制の異なる国とも関係を改善し、最終的には南北統一への道を切り開こうというものでした。ソウルオリンピックを通したスポーツ外交も成果を出し、韓国は矢継ぎ早に東側諸国との関係を結んでいきます。

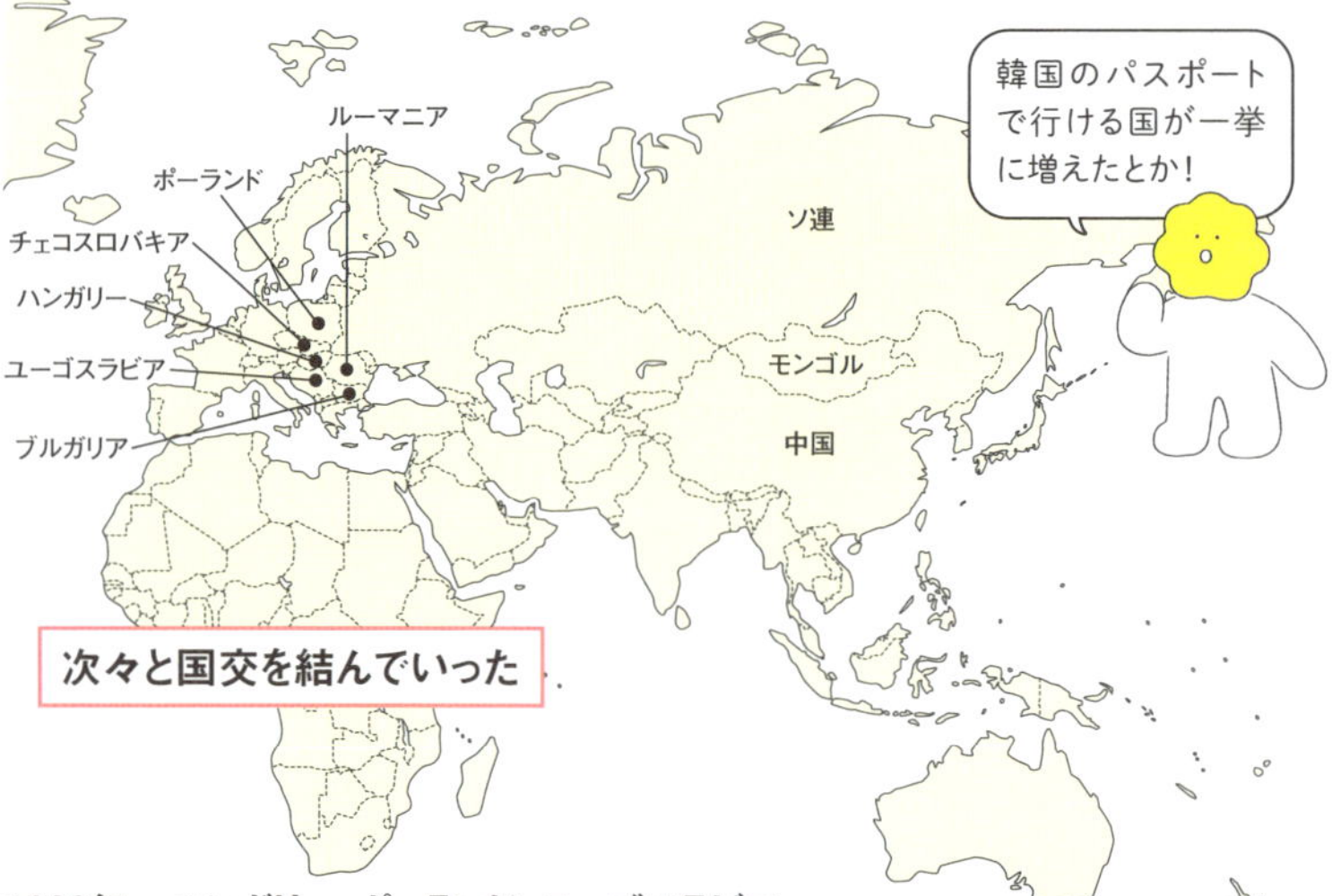

韓国のパスポートで行ける国が一挙に増えたとか！
ルーマニア
ポーランド
チェコスロバキア
ハンガリー
ユーゴスラビア
ブルガリア
ソ連
モンゴル
中国
次々と国交を結んでいった

1989年　**ハンガリー、ポーランド、ユーゴスラビア**
1990年　**チェコスロバキア、ブルガリア、ルーマニア、モンゴル、ソ連**
1992年　**中国**

1989年は海外旅行自由化の年だった

独裁政権下の韓国では海外旅行の自由はなく、留学・出張・移民などの明確な渡航理由が必要でした。民主化を約束した盧泰愚政権のもとで、海外旅行が全面的に自由化されたのは1989年です。そこから程なくして訪れた東欧諸国との国交樹立は、それまで我慢してきた韓国の人々にとってまさに朗報でした。

中国との国交樹立、台湾との断交

1992年8月、韓国（大韓民国）と中国（中華人民共和国）の間で正式な国交が樹立しました。それまでの中国＝北朝鮮VS韓国＝台湾（中華民国）という東アジアの冷戦構造は大きく変化します。韓国は中国を選択したことで台湾と断交してしまうのですが、それまで「同じ分断国家」として共に歩んできた台湾にとっては大きな衝撃でした。

中国の思惑
台湾の孤立化を図ると同時に韓国と経済協力関係を結び、朝鮮半島問題でのイニシアチブを握る

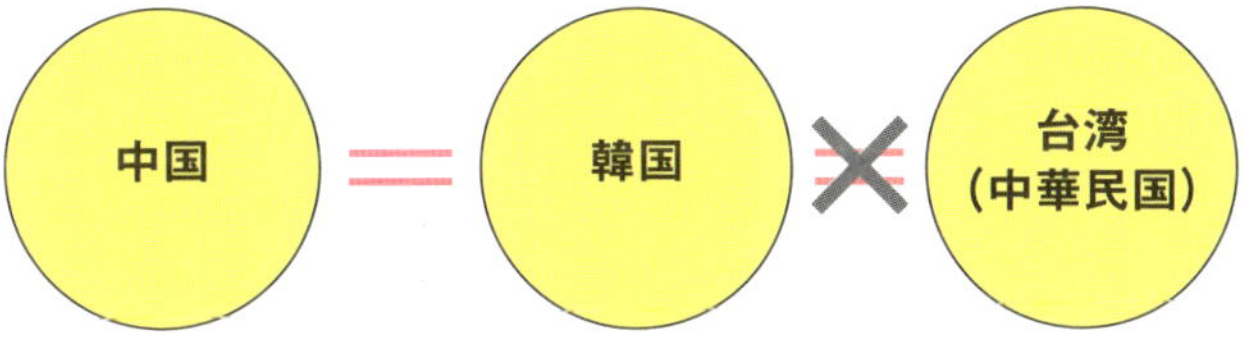

韓国の思惑
朝鮮半島の平和と安定に向けて中国の役割を期待するとともに、経済的な協力関係を結びたい

中韓交渉は秘密裏で行われたこともあり、突然の国交樹立は在韓華僑の間で大きな衝撃でした。韓国で暮らす華僑のルーツは中国大陸にありましたが、国籍は「中華民国」、つまり台湾政府のものだったのです。当時のニュースでは「韓国に裏切られた」と泣いて悔しがる華僑の人々の様子も報じていました。

南北交流と在野の統一運動

盧泰愚政権は1972年7月の南北共同声明後、ストップしていた南北交流を再開します。スポーツ交流や芸術団の訪問などが行われる一方で、それまで民主化運動をしてきた学生や文化人の中には、政府とは別のルートで直接北朝鮮を訪問して統一のための道筋を探ろうとする動きもありました。

「ベルリンの壁」が崩壊したニュースは韓国の人々に、「次は我々だ」という意識をもたらしたとか。ただ性急な統一の前に、「韓国が西ドイツ並みの経済発展をしてから」という意見が多かったようだよ。

在野の統一運動団体

1989年
文益煥牧師や大学生の林秀卿、作家の黄皙暎らの訪朝

政府

1990年9月
南北高位級会談開催

10月
南北統一サッカー開催

1991年4月
世界卓球で南北統一チーム優勝

12月
南北基本合意書

映画・ドラマ　映画「ハナ　～奇跡の46日間～」（2012年）。日本の千葉市で開催された1991年の第41回世界卓球選手権で、史上初めて結成された朝鮮半島の南北統一チームの実話を基にした映画。

もっと知りたい ＋α　北朝鮮で「統一の花」と言われた韓国の女子大生

1989年6月、韓国の学生団体から派遣された林秀卿が北朝鮮を訪問しました。金日成国家主席に面会し、平壌市民の前でスピーチをした彼女を、当時の北朝鮮は「統一の花」と称えました。

17

国際社会の中の韓国

アジア通貨危機とＩＭＦによる救済

金泳三大統領 1993〜1998年

国家経済破綻の危機にＩＭＦの救済を受け入れ

軍事政権下では資本を大量投入し急なインフラ整備を行いましたが、韓国の人々は勤勉でたくましく、それは**「漢江の奇跡」と呼ばれる経済発展を実現しました。**初の文民政権となった金泳三大統領の時代、１９９６年には念願のＯＥＣＤ加盟を果たし、先進国への第一歩を踏み出します。ところが喜びも束の間、**翌１９９７年にはアジア通貨危機が韓国を襲います。**

国家破綻寸前の一大事に韓国政府はなすすべもなく、**国際通貨基金（ＩＭＦ）の緊急支援を要請。**「ＩＭＦ事態」は韓国社会に大きな傷を残しながら、これを境に新自由主義的な経済への転換がなされました。

「IMF事態」と呼ばれる国家倒産の危機

韓国の国家的危機は1997年1月、韓宝グループの韓宝鉄鋼の倒産から始まりました。それに続く大企業の連続倒産は信用低下を招き、為替市場でウォンは大暴落、買い支える外貨の準備がない韓国政府は、IMFや外国に頼るしかありませんでした。

- **1月** 韓宝鉄鋼の倒産。その後、三美、真露、ヘテなど大企業が次々に不渡りを出す
- **7月** タイでバーツが急落して経済破綻 マレーシア、インドネシア、韓国にも波及
- **11月末** 金泳三大統領がIMFに支援要請
- **12月3日** IMFは210億ドルの融資を決定 その他に世界銀行や日米なども協力を表明
- **12月18日** 金大中が大統領に当選 IMFの融資条件の実行を約束

国際通貨基金（IMF）とは、国際貿易の促進、加盟国の高水準の雇用と国民所得の増大、為替の安定などを目的とした国際機関で、190カ国（2022年10月末現在）が加盟している。国際収支が著しく悪化した加盟国に対して融資を実施することも業務の一環

もっと知りたい ＋α

急成長のひずみ　集中した大型事故

金泳三政権時代には大型事故が多発しました。1994年10月聖水大橋の崩落、1995年4月大邱上仁洞のガス爆発、6月に三豊百貨店の崩壊など、いずれも多くの死傷者を出す大惨事でした。強引かつ早急にすすめられたインフラ整備、急ぎすぎた高度経済成長がもたらした禍害でした。

IMF管理体制下の韓国では何が？

IMFは支援に際して、4大改革（金融部門・企業〈財閥〉・労働市場・公共部門）をはじめとする厳しい条件づけをしました。1998年2月に発足した金大中政権はそれらの改革を忠実に実行し、翌年には韓国経済は上向きに転じましたが、国民は大きな犠牲を払いました。

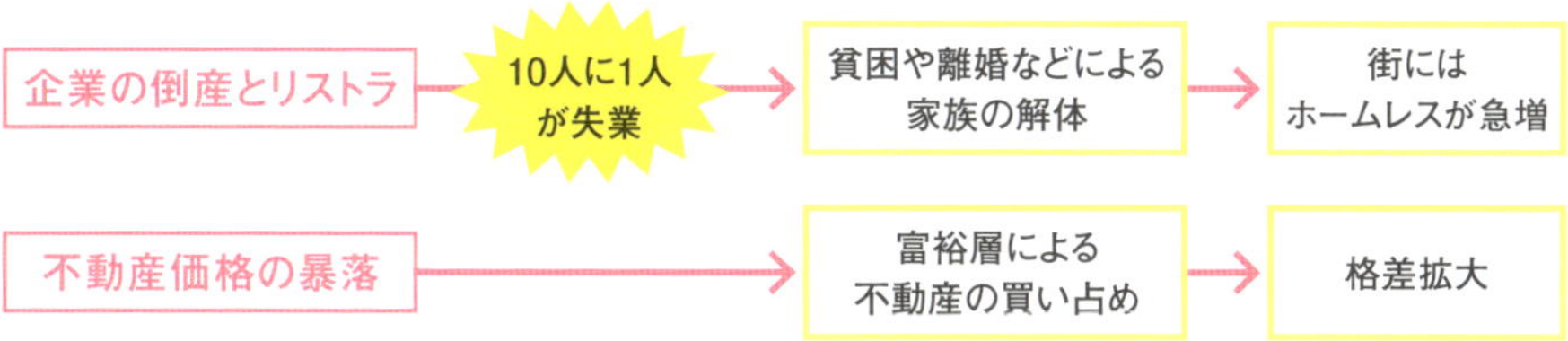

もっと知りたい +α

愛国「金」集め運動とは？

暴落するウォンを買い支えるためには外貨が必要です。政府は国民にも協力を要請しました。メディアは連日のように、金の指輪やネックレスなどを持ち寄ってウォンと交換する愛国者たちを称える報道をしました。会社では班ごとのノルマもあったのです。

非情なる競争社会と格差の拡大

韓国の人々は「誰もが貧しかった時代」を懐かしむことがあります。IMF管理体制下で行われた新自由主義的な改革は、結果として社会の格差を拡大したと言われています。

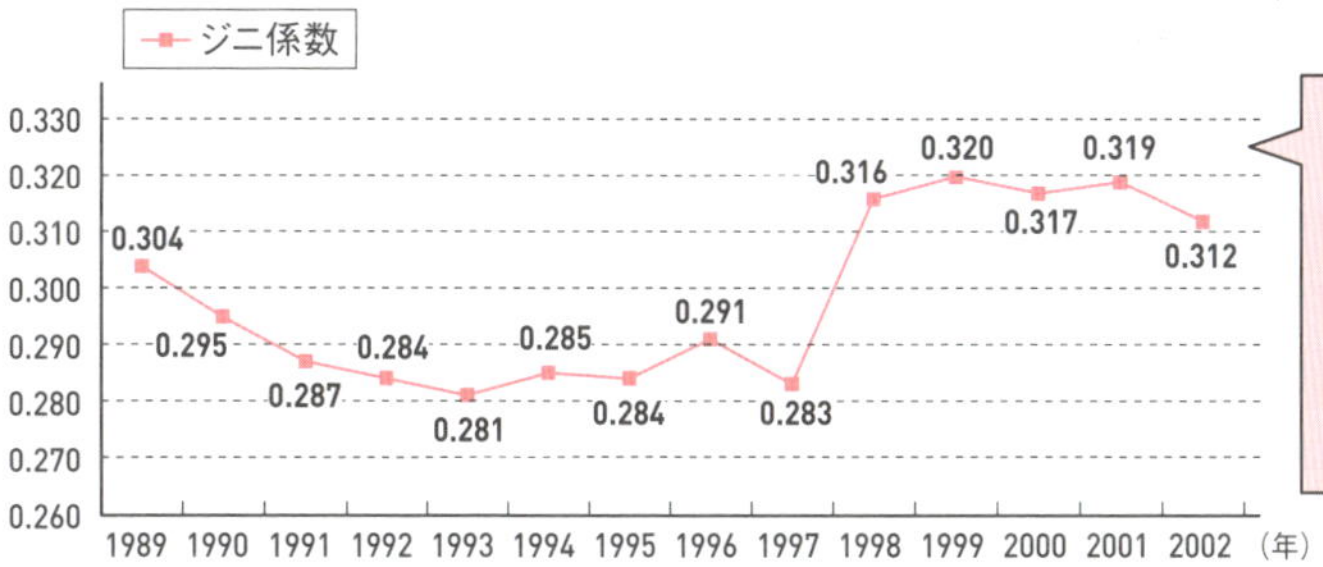

ジニ係数は、0～1の値で所得などの分布の均等度を示す指標で、所得格差がどの程度かを見ることができる。0に近いほど平等、1に近いほど格差がある

出典：郭洋春「IMF体制と韓国の社会政策」（海外社会保障研究 Spring 2004 No. 146）

もっと知りたい +α

国家の危機が経済を変えた

予想以上に早い経済回復を遂げた韓国は「IMFの優等生」とも言われました。ただ、それまでの韓国では財閥がやりたい放題、金融もぬるま湯体質でした。ここで日本では考えられないくらい厳しい改革が急速に行われました。そうしたなかで、サムスンや現代などのグローバル企業が育っていったのです。

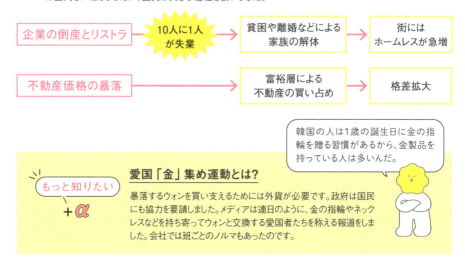

18

国際社会の中の韓国

日本の大衆文化開放と韓流ブーム

金大中大統領 1998～2003年

もう大丈夫と判断 日本の大衆文化開放

独立後の韓国で重要だったのは「日帝解放後の残滓《さんし》を一掃する」ことでした。それまでのソウルや釜山の中心部では日本人が暮らし、学校では日本語で授業が行われ、巷では日本映画や歌謡曲が流行していたのです。それを一掃し、**韓国独自の民族文化を取り戻すこと、それが独立国としての第一歩でした。**

「いまだ時期尚早」と制限が続いた日本文化を、「もう大丈夫」と判断したのは金大中大統領でした。

2000年前後から段階的に実施された日本の大衆文化開放は、両国間の自由な文化交流につながり、それは日本における韓流ブームの土台にもなりました。

4段階に分けて開放された、日本の大衆文化

受け入れは1998年10月から4段階に分けて進みました。まずは漫画と四大国際映画祭の受賞作から始まり、2004年にはテレビドラマ、歌番組の地上波放映以外は、ほぼ全てのジャンルが開放されることになりました。

制限が解除されたもの

第1次 1998年10月

漫画

四大国際映画祭（カンヌ、ベルリン、ヴェネツィア、モスクワ）受賞作

第2次 1999年9月

2000席以下の歌謡公演、宗教団体の活動

映画（受賞作なら何でも）

第3次 2000年6月

国際映画祭受賞アニメ

テレビゲーム以外のゲームソフト

歌謡公演の席数制限の撤廃
スポーツ、ドキュメンタリー、報道番組

第4次 2004年1月

映画全面解禁
レコード、CDの販売
テレビドラマの地上波以外のもの

今も地上波で日本のドラマは見られないが、韓国では地上波と同じくケーブル放送が普及しているので、「深夜食堂」や「孤独のグルメ」などのドラマは、そちらで大人気となったよ。

話題になった日本の作品

最も注目されたのは映画で、まずは1998年に国際映画祭の受賞作から始まり、一般映画館公開第1号は北野武監督の「HANA-BI」、最大の話題作は岩井俊二監督の「Love Letter」でした。

2002年
千と千尋の神隠し
（宮崎駿監督）

220万人動員の大ヒット

2000年
Shall we ダンス？
（周防正行監督）

鉄道員（ぽっぽや）
（降旗康男監督）

1999年
Love Letter
（岩井俊二監督）

韓国140万人動員のヒット

1998年
HANA-BI
（北野武監督）

影武者
（黒澤明監督）

日本アニメの韓国版ローカライズの例

「クレヨンしんちゃん」野原しんのすけ→シン・チャング

「ドラえもん」のび太→ノ・ジング

「ポケットモンスター」サトシ→ジウ

日本映画が厳しく規制された一方で、テレビアニメは固有名詞を韓国語に変えるなどローカライズされて流通していた。大人になってから「日本のアニメだった」と知ってショックを受けた人々もいるよ。

韓国文化は「韓流」という大ブームに

すでに中国などでは大人気となっていた韓国ドラマが、日本でもブームを巻き起こしたのは2003年から放送された「冬のソナタ」がきっかけでした。主演のペ・ヨンジュンら「韓流スター」の人気はすさまじく、この新たな展開は日韓両国で注目されました。なお、「韓流」という言葉は中国で生まれましたが、韓国本国を経て、そのまま日本でも使われました。

第4次
2020年頃～
「パラサイト 半地下の家族」
「梨泰院クラス」
「愛の不時着」

第3次
2016年頃～
BTS、TWICE

第2次
2009年頃～
「美男ですね」
KARA、少女時代
東方神起

第1次
2003年頃～
「冬のソナタ」
「天国の階段」

もっと知りたい +α

日韓共同宣言

1998年、金大中大統領と日本の小渕首相が、国交が結ばれて以来の過去の両国の関係を総括し、現在の友好協力関係を再確認、新たな日韓パートナーシップを構築すると宣言。経済、漁業協定などさまざまな点で確認が行われました。

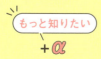

19 太陽政策で高揚した、南北の和解ムード

金大中大統領 1998～2003年

初の南北首脳会談と離散家族の再会

２０００年６月、金大中大統領と金正日総書記による初の南北首脳会談が実現しました。二人の首脳は**軍事的緊張の緩和や経済交流などに合意。なかでも最も注目されたのは南北離散家族の問題**で、離ればなれになっていた肉親との半世紀ぶりの再会が期待されました。

また南北の鉄道路線連結や開城工業団地での南北共同事業など、夢のあるプランも次々と発表。韓国ではテレビバラエティに金正日キャラが登場するなど、南北和解ムードが高揚しました。**金大中大統領はノーベル平和賞を受賞しましたが、それ以降の南北関係は必ずしも順調ではありませんでした。**

敵対から南北共存への模索

朝鮮戦争から半世紀、南北関係は常に緊張関係にありました。韓国の初代大統領である李承晩は朝鮮戦争の休戦に反対であり、武力による「北進統一」を考えていましたが、その後の政権では「武力によらない平和統一」が基本的な立場となりました。

李承晩　北進統一

軍事力を用いての武力統一も辞さぬ

朴正熙　先建設後統一政策

まずは韓国を経済的に発展させること

盧泰愚　北方外交

国連への同時加盟、南北交流を推進

金大中・盧武鉉　太陽政策

経済支援を基礎として北朝鮮を包容する

太陽政策で北朝鮮に韓国文化が流入して、北が混乱したという面もあるよ。

1998年に発足した金大中政権は経済支援を基礎として北朝鮮を包容するという「太陽政策」を標榜。北朝鮮への食料・肥料の援助を再開、民間企業への北朝鮮投資を奨励、金剛山観光事業を許可した。

経済支援と協力で関係を強化

1990年代に入って北朝鮮は経済状態が極端に悪化し、なかでも1994年からの「苦難の行軍」の時代には大量の餓死者を出すほどになりました。金大中政権は北朝鮮へ食料・肥料を援助し、その後に現代グループの金剛山観光事業を認可するなど、積極的な経済協力体制を構築していきます。

1998年 金剛山観光事業

現代グループ → **北朝鮮**

6年間で9億ドルの出資

韓国人観光客

1人当たり30〜80ドル

2008年、立ち入り禁止区域に立ち入った観光客が射殺され、中断。北朝鮮が施設撤去

2004年 開城工業団地

- 2004年12月、京畿道の北朝鮮側にある開城市にて本格稼働開始
- 従業員の9割以上は北朝鮮の労働者。韓国側からは通勤バスも出た
- 北朝鮮の外貨獲得に寄与した

当初は期待された事業だったが、途中2度の中断の後、2020年に北朝鮮側が事務所を閉鎖して爆破してしまった。

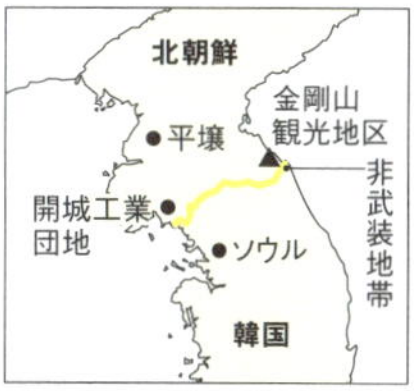

京畿道は南北に分断されており、開城はソウルから約70kmと非常に近い。

離ればなれになった家族の再会

朝鮮戦争中とその前後の混乱で、南北で生き別れになった離散家族は1千万人を超えるとされています。2000年6月の南北首脳会談での合意に基づき、その年の8月には南北で400組が半世紀ぶりの肉親との再会を果たしました。

- **1964年** 東京オリンピックの際に、北朝鮮の世界的ランナー・辛金丹選手が韓国から来た父親と14年ぶりに再会
- **1972年** 南北赤十字会談で離散家族の再会がテーマとなったが進展せず
- **1985年** 南北離散家族故郷訪問・芸術団公演が行われるが1回で終わる
- **2000年** 本格的な離散家族再会事業が開始

当初はソウルと平壌を相互訪問する形で再会事業が行われたけど、2002年以降は現代グループが建設した金剛山ホテルが会場となった。再会行事は合計21回。2018年の8月以降は中断されているよ。

＼どう考える／ ?

南北離散家族問題は今に残る朝鮮戦争の悲劇である。休戦条約は結ばれたものの、その後に南北の敵対状態が続き、双方の家族は手紙のやり取りすらもできなかった。2000年の時点ですでに多くの家族が高齢化していたが、その後に再会を待ち望んだまま亡くなった人は10万人近くにのぼるという。

20

韓国のフェミニズム

盧武鉉大統領
2003〜2008年

女性運動の高まりで家族法が変わった

男女平等社会の実現に向けて戸籍を廃止して個人登録制へ

韓国女性の地位は長らく、東アジアの中でも極めて低いものでした。**民主化後の韓国社会で、女性の地位向上と男女平等社会の実現は、最重要課題の一つとなりました。**

金大中政権下で新たな省庁として発足した「女性部」は、次の盧武鉉政権下で「女性家族部」に拡大され、女性の社会進出を促すさまざまな政策が取られました。

また2005年には家族法が改正され、**家族内における男性優位を法的に定めていた「戸主制」の廃止が決まりました。それとともに、家族単位の戸籍そのものもなくなり、個人単位の登録制に切り替えられた**のです。

戸主制だけでなく、一気に戸籍までなくしてしまった

韓国には男系血統主義の伝統があり、近代以降も「家系を継げるのは男性だけ」と法的に定められていました。2000年代初頭には法改正のための運動が大きく盛り上がり、盧武鉉政権下の2005年には戸主制と戸籍の廃止が決まりました。

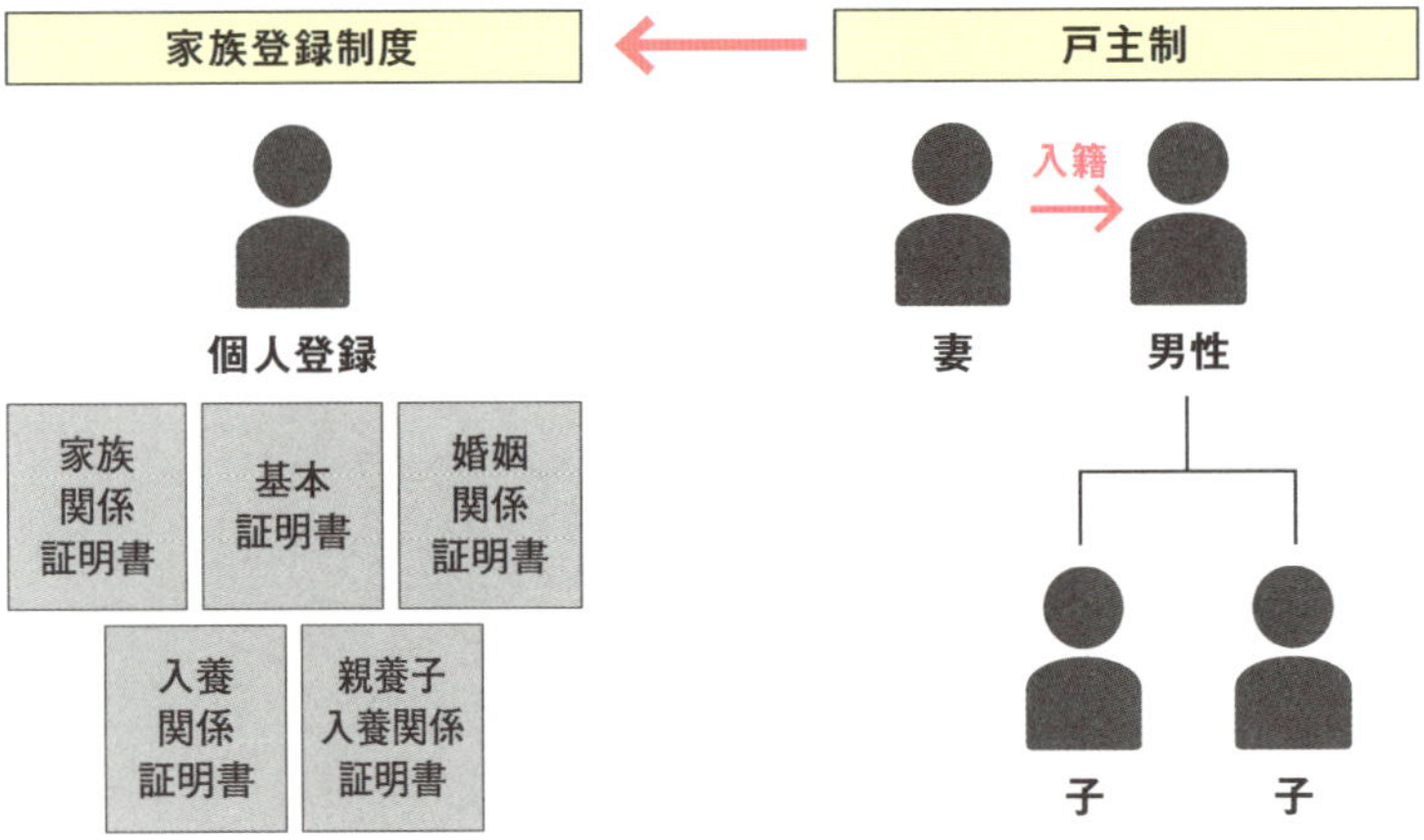

本人の姓名、生年月日、住民登録番号、性別、本貫が記され、本人の下に両親、配偶者、子などの家族についても同じものが記されている。

「戸主制」「戸籍」は日本の植民地時代に移植された制度。「戸主」は単なる戸籍の筆頭者ではなく、「戸主権」という法的権利を有する「身分」であり、それは原則として男子に引き継がれた。日本は戦後GHQの指導で戸主制を廃止したが、韓国では解放後も形を変えて存続していた。

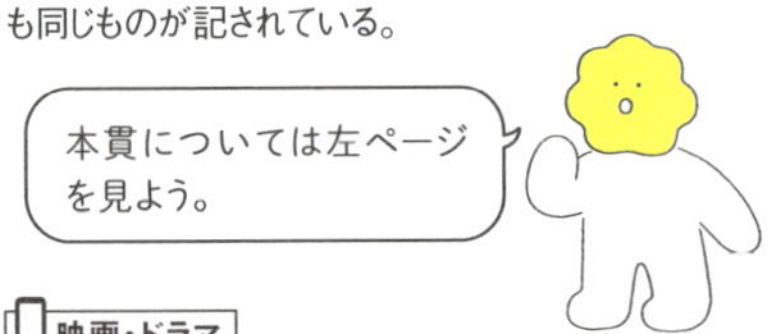

映画・ドラマ

2003年には、シングルマザーを主人公にした「あなたはまだ夢見ているのか」（MBC）と「黄色いハンカチ」（KBS）など、戸主制をテーマにした連続ドラマが大ヒット、数々のテレビ大賞を総なめした。

同じ姓だと結婚できない?? 同姓同本禁婚制度も廃止へ

同姓同本禁婚制度を巡っては、不合理極まりないから廃止すべきだという人と、民族の伝統だから守るべきだという人の間で、侃々諤々の論争が行われてきました。1997年に憲法裁判所で違憲判決が出たあとは、暫定的に合法的な結婚が認められ、2005年の民法改正で完全に過去の遺物となりました。

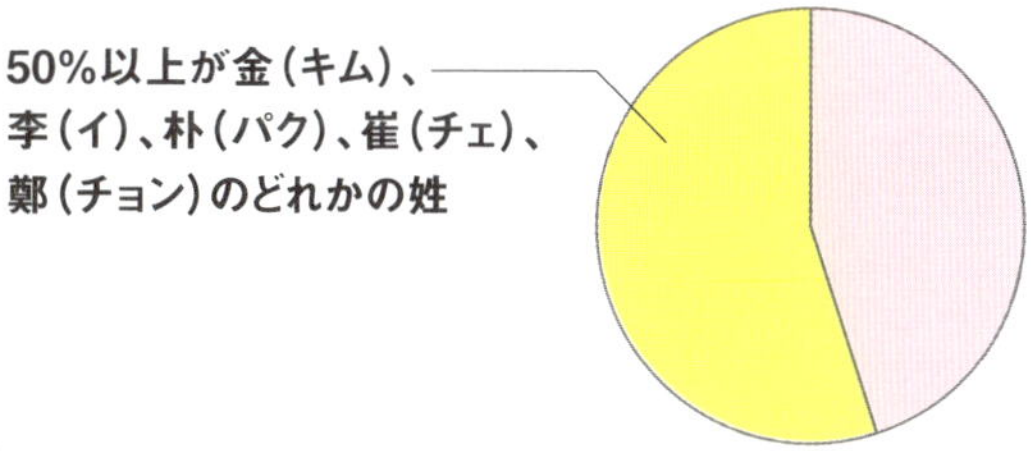
50%以上が金(キム)、李(イ)、朴(パク)、崔(チェ)、鄭(チョン)のどれかの姓

韓国特有の「本貫」

「本貫」とは韓国人を父系ルーツ(始祖の出身地)によって分類するもの。同じ「金(キム)」という姓の人でも「本貫」が異なれば、同じ一族(同本)とは見なされない

若者も自分の本貫は知っているけど、いざ漢字で書くとなると書けない人もいる。

本貫とは一族のルーツのこと。古代史の世界に飛んでしまうようだけど、それを系図に著した「族譜」を今も大切にしている人々がいるよ。

子どもの姓は原則的には父親と同じ

韓国は伝統的に夫婦別姓であり、子どもは「姓と本貫を父親から引き継ぐ」と定められてきました。新しい民法が施行された2008年以降は、以前のように自動的に「父親姓」になることはなくなりましたが、「母親姓」の選択はまだまだハードルが高いようです。

婚姻申請書 (年 月 日)							
区分		夫			妻		
氏名	ハングル	(姓)	(名)	印またはサイン	(姓)	(名)	印またはサイン
	漢字	(姓)	(名)		(姓)	(名)	
本貫(漢字)			電話		本貫(漢字)	電話	
誕生年月日							
*住民登録番号							
*登録基準							
*住所							
父 姓名							
住民登録番号							
登録基準							
母 姓名							
住民登録番号							
登録基準							
外国方式による婚姻成立日			年 月 日				
子どもの姓・本貫を母の姓・本貫にすると合意しましたか?					□はい	□いいえ	
近親婚か、婚姻当事者が8親等以内の血族の間に該当しますか?					□はい	□いいえ	

子どもを母親姓にするためには、結婚の際に夫婦の合意が必要だ。ベストセラーとなった小説『82年生まれ、キム・ジヨン』(120ページ)には、夫婦が婚姻届を出す際に「子どもの姓」の欄で葛藤する様子が描かれているよ。

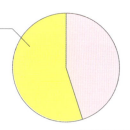

21

近年の韓国

反米意識の高まり

李明博大統領 2008～2013年

親米から反米へ 米軍基地問題も

かつて韓国は世界で唯一反米運動のない国と言われていました。米韓両国は朝鮮戦争とベトナム戦争を共に戦った血盟の仲であり、その信頼は揺るぎないものとされてきました。ところが1980年の**光州民主化運動以降、「軍事政権の蛮行を容認した米国」への不信感が、農産物の関税や基地問題などと結びつき、反米感情は学生から市民へと広がっていきました。**

2000年代に入るとソウル中心部で大規模な反米集会が開かれるようになり、特に**2008年春の「米国産牛肉輸入再開反対集会」**は、スタートしたばかりの李明博《イミョンバク》政権に大きな挫折感をもたらしました。

反米感情はいつから生まれたか

韓国における反米感情は、当初は学生運動の中から生まれました。光州民主化運動への弾圧を容認した米国への失望の中から、そもそも米国は韓国の味方なのか、朝鮮半島の分断は米国にも責任があるのではないかという問題提起がされていったのです。

南北を分断した?

民主化以降に一部で新しい歴史認識の出現。朝鮮半島の分断の責任は米国にもある。

光州事件での責任

米軍は民主主義を守るという建前なのに、韓国の軍部が光州市民に対して行った蛮行を放置、容認した。

米軍基地問題

米軍基地からの汚染水問題や頻発する性犯罪、死亡事故などの問題がある。

対米感情に関する世論調査

米国が好き　米国が嫌い

出典:「韓国人の対米認識変化についての分析」(2015年大韓政治学会報)

年代別　　**世代別**(2002年)

最悪だったのは 2002～03年

2000年代初頭は都心部などで大規模な反米集会が行われていたけど、今は中国の台頭や、北朝鮮の挑発などがあって反米感情は変わってきているよ。

韓国の米軍基地問題

韓国には朝鮮戦争休戦後も米軍が駐屯しています。犯罪や環境汚染などの米軍基地問題は深刻でしたが、在韓米軍地位協定の改定が重ねられて、凶悪犯罪に対する刑事手続き等では日本に比べて有利な条件が整備されてきました。

2004年の米韓合意

龍山基地をはじめとする全国80カ所の米軍基地を韓国に返還し、在韓米軍を3万7500人から2万5000人規模まで削減することが決まりました。現在、遅れていた仁川《インチョン》やソウルの龍山基地の大部分が返還され、平沢《ピョンテク》に移転しました。

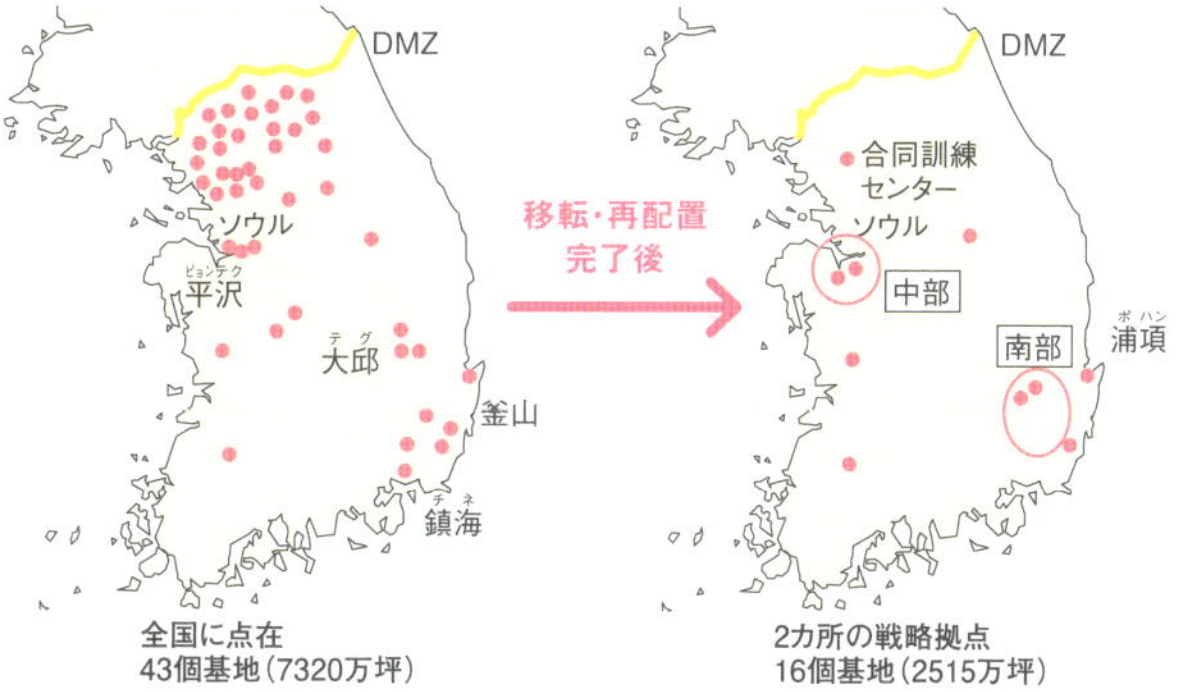

出典:「韓国国防白書」（2006年）

不平等な地位協定が少しずつ改定へ

1991年改定	初の改定。米軍の犯罪に対して、韓国側が刑事裁判権を自動的に放棄する条項の削除など
2001年改定	2度目の改定。殺人や強姦などの凶悪犯罪では、韓国側への身柄引き渡しが可能になった

米軍による主な事件

2000年7月

首都ソウルの水源である漢江への毒物放流事件が発覚して大問題になる。これは映画「グエムルー漢江の怪物ー」のモチーフとなった

2002年6月

米軍の装甲車に轢かれて2人の女子中学生が亡くなるという事件が発生したが、米軍内の裁判で被告は無罪となった

ソウル市中心部では亡くなった女子中学生の追悼集会が開かれて、在韓米軍への大規模な抗議運動に発展した。これが韓国における「ろうそく集会」の起源と言われているよ。

もっと知りたい +α

米国産牛肉の輸入再開反対から政権批判へ

韓国はBSE（牛海綿状脳症）問題で米国産牛肉を輸入禁止にしていました。2008年4月、韓米両国は段階的輸入再開に合意しましたが市民は反発。中高生も参加する大規模な反対集会は2カ月以上も続き、李明博大統領は窮地に追い込まれました。

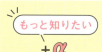

22

近年の韓国

大統領が弾劾される

朴槿恵大統領
2013～2017年

国民の怒りが一つになった「ろうそく集会」の快挙

2012年12月の大統領選挙で朴《パク》槿恵《クネ》は、野党候補の文在寅《ムンジェイン》を抑えて当選しました。**史上初の女性大統領は同時に韓国では珍しい「世襲」でもありました。**父親は過去に長期の独裁政治を行った朴正熙です。独裁者の娘ですが、民主的な手続きを踏んで誕生した大統領を国民は受け入れました。ところがその4年後に彼女は弾劾されてしまうのです。

その最大の原因は彼女が**側近のチェ・スンシルとともに働いた不正**の数々。すべてを知った国民は怒り狂い、ろうそく集会が韓国全土に広がりました。2017年3月、**朴槿恵大統領は憲法裁判所の弾劾決定を受けて即時罷免されます。**

側近との不正が続々と発覚

国民がショックを受けたのは、チェ・スンシルという側近の存在。かねて噂があった新興宗教教祖との関係は事実だったのです。この不正で朴槿恵の口座には1ウォンも入っていませんが、それだけにこの関係の異様さを物語っています。

大統領の機密事項がチェ・スンシルのノートパソコンに

メディアのスクープでスキャンダル発覚。

ミル財団とKスポーツ

チェ・スンシルは財界に圧力をかけて、巨額の資金を出資させた。

チェ・スンシルの娘チョン・ユラの不正入学が発覚

苦労して大学に入学した学生や親たちが猛反発。

ヌルプム体操

莫大な予算が投じられた「国民体操」だが普及はせず。チェ・スンシルらの利権。

サムスン電子副会長から巨額な賄賂が

サムスン側は大統領らからの圧力でやむを得なかったと主張。

文化人ブラックリスト

政府に批判的な人々のリスト。著名な映画監督や俳優なども含まれていた。

もっと知りたい +α

大統領への不信を生んだセウォル号事件

2014年4月16日、旅客船セウォル号が転覆し、死者・行方不明者が304人にのぼった事故。犠牲者の多くは修学旅行中の高校生でした。この事故では船会社の不正や海洋警察の不手際が次々と発覚し、大統領側の対応にも不審な点が多く見られ、事故ではなく「事件」だとして韓国中が悲しみと怒りに包まれました。

支持率は5%に、100万人デモでも辞任せず

2016年10月から光化門広場では週末ごとに、市民による大統領退陣を求める集会が行われました。中高生や小さな子ども連れの家族、高齢者までもが参加する全国民的なデモンストレーションとなりましたが、大統領は頑として辞任を受け入れませんでした。

100万人デモ

支持率5%

朴槿恵

スキャンダルを報じたメディア

起訴 出国停止 → 産経新聞ソウル支局長

起訴 → 世界日報

11月2日首相ら
3人の更迭を発表

10月31日
チェ・スンシルの逮捕

10月25日謝罪会見
11月4日謝罪会見

野党支持者だけでなく、与党支持の保守的な高齢層もデモを支持
日頃の政治的対立を超えて国民が大団結した

金鍾泌
元首相

「5000万人がデモをしても自ら辞めることはないだろう」

（出典:時事ジャーナル 2016年11月14日号）

李鎮東
TV朝鮮の社会部長

「国家を少しくらい自分たちの自由にしてもかまわないという意識があったのでは」

（出典:毎日新聞 2016年11月16日夕刊）

韓国の憲政史上初の大統領弾劾へ

2016年12月、韓国の国会は弾劾を決めました。議員300人のうち弾劾賛成が234人、与党からも大量の造反が出ました。大統領の職務は即時停止、首相が代行となり、翌年3月には憲法裁判所が大統領の罷免を正式決定しました。

野党と与党の一部から弾劾すべきとの声が上がる
→ 世論も賛成多数
→ 法務部長官、首席秘書官らが辞任
→ 12月3日、弾劾訴追案が国会に提出
→ 12月9日、可決 大統領の職務権限停止
→ 3月10日、憲法裁判所で決定 罷免宣告

もっと知りたい +α

大統領の友達、チェ・スンシルとは誰?

チェ・スンシルの父親チェ・テミンは新興宗教の教祖でした。母親が亡くなった直後の朴槿恵に接近し関係を深め、それが娘であるチェ・スンシルにも引き継がれました。孤独な朴槿恵にとって、彼らは唯一の心のよりどころだったのです。

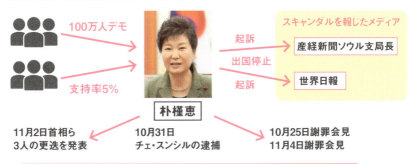

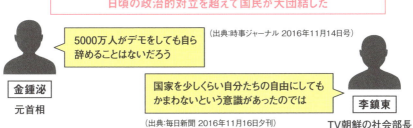

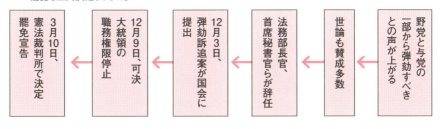

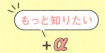

23

近年の韓国

文在寅大統領 ２０１７～２０２２年

日韓関係のこれから

根本的解決が難しい歴史問題 政権によって異なる対日政策

朴槿恵が罷免された後に韓国のリーダーとなったのは文在寅でした。大統領就任の翌年２０１８年には南北首脳会談を行うなど、**南北関係の改善に努めます。その一方で、徴用工問題、慰安婦問題などをめぐって日本との関係は悪化します。**また、２０１５年の日韓合意では慰安婦問題は解決しないという主張をしました。

その後、２０２２年に尹錫悦《ユンソンニョル》が大統領に就任すると、シャトル外交の復活や、日韓の関係改善を図る動きが見られました。しかし、尹錫悦は２０２４年12月に突如「非常戒厳」を宣布（国会により解除）、韓国社会を大混乱に陥れます。

2000年以降の日韓関係

日韓関係が急速に悪化したのは2012年頃からです。きっかけは2011年に韓国の憲法裁判所が元慰安婦たちの訴えをうけ、韓国政府に日本と補償の交渉をするよう判決を下したことでした。

協調路線　金大中大統領

1998年　「日韓パートナーシップ宣言」

対立に転換　盧武鉉大統領

2005年　「新韓日ドクトリン」竹島、靖国神社参拝などについて強硬姿勢

関係悪化　李明博大統領

2011年　日韓首脳会談で初めて慰安婦問題に言及。

2012年　大統領として初めて竹島に上陸。天皇に謝罪を要求する発言

やや緩和　朴槿恵大統領

2013年　欧米訪問で日本批判を繰り返した（「告げ口外交」）

2015年　慰安婦問題日韓合意。最終的かつ不可逆的な解決を確認

関係悪化　文在寅大統領

2018年　旧朝鮮半島出身労働者問題（徴用工問題）の大法院判決

日韓合意で設立された「和解・癒やし財団」が解散

2019年　日韓軍事情報包括保護協定（GSOMIA）の破棄宣言

協調路線　尹錫悦大統領

2022年　大統領選で「金大中－小渕宣言2.0時代を実現する」と公約

日韓の主な懸案事項

日本政府の主張		韓国政府の主張
2015年の「日韓合意」で最終的かつ不可逆的な解決をしており、韓国側には着実な実施を求める	慰安婦問題	2023年11月の日韓外相会談で、日韓合意を「両国間の公式な合意として尊重する」との立場を示した
国際法上、明らかに日本固有の領土であり、歴史的事実もそれを実証している。韓国による占拠は不法	竹島問題	歴史的にも国際法上でも韓国固有の領土。日本の主張は根拠がなく、未来志向の関係構築を妨げている
首相や閣僚の靖国参拝は戦争の美化、正当化では決してない。戦没者に対する哀悼の念から参拝している	靖国参拝	日本の収奪と侵略戦争を美化する象徴であり、参拝には反対
日韓請求権協定は、両国とそれぞれの国民間で「請求権」の問題を「完全かつ最終的に解決されたことを確認する」と明記しており、賠償問題は解決済み	徴用工問題	2018年10月に大法院が、日韓請求権協定には精神的苦痛などに対する慰謝料請求権は含まれないとの判断。個人を原告とする賠償請求訴訟で日本企業が相次いで敗訴

韓国人の日本に対する印象

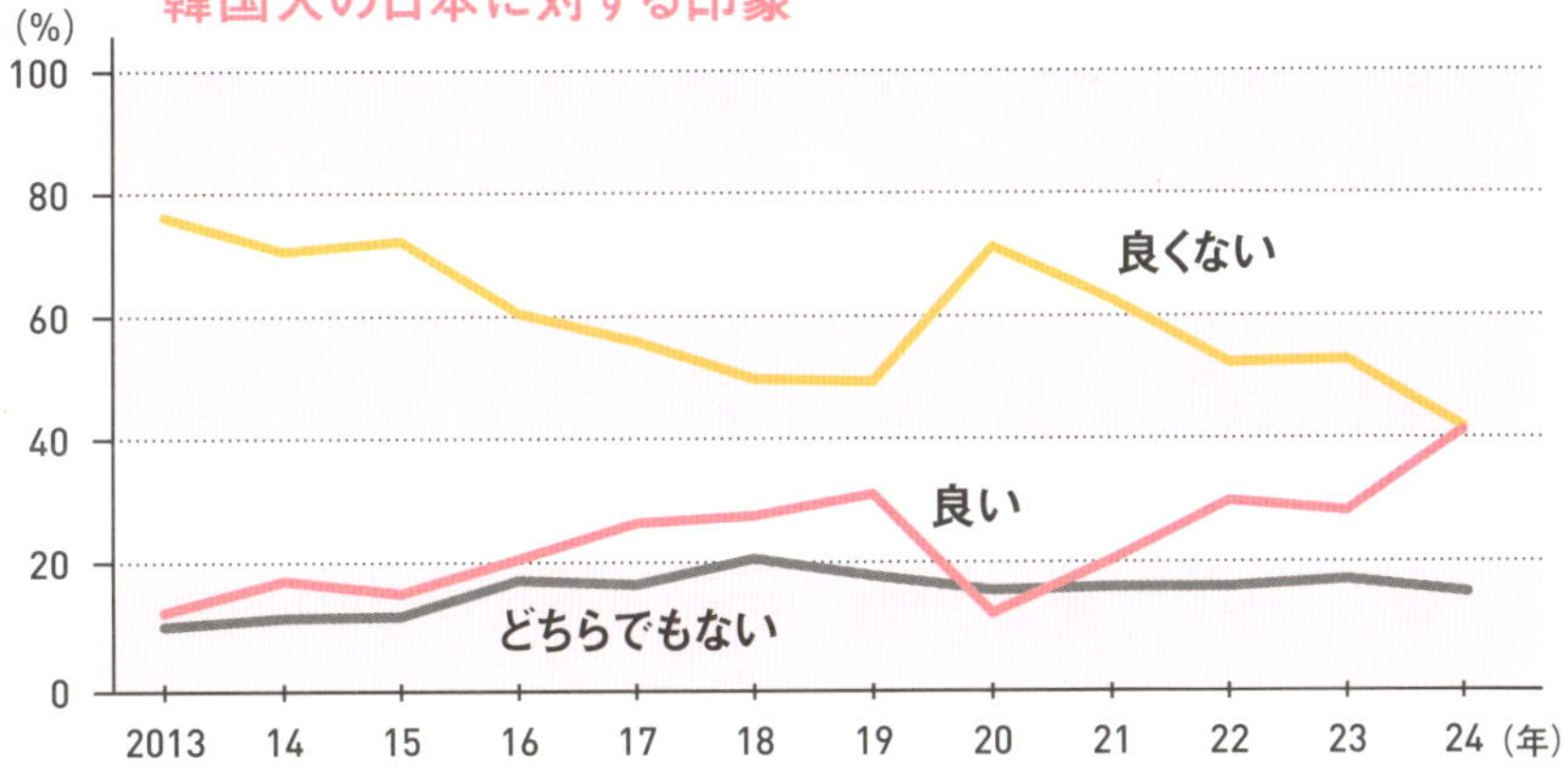

出典:シンクタンク「東アジア研究院」の世論調査

もっと知りたい +α

日韓交流はますます盛んに

2023年に韓国を訪れた外国人観光客数の国別1位は日本で、約230万人(韓国観光公社の統計)、一方で日本を訪れた外国人観光客も韓国が1位で、約700万人でした(日本政府観光局の統計)。政治の問題とは別に2014年以降、コロナ禍を除き両国間のインバウンドは伸び続けており、若者などを中心に交流はますます盛んになっています。

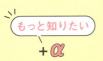

索引

さ

STAFF
構成・執筆協力／導入　成川彩
1章　伊東順子
2章　伊東順子、成川彩
3章　かみゆ歴史編集部、三城俊一
4章　伊東順子
装丁／俵拓也、根本佳奈（俵社）
本文デザイン／谷由紀恵
イラスト／川添むつみ
DTP／株式会社エディポック
校正／桑原和雄（朝日新聞総合サービス出版校閲部）
編集協力／牧野愛博（朝日新聞社　国際報道部）、かみゆ歴史編集部、株式会社エディポック
編集／上原千穂・橋田真琴（朝日新聞出版　生活・文化編集部）
写真／朝日フォトアーカイブ、PIXTA、Shutterstock（その他の提供元は画像の側に記載）

ドラマ・文学《ぶんがく》・K-POPがもっとわかる
今《いま》さら聞《き》けない
現代韓国《げんだいかんこく》の超基本《ちょうきほん》

2025年2月28日　第1刷発行

編　著　朝日新聞出版
発行者　片桐圭子
発行所　朝日新聞出版
〒104-8011
東京都中央区築地5-3-2
（お問い合わせ）infojitsuyo@asahi.com
印刷所　株式会社シナノグラフィックス

ISBN　978-4-02-334160-9